产业平台的
理论与实践

王君华　彭华涛　刘紫茵◎著

中国社会科学出版社

图书在版编目(CIP)数据

产业平台的理论与实践／王君华，彭华涛，刘紫茵著．—北京：中国社会科学出版社，2022.4
ISBN 978-7-5203-9996-8

Ⅰ.①产… Ⅱ.①王…②彭…③刘… Ⅲ.①产业发展—研究—湖北 Ⅳ.①F269.276.3

中国版本图书馆 CIP 数据核字（2022）第 054826 号

出 版 人	赵剑英	
责任编辑	梁剑琴	
责任校对	周　昊	
责任印制	郝美娜	

出　　版	中国社会科学出版社	
社　　址	北京鼓楼西大街甲 158 号	
邮　　编	100720	
网　　址	http://www.csspw.cn	
发 行 部	010-84083685	
门 市 部	010-84029450	
经　　销	新华书店及其他书店	

印刷装订	北京君升印刷有限公司	
版　　次	2022 年 4 月第 1 版	
印　　次	2022 年 4 月第 1 次印刷	

开　　本	710×1000　1/16	
印　　张	14.25	
插　　页	2	
字　　数	241 千字	
定　　价	88.00 元	

凡购买中国社会科学出版社图书，如有质量问题请与本社营销中心联系调换
电话：010-84083683
版权所有　侵权必究

序　言

当前，以海尔、小米等为代表的企业正在积极构筑产业平台。比如张瑞敏认为"企业家精神是搭建平台以涌现更多企业家的精神，而不是企业家自己的精神"。正是基于这一理念，海尔不断建立和完善人单合一模式下的产业平台，其完全颠覆了传统企业的概念，"管理无领导，企业无边界，供应链无尺度"亦由此而生。海尔的产业平台可以无限拓展和衍生，孵化出若干内创业企业家以及新的产品、服务与业态。小米互娱开放合作平台、云服务登录平台以及生态链等作为重要的产业平台，对于小米的产业创新、用户创新、营销创新等具有积极的影响。可见，产业平台已成为企业打造生态链与生态圈，引领商业模式创新的重要手段和方式。相信不久的将来，一大批龙头企业特别是具备打造全产业链或引领产业发展的大企业必将成为平台型企业。

随着产业创新中心、科学创新中心等概念的提出以及全国各地积极争创具有国际影响力和国内竞争力的产业创新中心或科学创新中心，我们看到产业平台扮演的角色越来越重要。人才、资金、产品、市场、技术、政策等各类生产要素互为补充、相得益彰、自稳定且自适应的生态系统，其嵌入产业平台之中并作为重要的支撑体系。在一定程度上可以认为，产业平台是对接创新与创业的重要纽带、基地与桥梁。以产业平台为依托，创新将不再是空中楼阁抑或昙花一现，创业将不再是无本之木、无源之水。产业平台扮演着重要的产品正式投产前的试验基地角色，其缩短了技术创新成果转移转化的瓶颈，降低了创新创业活动潜在的风险。

产业平台是集成众创空间、孵化器、加速器与产业园功能的特殊产物，有助于构筑全创新链、全孵化链、全创业链，其主要原因在于产业平台可以实现大中小型企业融通发展，可以满足中小微企业生存与发展所需的全生产要素及软环境支撑。产业平台是推动内部创业、平台创业、裂变创业的重要载体,有助于实现创新能力倍增与产业规模倍增,其主要原因在于产业平台可以加速技术扩散、突破技术瓶颈、拓展技术应用领域、发挥规模经济与范围经济的作用。产业平台是推动产业技术升级、产业链条延伸、产业跨界融合的重要手段,有助于全方位、全领域、全链条地推动产业创新,其主要原因在于产业平台是集成结构(S)、行为(C)、绩效(P)的综合体。产业平台既可以响应产业政策的供给侧改革,又可以践行产业政策的需求侧改革,有助于创造和引导产业需求并实现供给与需求的动态平衡,其主要原因在于产业平台兼具产业技术预见、产业风险甄别、产业重大决策等功能。

综上所述,产业平台具有重要的理论探索空间与广阔的实践应用前景。希望本著作能为同行的相关研究提供一定的启示和借鉴作用,也欢迎各位学者及企业家批评指正。

是为序。

目　　录

第一章　产业平台形成与发展的背景 ………………………………（1）
  第一节　供给侧结构性改革与产业平台 ………………………（1）
    一　供给结构性改革是新经济常态下的必然要求 ……………（3）
    二　供给结构性改革为产业平台提供人才资本 ………………（4）
    三　供给结构性改革为产业平台提供发展支撑 ………………（6）
  第二节　"大众创业万众创新"与产业平台 ……………………（7）
    一　"两创"政策的实施为产业平台营造政策环境 …………（9）
    二　"两创"政策的实施为产业平台提供人才资本 …………（10）
    三　"两创"政策的实施为产业平台提供创新空间 …………（11）
  第三节　共享发展与产业平台 …………………………………（13）
    一　企业内部的共享发展为产业平台提供创新原动力 ………（13）
    二　企业与高校之间的共享发展为产业平台提供技术资本 …（14）
    三　企业在区域间的共享发展为产业平台建立发展平台 ……（15）
  第四节　工业4.0、《中国制造2025》与产业平台形成与发展 …（17）
    一　商业伙伴资源的整合提升产业创新能力 …………………（17）
    二　智能化生产促进传统制造业转型升级 ……………………（19）
    三　市场主导、政府调控的发展方式促进产业平台自主
        发展 ………………………………………………………（21）

第二章　产业平台的理论基础 …………………………………………（23）
  第一节　顶层设计理论 …………………………………………（23）
    一　产业平台的特征 ……………………………………………（24）
    二　产业平台顶层设计的内容 …………………………………（27）
  第二节　集成创新理论 …………………………………………（29）

一　基于集成创新理论的产业平台建设需具备的能力 ……… (30)
　　二　基于集成创新理论的产业平台建设需具备的特征 ……… (32)
第三节　产业组织理论 ………………………………………… (34)
　　一　产业组织理论溯源 ………………………………………… (34)
　　二　产业组织产生与发展的原因 ……………………………… (35)
　　三　产业组织间的关联 ………………………………………… (37)
第四节　大规模定制 …………………………………………… (40)
　　一　基于大规模定制理论的产业平台建设 …………………… (40)
　　二　基于大规模定制的产业平台的特点 ……………………… (42)

第三章　产业平台的结构 ………………………………………… (45)
第一节　众筹平台与产业平台的内在逻辑 …………………… (45)
　　一　产业平台结构中的众筹平台定位 ………………………… (45)
　　二　产业平台中的众筹运行机制 ……………………………… (47)
　　三　产业平台中众筹的非资金价值 …………………………… (49)
第二节　基于众包的产业平台 ………………………………… (52)
　　一　产业平台与众包的内部逻辑 ……………………………… (52)
　　二　产业平台中的众包的运行机制 …………………………… (54)
　　三　产业平台中众包的质量控制 ……………………………… (57)
第三节　基于众扶的产业平台 ………………………………… (59)
　　一　产业平台与众扶的内部逻辑 ……………………………… (59)
　　二　产业平台的众扶运行机制 ………………………………… (61)
第四节　基于众创的产业平台 ………………………………… (63)
　　一　产业平台与众创的模式的内部逻辑 ……………………… (63)
　　二　产业平台中的众创运行机制 ……………………………… (65)
　　三　产业平台中众创的个体及企业参与动机 ………………… (67)

第四章　产业平台的功能 ………………………………………… (71)
第一节　产业链条延伸轨迹与产业平台功能设计 …………… (71)
　　一　企业分散经营阶段产业链条延伸轨迹 …………………… (72)
　　二　产业平台聚集协同化阶段产业链条延伸轨迹 …………… (73)
　　三　产业平台单元模块化阶段产业链条延伸轨迹 …………… (75)
　　四　产业平台全球网络化阶段产业链条延伸轨迹 …………… (77)
第二节　产品技术升级路线与产业平台功能设计 …………… (79)

一　产业平台与产品技术升级路线的相互关联 …………… (79)
　　二　产业平台演进历程对产品技术升级的影响 …………… (83)
　第三节　产业跨界成长曲线与产业平台功能设计 …………… (86)
　　一　产业外部环境跨界 ………………………………………… (86)
　　二　产业技术创新跨界 ………………………………………… (87)
　　三　产业内部融合跨界 ………………………………………… (88)
　　四　产业空间网络跨界 ………………………………………… (89)
　　五　产业跨界成长对产业平台的促进作用 ………………… (90)

第五章　产业平台的形式 ……………………………………… (92)
　第一节　公共服务平台 ………………………………………… (92)
　第二节　全链式产业平台 ……………………………………… (93)
　　一　产业链 ……………………………………………………… (94)
　　二　价值链 ……………………………………………………… (95)
　　三　资金链 ……………………………………………………… (96)
　　四　信息链 ……………………………………………………… (96)
　第三节　大数据平台 …………………………………………… (97)
　第四节　创新网络 ……………………………………………… (100)
　　一　以驱动力为标准的创新网络分类 ……………………… (100)
　　二　以创新内容为标准的创新网络分类 …………………… (102)
　第五节　企业联盟 ……………………………………………… (103)
　第六节　交易式平台 …………………………………………… (105)
　第七节　产业园区 ……………………………………………… (107)
　第八节　各形式产业平台比较分析 …………………………… (109)

第六章　制度导向与产业平台构建 …………………………… (111)
　第一节　制度导向与产业平台构建的内在逻辑 …………… (111)
　　一　产业平台制度构成 ……………………………………… (111)
　　二　制度对产业平台构建的导向作用 ……………………… (116)
　第二节　产业平台相关制度梳理及导向规律 ………………… (119)
　　一　产业平台核心制度梳理 ………………………………… (119)
　　二　产业平台制度高频关键词及词频分析 ………………… (121)
　　三　产业平台制度高频关键词共词分析 …………………… (123)
　第三节　激励性制度导向与产业平台构建 …………………… (130)

一　产业平台融资制度 ……………………………………（130）
　　二　产业平台风险投资制度 ………………………………（130）
　　三　产业平台人才激励制度 ………………………………（131）
　　四　产业平台创新驱动制度 ………………………………（132）
第四节　约束性制度导向与产业平台构建 ………………………（133）
　　一　产业平台考核评估制度 ………………………………（133）
　　二　平台运行管理制度 ……………………………………（133）
　　三　产业平台信任体系制度 ………………………………（134）
　　四　产业平台合作契约制度 ………………………………（134）

第七章　技术导向与产业平台构建 ………………………………（136）
　第一节　案例选取与数据收集 ……………………………………（136）
　　一　方法选择与案例选取 …………………………………（136）
　　二　数据收集与分析 ………………………………………（137）
　第二节　武汉北斗产业平台构建的动态分析 …………………（137）
　　一　武汉市北斗产业平台构建阶段划分 …………………（137）
　　二　武汉市北斗卫星导航产业发展历程 …………………（138）
　第三节　案例讨论与结果 …………………………………………（140）
　　一　武汉市北斗产业技术研发平台构建 …………………（141）
　　二　武汉市北斗产业市场推广平台构建 …………………（145）
　　三　武汉市北斗产业对外合作平台构建 …………………（148）

第八章　消费导向与产业平台构建 ………………………………（153）
　第一节　消费导向与产业平台体系构建的内在逻辑 …………（153）
　　一　体系构建的内在逻辑 …………………………………（153）
　　二　产业平台的价值特征 …………………………………（154）
　第二节　消费导向对产业平台构建的影响机理 ………………（156）
　　一　理论基础与研究假设 …………………………………（157）
　　二　数据来源与变量设计 …………………………………（161）
　　三　模型分析 ………………………………………………（164）
　　四　结论与启示 ……………………………………………（173）
　第三节　基于感知差距模型的产业转型消费导向规律 ………（175）
　第四节　消费者风险感知与产业平台构建 ……………………（178）
　　一　功能风险 ………………………………………………（179）

二　经济风险 …………………………………………………… (180)
　　三　安全风险 …………………………………………………… (180)
　　四　其他风险 …………………………………………………… (181)
第九章　产业平台运行的保障机制 ………………………………… (182)
　第一节　二次孵化机制对产业平台的保障作用 ………………… (182)
　　一　二次孵化的机理界定 ……………………………………… (182)
　　二　二次孵化的保障作用 ……………………………………… (183)
　第二节　产业平台运行的事前与事后补贴机制 ………………… (185)
　　一　产业平台的两种补贴方式作用机制比较 ………………… (185)
　　二　产业平台运行的事前补贴与事后奖励协调机制 ………… (187)
　第三节　产业平台运行的技术路线图及滚动扶持机制 ………… (188)
　　一　产业平台运行的技术路线图作用机制 …………………… (188)
　　二　产业平台运行的滚动扶持机制 …………………………… (189)
　　三　产业平台的资金运营机制 ………………………………… (193)
　第四节　专利池、专利联盟及专利运营机制 …………………… (195)
　　一　专利池对产业平台的保障作用 …………………………… (195)
　　二　专利联盟对产业平台的保障作用 ………………………… (197)
　　三　专利运营机制对产业平台的保障作用 …………………… (199)
参考文献 …………………………………………………………… (201)
附件　顾客感知与购买行为调查问卷 …………………………… (217)

第一章　产业平台形成与发展的背景

第一节　供给侧结构性改革与产业平台

供给侧结构性改革是指在经济新常态的大背景下,改革传统的经济增长模式,进而影响产业结构变化,促进产业平台的形成与发展,另外,通过产业平台形成供给集群,进一步推动供给侧结构性改革。将以往注重国家总体 GDP 和总体经济规模的战略发展方向,逐步转化为注重国家人均 GDP 增长的速度和质量,同时,逐步改革经济增长所依托的产业结构与贸易模式,推动产业平台的产生。以产业平台为例,增长在这一背景下,平台内部包括劳动力、土地、资本和创新四大要素在内的供应要素也应做出相应的改革,使得产业平台中供给方的要素实现最优优化配置,进而提高平台供给方要素的质量,提升有效供给量在整体供给方要素中的占比,借助产业平台更好地满足新经济常态下对于生产要素的高质量需求。具体而言,供给侧结构性改革包括投资结构的优化、产权结构的配置、投融资结构的重组、产业结构的发展、分配结构的调整、流通结构的优化和消费结构的更新,通过这七个方面的优化发展实现新经济常态下的产业平台形成与发展。通过财政助力的方式,优化政府支出,在宏观层面实施调控,更好地完成"三去一降一补"任务。[①]

投资结构的优化是指在逐步提高产业平台投资总量的同时,实现产业结构的精简与再配置,并实现产业平台总体投资成本的有效降低,通过投资的增长实现经济可持续发展的同时,通过推动产业平台实现国民生活水

---

① 王洪明、纪美彤:《财政助力供给侧结构性改革的政策研究》,中共沈阳市委、沈阳市人民政府、沈阳市科学技术协会《中共沈阳市委、沈阳市人民政府·第十七届沈阳科学学术年会论文集》2020 年第 3 期,第 259—261 页。

平的提高。① 产权结构的配置是指政府的宏观调控与民间组织的活力发展相互促进，从过去的政府调控占主导地位逐步向民间组织自主管理、自主发展的方向转变，促进产业平台内部产权结构灵活化调整，为产业平台注入市场活力。投融资结构的重组是指注重补齐发展中的短板，如产业平台内部基础设施的投资以及区域产业发展中的中西部落后地区产业平台发展投资；同时，进一步升级优势资源，如产业平台中第三产业投资比例的进一步升级、产业平台中高耗能产业投资的逐步缩减和淘汰以及高技术产业平台投资的进一步优化；最后，注重投融资产业活力的创造，包括促进产业平台投融资资金来源的多样化、促进与保护民间资本对产业平台的投资、增加社会自筹资本在产业平台整体投融资资本中的比重。

优化投资结构，可以对产业结构调整升级带来显著积极的作用，投资效率也会因地区不同而有所差异。②

产业结构的发展是指为了满足社会进步过程中对于产业结构科学化和合理化的高要求，逐步调整技术、劳动力、材料、矿产等生产要素的供应现状，以调整产业平台现有的生产材料供应状况与结构；并通过产业平台对生产材料供应状况与结构的变化来调整国家、社会、个人等各个层面的需求结构与状况；最终，实现我国产业结构与进出口贸易状况的良性调整，促进产业平台良性发展。此外，逐步调整我国企业在国外的投资以及外企在我国境内的投资，以调整总体的国际投资结构，促进国内产业平台的发展以及国际产业平台的产生。③ 分配结构的调整，顾名思义，是指在逐步提升城乡居民收入的同时，优化收入分配结构，加快推进《关于深化收入分配制度改革的若干意见的通知》等分配制度的制定与实施，优化初次分配与再次分配，缩小城乡分配的差距，规范整体分配的秩序。流通结构的优化是指通过加速流通总体的规划和立法进一步繁荣整体流通市场，通过健全流通宏观管理机制进一步稳定流通市场的动态，通过完善大宗商品的流通体制加强产业平台内新型产品与技术的扎根和发展，通过重构工业品批发体系转变升级民间零售业的盈利模式，为产业平台引入民间

---

① 文建东、宋斌：《供给侧结构性改革：经济发展的必然选择》，《新疆师范大学学报》（哲学社会科学版）2016年第2期。

② 刘深、黄毅菲：《投资结构优化对产业升级促进作用的实证分析》，《金融经济》2020年第5期。

③ 张银平：《"供给侧改革"是面向全局的战略性部署》，《北方经济》2015年第12期。

资本活力。消费结构的更新是指通过提升城乡居民的收入水平,加强供给和调控,实现文化消费、服务消费和绿色消费的扩大和发展,促进产业平台输出类型多样化,使得消费结构与生产发展力水平相适应的同时,提升社会整体的精神文明现状,实现产业平台的全面发展。

一 供给结构性改革是新经济常态下的必然要求

近年来,供给与需求之间结构的不对称导致了我国经济增长速度放缓,也制约了产业平台的升级演化。一方面,社会的发展需求逐步多样化,另一方面,供给结构的单一造成了供给出现冗余的同时,我国整体的需求形势得不到满足,产业平台需要丰富自身形式来满足市场需求,扩大产业平台发展空间。单纯的扩大内需而不进行供给结构性改革,并不能从根本上解决新经济常态下的供需失衡问题,也将制约产业平台的发展。因此,在科学扩大内需的同时,进行供给侧结构性改革是新经济常态下的必然要求,也对产业平台的演变与转化具有积极意义。

供给侧结构性改革可进一步促进我国的城镇化发展,通过调整产业结构,形成集现代农业、现代制造业、现代服务业为一体的产业平台体系,促进城镇化产业的发展与升级。从供给方的角度对于城镇化发展的问题进行分析不难发现,城镇化的进程与劳动力供给结构转变的进程是相辅相成的,即劳动力从传统的产业部门逐步向服务业、高新技术产业等多样化的行业转移,促进产业平台内部劳动力流动与转化。目前我国以服务业为主要代表的第三产业正在逐年发展,预计会在接下来的三个五年计划中实现占比65%—70%,直至形成我国产业以服务业为主的新型经济模式,提升产业平台中服务类型的重要性。经济新常态下劳动力成本、技术进步成本以及自然资源成本的不断攀升导致产业平台总体生产成本的增加,加上我国人口老龄化趋势的逐步显现,原有的人口红利现象不复存在。为此,应通过提升劳动率来间接地降低产业平台劳动成本,同时以"人才红利"的经济发展模式替代原有的"人口红利"经济发展模式,通过提升产业平台内部劳动力质量来替代劳动力数量,促进产业平台整体劳动力优质化发展。在经济新常态的背景下,产业平台中生产供应链需要重组、经济结构需要调整,传统的以雇佣低成本劳动力、降低土地资源和生产资源价格的招商引资方式虽然极大地促进了我国GDP的增长,但同时也带来了经济发展质量不高、经济增长趋势不可持续等问题,制约了产业平台的长期发展路径。此时,应以供给侧改革为出发点,从制度、机制和技术三个层面推进产业平台内部改革。① 在制度层面,逐步放宽政府对于各行业的管制,加强民间资本对产业平台注入的活力,打破政府对于部分行业的垄断地位;在机制层面,通过积极利用各类人才计划,逐步为产业平台引进和培养专业化的技术和管理人才,并依托产业平台内部现有企业和科技机构的资源,对可发展的优秀人才进行专业化的培训,从而提升产业平台的整体人才专业水平,在实现改革收入合理分配的同时,提升平台内部人才储备水平;在技术层面,从政府、社会、高校三个方面营造产业平台技术创新环境。从政府角度出发,制定技术创新扶持政策、科技孵化政策、技术创新成果保护政策等,为各类产业平台开展创新活动保驾护航。从社会角度出发,应营造鼓励、支持创新创业的良好社会氛围,促进并引导产业平台创新发展。从高校角度出发,应转变传统的高校人才培养思路,优化教学课程结构,完善大学生创新创业校内培养计划,为产业平台输入创新人才资源。应积极学习国外供给侧改革的经验,并结合我国的国情制定科学化、可实施的改革政策,实现我国产业结构、区域结构、投入结构、排放结构、动力结构和分配结构的全面改革与优化,促进产业平台的全面与长期发展。

二 供给结构性改革为产业平台提供人才资本

供给结构性改革可以促进教育水平的不断提高,进而逐步积累人力资本,提升产业平台劳动力水平,为平台发展注入人才动力。应当以"引进来"和"走出去"两种模式并举,通过"孵化—探索—确立"以及"剪短讲座—系统讲授—正式兼职"这两个过程为产业平台提供创新型科技人才。②

首先,应进一步提升社会整体的教育学历水平和职业技能水平,进行高校与职业技术学院的课程设置调整,完善科学技术人才与高级技术职工的就业前教育体系,提升产业平台内部专业水平基础。并通过制定和颁布相关人才政策,建设适宜海外高层次人才回国工作、生活的环境与土壤,

---

① 郑永彪:《以供给侧改革促进钧瓷文化创意产业平台形成与发展升级》,《人民论坛》2016年第8期。

② 程龙、于海波:《供给侧视角下高校科技人才流动政策研究》,《中国高校科技》2018年第12期。

为该类人才解决居住、社会保障、子女教育等后顾之忧,实现产业平台引才、用才与留才工作的同步推进。其次,通过制定科学合理的科学技术人才与创新创业人才的能力资格评价体系,结合产业平台特性建立健全职业资格晋升制度,最终实现产业平台各行各业职业的人力资本积累。借助产业平台社会资源,通过创业前辅导、邀请专业教授与企业家进行培训以及建立创新创业导师制等方式,提升科技人员创新创业的成功率。通过将民间资本引入产业平台,完善现有的企业加速器、孵化器等产业平台硬件设施建设。允许在校学生休学创业,完善在校学分与科技创新创业成果之间的换算转化机制,进而缓解传统产业的供给水平过剩的情况,鼓励人才进入高新产业和服务业,提升产业平台人才水平。再次,给予自由职业者平等的社会地位,将其与企事业单位从业者一视同仁;在制定大众创业,万众创新相关规章制度时给予自由职业者足够的政策支持,要从制度上保证自由职业者的工作履历和工作经历的职业连续性得到法定认可,确保自由职业者之中创新创业者的重要来源享受与企业人同等的社会承认,疏通自由职业者进入产业平台的转化道路。最后,应强化教学人员综合素质,打造既具备理论基础与科研能力,又具备实践经验与专业能力的"双师型"新型师资队伍。新型的大学生培养模式必然是理论与实践的有效结合,这就要求高校加深与产业平台间的合作,有意识地引导教学人员开展创新创业教学与研究的同时积极地从各合作的产业平台内部单位聘请企业家、创业成功人士或专家来学校开讲或授课,建立一支专业教师与兼职教师相结合的高质量师资队伍,实现产业平台与高校的双向互动,实现大学人才与社会需求的早期对接,缓解就业压力的同时增强产业平台人才要素的流动性。[1]

同时,需要注意的是,人才教育的投入与发展是一个长期的过程,通过供给结构性改革的人才制度创建来实现产业平台升级转型的过程不可能一蹴而就。目前我国新经济常态下的供给与需求失衡的现状会随着人才教育制度等相关体制的健全逐步消减,通过建设包括基础设施、教育环境、人才服务和文化氛围在内的人文环境,以此吸引并留住高端顶尖人才,提高产业平台内部高端人才与技术比例。将生产平台、技术平台等传统人才培养平台进行整合,搭建具备开放合作多边平台促进教育治权与资源的开

---

[1] 王运良:《供给侧改革背景下产业平台形成与发展必由之路:绿色金融》,《商》2015年第41期。

放，提高平台上互动的质量，推动平台间互联互通。通过混合平台的构建，使人才资源得到最大化使用。① 同时，针对产业平台内部企业对国际高端人才的需求，提供帮扶，多方位延伸寻访海外人才的触角，建立与国际人才管理接轨的体制机制，最终实现产业平台整体的人才红利。

三 供给结构性改革为产业平台提供发展支撑

供给结构性改革的核心目的之一是推动生产力的发展，促进产业平台的升级转型，将传统的中低端产业逐步向以高新技术和现代化服务业为主的中高端产业发展。

一方面，供给结构性改革通过促进科技型服务产业平台的建设，为以服务业为代表的中高端产业平台的发展提供契机。首先，科技企业孵化器深度国际化。通过鼓励有条件的科技企业孵化器与国外先进的孵化器、投资机构或企业集团在国内共建孵化器，为产业平台吸引国外的机构带来项目和人才，同时为产业平台提供场地和资金。支持国内的产业平台学习国外的先进经验，加强与国际先进产业平台之间的交流与合作，并将国际上优秀的创新创业团队引进到国内交流、学习和工作。简而言之，在积极学习国外先进经验，强调国内产业平台创新活动"走出去"的同时，积极吸收和引进国外优秀的产业平台创新人才和先进技术，实现产业平台创新优质资源的"引进来"。其次，通过大力发展国际技术贸易，实现进出口平衡的同时，实现产业平台形成与发展过程中必不可少的技术进步。通过推动技术转让、许可证贸易、技术咨询及服务、技术补偿贸易等多种形式的国际技术贸易发展，实现产业平台形成与发展过程中的技术瓶颈突破。

另一方面，供给结构性改革通过鼓励创新的方式推动了优质产业的集群化发展，进一步促进产业集群向产业平台转化。首先，科学规划产业平台，根据地方原有的产业结构与产业规模以及未来的产业平台发展战略与规划，分步制订科学的阶段性产业发展的资源供给模式，逐步调整现有的产业结构与产业规模，最终实现产业平台发展状况的科学化、合理化。需注意的是，在产业平台的发展过程中应加强政府的引导作用，合理调整制造型产业和服务型产业之间的比重，逐步提升高新技术型产业在传统产业中的比重，高度重视中小型新型企业在市场大环境中的合理公平的竞争地

---

① 刘家明：《高校人才培养平台模式及其向多边平台转型的思考》，《国家教育行政学院学报》2019年第6期。

位，逐步将当地原有的产业资源整合、发展为具有国际竞争力的新型产业平台。其次，大力保护和推进高新技术行业和企业的发展，为有发展潜力的企业在其创新创业过程中保驾护航，鼓励并引导产业平台内部创新活动的开展与深化，建设创新创业孵化园以促进高新技术企业的创业成功率，进而提升产业平台整体的产品供给多样性，满足社会总体需求。同时，特别针对在校或毕业大学生的不同创业状况，应建立创业质量跟踪小组，统计、整理在校与离校大学生的创业成功与否及公司运营状况，分析现状并建立信息反馈机制，为之后的创新创业教学与实践工作提供有力的参考，指导其正确地开展创新创业活动，为大学生这一创新创业的新兴团体提供有利的创业环境，促进创新创业大学生群体将创新创业活动导入产业平台。①

总的来说，供给结构性改革通过将科技服务业进行深度国际化促进我国产业平台的发展，通过发展国际贸易技术实现国家进出口的动态平衡，实现产业平台先进技术与高端人才的国际交流，通过科学规划产业平台使得优质产业实现规模效应，集群发展。通过特别针对大学生的创新创业，实现我国整体的产业结构的多样化发展，丰富产业平台类型和内容，促进产业平台全面发展。

第二节 "大众创业万众创新"与产业平台

"大众创新万众创业"是指拓展就业空间、改善社会民生、推动经济增长，进而加快经济转型、强化创新驱动、实现持续发展的重要方式。全面创新是驱动企业平台化转型的关键内生性因素。②

创业，创新为产业平台注入创新活力，推动产业平台发展演化。在经济新常态的全新要求下，大众创业、万众创新已成为利国惠民、集思汇智、众创众新的必然选择，对产业平台的产生和升级也具有重要影响。③调查发现，目前，我国的创新创业现状为：

---

① 徐杰：《供给侧改革下大连工业转型升级的研究与思考》，《辽宁经济统计》2016年第1期。
② 许庆瑞、李杨、吴画斌：《全面创新如何驱动组织平台化转型——基于海尔集团三大平台的案例分析》，《浙江大学学报》(人文社会科学版) 2019年第6期。
③ 蔡袁强、戴海东：《培养设计研发型创新创业人才为地方产业平台形成与发展升级服务的实践与探索——以温州大学为例》，《中国高教研究》2010年第4期。

其一,在投融资政策支持方面,大部分创新创业型的企业在相关政策的帮助下获得了充足的可自主支配资金和政府补助资金,有助于产业平台内部企业积极开展创新活动,推动整体产业平台技术创新与平台升级。同时,部分企业较少通过负债及个人资助的方式获得资金,且在创业初期和首次公开发行时遇到的资金困难较多,应尽力帮助丰富创新创业人员及企业拓展融资渠道,使创新创业活动获得更大程度上的资金自由。创业初期往往是企业资金最为紧缺的阶段,政府可重点加大在企业发展初期和初次公开发行时的资金支持力度,从融资的角度促进产业平台内部创新创业人员智力成果的孵化,进而提升产业平台专利技术的获取,提升产业平台核心技术力量。

其二,在创新创业人才的培训与教育方面,虽然通过高校与产业平台之间的双向合作互动,大学高等教育、在职高等教育以及企业家 MBA 等课程为创新创业初创企业提供了部分人才,但是中小教育在鼓励和引导创造性方面还有所不足,在有关市场经济原理的指导方面较为欠缺。换言之,我国对创新创业的教育培训与指导主要集中在高等教育阶段,而作为培养创造性、自立性就业意识的重要时期,中小学阶段对于创业相关启蒙引导则较少。因此,要通过设立有阶段、有目标的创新创业教育制度,使得中小学生从小就具备创新创业意识、良好的心理品质、较强的社会适应性、智力成果创造和孵化的相关理论知识,从加强教育与营造全社会创业氛围方面促进深化发展全国范围内的"大众创业万众创新"的工作进程,通过提升创新创业人才质量促进产业平台创新活动开展。

其三,在智力成果保护政策的推行方面,我国创新创业人员已经具备尊重智力成果的理念,知识产权保护法也较为完备,如《知识产权海关保护条例》的颁布与实施旨在激励和保护知识产权,形成合法化的创新环境,保持产业平台创新动力。但与之对比,侵犯版权的行为还很普遍。从这一角度来讲,我国智力成果保护相关政策实施效果并不好。[①] 为此,应优化智力成果保护的舆论环境,政府不仅要进一步提高发明者或创业人员的知识产权保护意识和能力,更要全方位地开展知识产权保护教育,加强整个社会的知识产权保护意识,首先从道德层面抑制侵犯知识产权的行为的同时,推进产业平台建立和完善知识产权管理制度,指导其管理知识

---

① 姚春梅、刘春花、朱强:《基于培养创新创业人才的科技创新转型研究与实践》,《中国高校科技与产业化》2010 年第 8 期。

产权，有效规避他人的知识产权，并保护好自己的知识产权。此外，还应积极处理侵犯知识产权的相关案件，并适当加大对违反知识产权法、恶意侵权等行为的惩处力度，对于情节严重的，实施赔偿制度，保障知识创新者的合法权益，维护产业平台创新环境的稳定与发展。

其四，对于我国创新创业人员的智力成果转化能力调查发现，在智力成果转化方面的政策还不完善，或者说已出台的政策并没有得到有效实施，创业企业并没有从政策中得到实际的帮助，创业者对智力成果转化政策的实施效果不完全满意，影响创新创业人员积极性，制约产业平台创新能力发展。因此，要增强智力成果转化宏观管理，完善法律法规体系。同时，良好的智力成果转化环境离不开政府科技立法的工作职责，应围绕《促进科技成果转化法》的立法思想，以促进科技投入、成果推广、中介服务方面的法律法规为支撑的完整体系，以规范和调整智力成果转化过程中各影响因素及其相互之间的关系，提高产业平台内部智力成果转化效率，将创新能力转化为产业平台技术实力。

一 "两创"政策的实施为产业平台营造政策环境

通过鼓励发展专利经营公司，探索专利授权、诉讼投资、防御型购买基金、专利经纪、新创事业等多种商业模式，以此弥补专利交易市场的缺陷与不足，为创新专利提供法律保障，维持产业平台创新能力发展。通过深入分析市场形势及需求，发现并识别一批具有发展潜力的企业，借助产业平台搭建配套服务体系，并广泛招收国内外高科技、强素质创业人才或青年创业者，逐步建设创新型服务业产业平台，形成规模效应和产业集聚效应。同时加强创新创业型服务性产业平台与高校之间的链接，通过聘用高校创新创业研究方向的教师或者科研院所高科技研发人员为产业平台内部企业授课，对产业平台技术人员进行针对性的培训和指导，为创新创业服务业产业平台的发展提供充足的人力资源和知识资源，最终实现具有良好发展潜力、符合国家现代化需求的新型服务业产业平台的蓬勃发展。

通过建立健全创新创业知识产权保护机制，营造诚信经营的市场氛围对于产业平台以及产业平台内部企业，尤其是处于创业初期、缺乏足够自我保护能力的新兴产业平台和企业显得尤为重要。在金融税收政策的改革方面，要落实完善鼓励创新创业的税费免检以及金融担保政策，同时以财政补贴的方式减轻产业平台企业创业初期所面临的压力，即通过政策扶持的手段解决创业者在创业时的两大需求——公平竞争和税费减免。① 最终实现公平合理的市场竞争环境的营造,进而保护各类高新技术产业平台中各类创业企业能够顺利生存和发展。

通过引导和支持民间资本依法设立科技成果转化创投基金,在条件成熟的情况下建立民营科技银行,吸引民间资本参与科技成果的孵化与转化,借助民间资本推动产业平台创新活动的开展。引导并扶持具有创新创业能力的民间资本企业入驻产业平台,积极开展创新创业活动。产业平台通过建立风险保障机制,财务金融扶持政策以及办公用地免费租赁等方式保障平台内部民间资本企业创新创业活动的顺利开展。通过相关政策的颁布与执行允许有实力、达到资格的民间资本企业通过产业平台与科技管理部门共同设立小额贷款公司、担保公司等金融资本企业,为民间资本创新创业活动的运作提供充足的资金保障。最终实现民间资本设立创新创业投资基金热情的高涨,对于高新技术产业平台的建设与转型大有益处。

二 "两创"政策的实施为产业平台提供人才资本

实地调研科技创新创业人员的创业状况,分析现阶段科技创新创业人员在创业阶段所面临的主要问题,并有针对性地提出优化意见,实现"不同问题,具体分析"的解决思路,完善产业平台对创新创业人员的扶持保障环境,在产业平台中设立创业苗圃、孵化器,引入社会资本投资,促进创新创业活动开展。通过准许民间资本进入相关行业市场的方式,完善产业平台中企业加速器、科技孵化器等硬件设施的普及与建设。对于在校大学生、毕业大学生、硕士研究生和博士研究生等创新创业的主力军给予政策支持与情感支持,鼓励有经验、有能力的国有企事业单位科研人员离岗创业,丰富产业平台的创新创业人才层次。支持各大高校教师、科研院所高级科研人员带领团队参与到产业平台技术创新工作中。同时,鼓励产业平台内部成功商业人士进入高校开讲或任教,实现产业平台自身资源与大中专院校科技资源的有机结合,建设产业平台内部科技人才创新创业的辅导、培训环境。

在创新创业园区内构建学生实习和实践基地,在高校中养成鼓励创新创业的发展氛围,并辅以相关的课程设计,提高产业平台创新创业主体中

---

① 蒋向利:《开启转型发展之门创新创业再塑辉煌——实创公司开启垂直生态链产业园区发展新模式》,《中国科技产业》2015 年第 11 期。

的大学生比例。将国家大学科技园建设为高校科技成果转化的重要基地，实地调研产业平台对于高新技术人才的技术结构和知识结构需求，将此作为高校人才教育和课程设计的核心内容之一，实现产业平台与高等学校、科研院所联合培养人才。同时，对于在产业平台中表现突出的在职人员，可安排至合作高校中进一步深造、学习。鼓励高校和产业平台联合设立工作站，吸引更多的硕士生和博士生到产业平台开展技术研发工作和技术创新实践，引导工作站在高校与产业平台的创新合作中发挥积极作用。鼓励高校和产业平台联合建立大学生实训基地，通过转变接受知识的方式充分调动其接受创新创业思想，培育创新创业能力的积极性。与被动接受知识教育不同，主动参与企业创新实践能够使得学生更好地将其领悟、学习到的知识与技能在实践中得到检验，在创新创业意识的萌芽阶段提升其实践活动的参与感和成就感。通过学校科研与产业平台的有效对接，为产业平台的产业整合、升级提供科研人才储备。[①]

对科技型产业平台引进人才给予适当补助支持，尤其需要注意的是，针对海外人才来华的问题，应制定国外科技创业人才在华长期居住的管理办法，放宽中国绿卡申请门槛，完善国外科技创新创业人才在国内应享有的权利与义务，以鼓励国外科技创业人才在国内长久居住，甚至定居，引导国外高端人才入驻产业平台，以此为我国的产业平台建设输送海外创新创业或科研人才。产业平台通过建立创新创业失败的支持援助体制，加强创新创业失败者的素质能力再培训，针对不同创业者在初次创业时面临的不同问题和难题，总结失败经验，采取相应的创业培训措施和办法，同时注重心理辅导，提高产业平台中创新创业人员的创业水平与创业能力。允许大学生休学创业，科技工作人员停薪留职创业等，降低其创业失败负担，进一步降低产业平台创业成本。

三 "两创"政策的实施为产业平台提供创新空间

整合创新创业企业名录，建立创新创业企业公示系统，公开化、透明化各类扶持政策，扩大产业平台创新空间。在创新创业企业公示系统平台上对产业平台各企业的经营状况、规模结构、人员构成等信息进行整合与汇总，共享产业平台内科技创业企业信用信息，促进产业平台内部信用体

---

① 乔为国、周娟:《正确认识产业高端形态促进产业平台形成与发展升级》，《中国经贸导刊》2009 年第 19 期。

系建设。银行、证券、保险等专业机构通过公开的信息，利用大数据、云计算等现代信息技术，为产业平台中创业企业提供更有效的服务。加强对孵化器的信息化管理，在得到企业法人的许可后将各孵化器内在孵企业的信息公开化、透明化，通过在孵企业之间的信息共享，实现产业平台内企业与企业之间、企业与孵化器之间以及孵化器与孵化器之间的信息共享与合作共赢，并通过整合汇总生产信息，实现产业平台原材料供应链的完善升级。最终实现信息互联互通机制的网络平台建设，为产业平台建设提供网络信息方面的支持。[①]

通过完善科技基础条件平台的运行，突出技术创新平台为产业平台研发创新提供公共服务的能力。依托产业平台内部信用信息公示系统，建立科技创业企业名录，公开化、透明化各类扶持政策，建设产业平台内部信用信息平台，对科技企业工商注册登记、行政许可、税收缴纳、社保缴费等信息进行汇总，共享科技创业企业信用信息，促进产业平台内部企业信用体系完善。具体而言，包括各当地政府有机整合区域内的创业苗圃、孵化器、加速器、众创空间等，以及各产业平台之间的整合与聚集；互联互通产业平台、高校、科研所等机构之间的交流合作，构建产学研新格局，加速形成依托于产业平台创新、市场需求以及高校科研三位一体的科技创新体系；最终开放共享产业平台内的科技资源，推进科技产业平台的建设。

整合现有的创新创业孵化链条，通过整合创业苗圃、孵化器以及加速器资源，建立产业平台综合孵化体系。甄选产业平台内部企业项目，对于具有发展潜力、涉及高新技术行业的创新创业企业进行创业苗圃引进和预孵化；当企业进入产业平台内部孵化器，逐渐步入创新创业正轨时，整合平台孵化体系为其提供具有差异化的高质量孵化服务，为其建设涵盖研发、产权保护以及成果转化的全方位服务链；同时，鼓励和引导符合条件的创新创业企业进入产业平台孵化器集群，享受产业用地租赁或转让优惠、研发实验室租赁优惠、存储中心共享条例等扶持优惠政策；对于有需要的创新创业人员进行创业辅导、企业咨询以及心理建设，并加强产业平台强孵化器内企业与风投或保险公司之间的联系与链接；鼓励产业平台内建设青年科技孵化苗圃，以吸引在校大学生、大学毕业生、研究生以及归

---

① 庄立新：《后转型期长三角地区高职服装创新创业人才培养研究》，《辽宁丝绸》2014年第2期。

国留学生入驻产业平台，开展创新创业活动，建设"创业企业—企业集群—产业平台"的孵化链条。

第三节 共享发展与产业平台

共享发展理念是通过完善制度、坚持共享的方针，将产业平台内的示范型企业的先进经验、创新技术和管理模式，在平台内部行业之间、不同企业之间以及企业部门与部门之间进行推广和交流。通过这一发展方式，在推进产业平台发展的同时，为社会的整体发展带来福利。在党的十八大五中全会上通过的《中共中央关于制定国民经济和社会发展第十三个五年规划的建议》中首次提出了共享发展的理念，将党的执政理念创新性地诠释为发展为了人民、发展依靠人民、发展成果与人民共享，致力于调整由于社会发展不协调造成的非均衡态势。本节从企业自身部门之间、产业平台企业与企业之间以及产业平台之间的共享发展三个角度出发，阐述共享发展理念对于产业平台转型和升级的积极促进作用。

一 企业内部的共享发展为产业平台提供创新原动力

企业中某种创新方法是否具有生命力，主要取决于其是否能在企业其他员工或者部门形成示范带动效应，并解决实际的问题。[1] 通过企业平台内部企业之间的共享发展，实现产业平台内部的技术溢出与扩散，促进产业平台整体技术发展与提升。产业平台内部企业在关注创新方法的推广和应用时，不仅仅局限于技术领域创新方法的推广，同时还会将创新方法推广的业务范围拓展至企业管理模式的创新以及思想党建工作的优化。[2]

在产业平台内部的共享发展过程中，创新方法与创新思路亟待突破。一方面受制产业平台内部企业工作模式与思维方式，跳出本行业进行自主创新较难，创新方法与工具大多也局限于企业业务层面；另一方面，面对企业内部所产生的具体问题，受传统经验及知识见解的影响，处理方式和解决方法较窄，实际问题的解决方法不多。需要导入突破性、启发性思维方法，以产业平台为整体，通过产业平台之间、产业平台内部企业之间的

---

[1] 吴永志、曹俊强、李乃川、国思著：《TRIZ技术创新方法在企业中推广模式研究》，《黑龙江科学》2012年第1期。

[2] 董婷、王唯：《创新创业训练项目成果的推广与孵化》，《创新创业》2015年第12期。

合作共享，引导平台企业正确、高效地解决实际问题。如海尔把自己"从科层制的企业变成互联网的一个节点"的组织创新实践表明，其子平台间的"并联"绝不是简单并列的关系，而是各类平台"并联同一目标"，使网络价值引领的责任落实到领域主、行业主、小微主和创客等各层各类行动者上。[1]

产业平台在推广创新方法的具体过程中，应通过采取及时发现典型、努力培育典型创新推广至全公司甚至全产业平台，极大地促进产业平台和内部企业的创新创业发展，为企业进一步向产业平台转型的方向靠拢提供了技术基础和创新能力。产业平台在组织和开展创新方法推广的培训过程中，在聘请专业教授或专家现身说法的同时，还可以通过安排平台企业内部具有典型创新成果的个人或部门代表现身说法，对学员进行培训。这样的"典型引导"方式有助于产业平台内部企业员工在接受专业培训知识的同时，受到同事的正向激励，从而激发其内在的创新动力。[2]具体操作方面，应鼓励产业平台内部企业的典型创新员工或部门代表利用自己的亲身经历，通过对自身创新学习时遇到的困惑、创新方法应用时的技巧以及创新实验时走入的误区的分享，给予培训学员最大的启示和帮助。总而言之，产业平台对于创新方法在平台企业内部员工及部门之间的推广所采取的策略，可以概括为以创新项目的实践带动理论培训，以典型创新员工的经验带动公司全体员工。通过产业平台内部企业中的员工与员工之间、企业与科研院所之间以及企业各部门之间的信息与技术共享，实现产业平台整体创新转型能力的提高。

二 企业与高校之间的共享发展为产业平台提供技术资本

为了某种关键技术在处于萌芽阶段时就得到有力的重视和规范的研究，产业平台内部企业应该与高校合作，在合作大学设立研发创新基金，以便于迅速展开研究，尽快占领市场。这样的合作方式既有助于高校的科技成果转化，又能够帮助企业迅速推出新产品，推动产业平台把握市场先机。[3] 与这种产业平台为整体的高效的风险投资体制相比，国

---

[1] 王凤彬、王骁鹏、张驰：《超模块平台组织结构与客制化创业支持——基于海尔向平台组织转型的嵌入式案例研究》，《管理世界》2019年第2期。
[2] 马兰、杨绍利：《攀枝花钒钛资源综合利用人才开发及科技成果转化机制创新的思考》，《攀枝花学院学报》2009年第3期。
[3] 杨怀珍：《大学与企业的合作创新研究》，硕士学位论文，东南大学，2003年。

内大部分企业则期望能够通过小额度的投资就能实现利润丰厚的投资项目，在缺乏先期投入的情况下，宁愿出高价购买市场发展前景小的成熟技术，也不愿意承担任何的研发投资风险，导致目前国内的诸多企业都存在一种恶性循环——"引进—落后—再引进—再落后"，即虽然实现了人才与技术的引进，仍然不能从本质上解决技术落后的问题。[①] 与高校相比，产业平台内部企业具有自由调度资金、产品试验市场广阔、市场定位信息充足以及高度产业化等优势；而与产业平台内部企业相比，高校的优势则体现在理论知识的快速更新、尖端技术的深入研究以及技术开发团队的高素质水平等方面，产业平台内部企业与高校的合作有助于创新方法的培育与推广。需要凸显参与单位在组织结构中的重要地位，建立协同创新激励政策、协同创新运行机制、协同创新产出绩效的传导机制。[②] 同时，应注意的是在产业平台内部企业与高校合作的过程中，应保持产业平台内部企业在研发创新活动中的主体地位，高校的创新活动研发与推广只是作为产业平台创新方法推广的知识源与技术源，起着无法替代的重要作用。

同时，在宏观调控方面，要注重政府对于校企合作的宏观政策引导，根据产业平台和高校的具体情况制定科学的发展规划，发挥两者的优势，有效整合高校与产业平台的综合利益链，避免两者间的利益冲突。在服务保障机制的建设方面，应建立规范统一、信息完善、咨询专业、监督严格的校企合作服务体系，保障产业平台与高校合作的顺利进行。[③] 最终实现产业平台自身创新能力的提高，为产业平台的创新发展战略提供有力的科研实力和人才后盾。

三 企业在区域间的共享发展为产业平台建立发展平台

政府方面，在将某一企业的创新方法推广至产业平台内部其他企业甚至区域内其他产业平台的过程中，各地方政府和科技厅应针对具体的推广情况进行实时的跟踪分析和反馈引导。首先，应对于产业平台的高

---

① 冯晓丽：《创新人才培养的实践教育感知平台内涵建设浅议》，《创新与创业教育》2013年第2期。

② 朱健、谢雨珊、王辉：《地方高校协同创新平台的组织结构与运行机制——基于湖南省行业产业类协同创新中心的案例分析》，《中国高校科技》2018年第9期。

③ Corsten H., "Problems with cooperation between universities and enterprises—A comparative study on size of enterprise", *Technovation*, 1987, 6 (4).

层管理者进行培训教育，引导其重视创新方法在产业平台间的推广和应用。其次，应整合产业平台所在地的科技局和高校相关资源，紧密配合产业平台内部企业关于创新方法的学习和应用。[1] 产业平台方面，应保证其在创新方法推广和应用过程中的主体地位，用根据政府出台的关于创新方法推广应用的相关要求，对区域内的产业平台内部高新技术企业主要负责人进行系统化的理论和实践培训，并鼓励产业平台内部企业应用新学得的创新方法解决企业的实际工作问题。[2] 由于尚未形成全员参与的局面，全面推行依然存在阻力，主要原因为产业平台内部分企业目前对基层单位的考核以产值、利润、回款为主要导向，而产业平台之间创新方法在推广初期所带来的效益和效率提高并不十分明显，导致对有较大经营压力的基层单位的推广产生阻碍。应考虑把创新方法推广应用工作纳入产业平台基层单位年度考核目标，同时争取成为国家区域示范产业平台，通过外部的考核机制对内部形成一种倒逼机制，促进产业平台之间创新方法的推行应用。

应注意的是，在推广产业平台内部先进技术和管理模式的过程中，需要体现更高尚的创新社会价值。在创新方法的重点推进方面，应重视产业平台内部示范带头企业的师资培训工作。究其原因，一支专业化的师资队伍可极大地拓展创新方法在产业平台内和产业平台间推广的广度与深度。产业平台在依靠高校共同创新的同时，还应注重产业平台自身核心创新团队的建立。因此，产业平台应积极为试点企业培训其自由的师资队伍，根据产业平台内部企业的具体情况制定符合其战略发展规划的教学课件和培训计划，并合理地安排培训的实践、地点和授课方式。做到在不影响产业平台内部企业日常生产运作的情况下，逐步培养出一支专业化的师资队伍。[3] 同时，值得注意的是，对于部分缺乏培养师资队伍条件的企业，产业平台应联合政府积极派遣专业化的创新方法推广小组对该企业进行跟踪和回访，保证其创新方法培养和推广体系的顺利建设，保障产业平台整体创业体系的完善发展。

---

[1] 王伟：《浅议中小企业的创新机制建设和完善》，《价值工程》2013 年第 27 期。

[2] 王伟：《浅议中小企业的创新机制建设和完善》，《价值工程》2013 年第 27 期。

[3] Tianren Guo, "The Features and Tasks of the Cooperation between Industry and University in China Focus on the University‐managed Enterprises", *Bulletin of the Graduate School of Education*, 2006.

第四节　工业4.0、《中国制造2025》与产业平台形成与发展

2015年经李克强总理签发，国务院总理颁布了《中国制造2025》，作为我国的第一个十年发展计划纲领颁布实施，并指明"工业4.0"为实现这第一个十年发展计划的总要手段。所谓工业4.0，是指通过网络实体系统和物联网等技术手段为依托，逐步实现制造模式的信息化和智能化，通过整合产业平台内部及产业平台之间的商业资源，建立具有优良适应性和强大效率的智慧工厂，进而促进产业平台的发展。传统产业的升级与整合，产业平台的转型与发展，是工业4.0这一背景下未来的必然发展要求和趋势。

一　商业伙伴资源的整合提升产业创新能力

社会生产力的不断发展和科学技术的不断进步导致了当今产品市场对于企业创新能力要求的不断提高，单个企业的创新能力已经不足以应对时代的挑战，以产业平台为主体的协同创新日益成为主流。越来越多的企业通过契约关系与竞争对手、客户、供应商、大学和销售商之间建立相对稳定与长久的合作关系，形成协同合作网络，构建产业平台组织，以此实现共赢局面。

产品是企业技术和实力的结晶，代表着产业平台的核心竞争力，产业平台内部企业的新产品开发包括有形产品开发和无形产品开发两类。产业平台与其产品之间的关系一方面表现为，产品在市场中的表现状况之间反映了产业平台的竞争力高低；另一方面，用户对于新产品的市场反馈又是产业平台及其内部企业下一步发展的重要参考因素之一。因此，重视新产品的开发管理是产业平台发展的必然要求。[1] 在全球化的背景下，依托以产品为核心的产业平台市场竞争变得越来越激烈。在这样的新型形势下，采用向大型供应商采购企业核心产品的方法会严重限制产业平台的发展速度，处理好新产品的开发管理问题是产业平台在产品市场上生存和发展的基础。同时，我们必须认识到，产业平台内部企业的新产品开发管理过程

---

[1] 徐洪海：《加快完善上海智能制造平台建设》，《上海经济》2015年第9期。

具有相对较高的复杂性与不确定性，这一过程的复杂性和高风险性会直接影响到产业平台整体的研发效率以及新产品的竞争力。同时也必须注意到，新产品开发管理的过程具有高度的不确定性，这也是其开发管理过程中的主要问题。这种情况既是机遇，也有可能成为产业平台及其内部企业发展的拦路石。

企业的目标就是投入最小化的同时将回报最大化，产业平台则通过整合平台内部企业获取最大收益。产品的开发管理过程存在着大量的不确定因素，因此产业平台对于产品的开发管理模式也应该不断地创新，在这种情况下，基于商业伙伴资源整合的协同创新管理模式逐渐被产业平台所重视。基于商业伙伴资源整合的协同创新管理模式与传统的产品研发流程相比有着显著的优势：通过产业平台内部与产业平台之间协同创新，平台内部企业能够获得自身不具备的技术和资源；产业平台与高校、产业平台与科研机构之间能够通过协同创新实现更紧密的合作关系，这种跨行业的整合为产业平台新产品的开发管理提供了更多的可能性；协同创新能够提升新产品的市场竞争力，从而提升产业平台内部企业的市场占有率，促进产业平台更好地适应市场需求变化；协同创新的合作模式还可以分摊产业平台内部企业的经营和管理风险，提升了企业新产品的投入产出比；产业平台内部与产业平台之间的协同创新缩短了新产品的开发管理周期，使得新产品的上市效率得到保证。在这一情况下，产业平台整体的竞争力和创新水平得到了有效发展的同时，产业平台中产业链上下游各行业企业随着协同合作方式逐渐有机整合在一起，逐步实现了产业平台的建设。

在协同创新的发展模式基础上建设产业平台，需要注意的是单个企业的创新能力在面对社会生产力的发展和科学技术的不断进步带来的越发激烈的市场竞争时已经不足以应对时代的挑战，难以在新产品市场上站稳脚跟。同时，随着互联网技术的普及以及全球化的发展趋势，通过产业平台的枢纽作用，在以往难以实现的企业之间，特别是具有竞争关系的企业之间的协同创新合作已经逐渐被各行业企业所接受并运用。但产业互联网新型商业模式目前尚未完全成熟，需要平台规制体系对其进行内部制度建设管理和外部市场监督管理。[①] 基于协同创新的新产品开发管理流程，是在坚持产业平台自身发展战略的前提下根据自身发展阶段所面临的技术难题

---

① 王磊、种墨天、谭清美：《"互联网+"驱动产业创新机制及商业模式研究》，《科技管理研究》2020年第16期。

以及资源短缺情况，产业平台内部伙伴企业之间协同合作开发管理新产品，实现研发企业间强强互补的过程。通过这种新的开发管理流程，能在降低新产品设计开发成本的同时，设计出满足顾客高要求的产品，并且能在保质保量的前提下缩短新产品的开发管理周期，使得产业平台内部新产品快速占领市场，取得先机。基于产业平台协同创新的新产品开发管理流程以研发新产品为目的，将研发产品的各个环节，包括市场分析、总体设计、方案确定等各阶段有机整合起来，通过综合运用产业平台内部各企业不同的优势资源实现产品设计、生产、和销售成果的最优化。[1] 在该新产品开发管理的流程下，整个协同创新体系由产业平台组织，并且供应商、高校、销售商、客户都可以通过信息和资源交换参与到创新活动中，这一开发管理流程为符合产业平台建设发展要求企业的参与提供了技术和资源的交流平台。

二 智能化生产促进传统制造业转型升级

在创新生产技术发面，应加强现代技术市场建设，促进产业平台向现代化技术发展方向转型升级。加强知识产权交易所等技术交易机构和服务平台的建设，对产业平台内部科技成果评价方法进行完善和推广，实行技术合同网上登记。对于财政支持形成的科技成果，通过技术市场面向社会发布。并在产业平台内部设立科技成果转化引导基金，通过整合科技成果转化基金与科技金融投资机构的共同资金资源，建立产业平台创新创业投资资金，以股权激励的方式促进产业平台内部企业创业成果的转化。以一次性资金奖励的方式为科研机构、协同合作企业、合作性高校等为产业平台科技成果转化做出贡献的企业表示鼓励。转化基金可对科技成果转化贷款给予一定的风险补偿，降低贷款风险，提高产业平台内部企业工作效率。通过建设产业平台内部的科技创新创业网络信息平台，加强对平台内部孵化器的信息化管理，在得到企业法人的许可后将各孵化器内在孵企业的信息公开化、透明化，通过在孵企业之间的信息共享，促进产业平台内部企业间的交易与合作，促进孵化器之间合作交流，探索建立以产业平台为信誉担保主体的孵化采购交易平台。可以通过政府部门推动和引导来促进传统制造业的升级转型，对于企业而言，要加快大数据部署应用，突出

---

[1] 安琳：《工业云互联网+时代的制造业创新——工业互联和智能制造的信息中枢》，《中国工业评论》2016年第2期。

在融合发展中的主体作用。[①]

在绿色生产、创业方面,党的十八届六中全会提出"必须坚持节约资源和保护环境的基本国策,坚持可持续发展,推进美丽中国建设",表明以绿色发展为基本理念的创新举措将是我国实现经济发展和社会进步的新路径,是《中国制造 2025》大背景下的必然要求,也是产业平台整体发展规划的重要指导因素。即在保证社会生产发展和人民生活富裕的同时,需将"生态良好"这一问题高度重视起来,通过建设绿色低碳、高效安全的新型经济发展模式来推动产业平台整体生产方式的逐步绿色化,最终替代原有相对粗放的生产方式和发展理念。

2015 年 11 月 30 日,习近平在出席气候变化巴黎大会开幕式时发表讲话,指出"中国将落实创新、协调、绿色、开放、共享的发展理念,形成人与自然和谐发展现代化建设新格局"。强调"中国将落实创新、协调、绿色、开放、共享的发展理念,形成人与自然和谐发展现代化建设新格局"。通过建设低碳环保的生产线推动生产方式绿色化,通过合理协调城市化格局和农业发展格局实现空间格局绿色化,通过完善环境监控管理模式实现生态文明绿色化,三位一体推进绿色发展。绿色发展实施的关键一环即为整合行业生产模式,实现资源消耗最小化,降低生产成本,通过产业平台进行资源整合和流程升级实现绿色发展。[②] 在实践中,企业需要重视绿色创业导向的作用,通过积极开展绿色产品创新和绿色工艺创新,实现绿色创业导向到企业绩效的顺利转化。同时,国家也应对实施绿色创业导向的高新技术企业提供支持,帮助其通过开展绿色创新提升绩效。[③]

在产业平台信息化的建设方面,利用大数据、云计算等现代信息技术建设产业平台内部中小企业信息化平台,提高中小企业技术研发、资源管理、生产制造和培训服务水平,增强产业平台整体市场营销和售后服务能力。搭建信息技术企业行业应用平台,为产业平台内部中小企业信息化提供软件支持、硬件安装、项目合作等社会化服务。产业平台与政府进行合作,通过组织产业平台内部科技型中小企业参加信息化平台建立、使用、

---

① 房建奇、沈颂东、亢秀秋:《大数据背景下制造业转型升级的思路与对策研究》,《福建师范大学学报》(哲学社会科学版) 2019 年第 1 期。
② 曹根基:《互联网+智能制造深度融合的产业生态链分析》,《无线互联科技》2015 年第 24 期。
③ 冯泰文、陶静祎、王辰:《绿色创业导向对绿色创新和企业绩效的影响——基于行业的调节作用》,《中国流通经济》2020 年第 10 期。

管理与维护的培训，推广成功企业的经验等方式，强化中小企业的信息化管理意识。另外，扶持建设产业平台内部高水平的信息化平台咨询机构，根据不同科技企业产品制造、营销模式的特点，给予针对性的系统规划，有效促进产业平台内部中小企业信息化建设，推动产业平台内各层次企业的均衡发展。

三 市场主导、政府调控的发展方式促进产业平台自主发展

在政府采购支持制度的建设上，应以政府从产业平台采购货物或服务的方式来支持科技型产业平台的创新创业发展，鼓励政府采用公开招标、竞争性谈判等方式采购产业平台内部科技创新企业的新技术、新设备、新方法。同时，完善政府采购政策，从采购需求、采购方式、合同订立到履约全过程，均保证公开透明，提高政府采购信息透明度，给予产业平台内部创新创业企业平等、公平的市场竞争机会。通过加强人员专业化管理，形成职业化的政府采购队伍，借助政府采购职业资质管理系统的建设提高从业人员的工作能力与业务水平，实现有助于产业平台发展的优良政府环境。研发创新不仅需要企业和产业的资金投入，也需要政府研发资金的投入和协调、培育产业研发联盟、建设通用技术平台。[①]

根据产业平台发展规划要求，适当放开主体市场，为产业平台所涉及的部分行业引进对口企业。政府应逐步出台面向大众创新创业的负面清单和责任清单，通过负面清单的制定与实施指明产业平台发展的机遇和雷区，有助于产业平台对于创新创业机会的把握以及发展方向的规划。通过责任清单的颁布与施行，确定在多样化资源平台整合过程中的监督责任主体、惩处实施主体以及举报处理主体，形成对于监管部门和创新主体两方面的合理约束力。从传统的"政府允许的才能做"逐步向"政府禁止之外的都能做"转变，这一政府审批管理范围的缩减不仅意味着市场创新创业活力的增强，还能够有效推动政府对于企业自主经营审批方式的彻底改革，进而推动政府办事工作效率的提高，促进产业平台的自主发展程度，以及社会经济体制向市场经济体制的转变。[②]

[①] 周彬、柳天恩：《不同市场结构下激励研发创新的产业政策和政府平台》，《中国科技论坛》2017年第10期。

[②] 吴兴杰：《阿里巴巴的第二次春天在哪里？——2020年后工业4.0时代的"智能制造"将会颠覆电商平台》，《商业文化月刊》2014年第31期。

通过加强政府监督，为产业平台发展提供物理空间。在完善产业平台创新创业用地与配套设施的基础上，大力发展众创空间，最大限度地利用产业平台已有的自主创新示范区、高新技术产业园、大学生创业科技园以及企业科技孵化器中的信息与资源，整合并发挥现有信息和资源的聚集效应的规模优势，为大众创业者提供低成本、便利化的众创空间。通过打造产业平台内部人才制度完善、技术水平高超、金融资本充足、监管政策高效的创新创业空间，整合产业平台中的创新创业中心、当地商会以及科技创新管理部门的信息与资源，搭建适用于平台内部创新创业企业、政府服务机构以及监管部门之间的沟通交流平台，进而激发产业平台的运行活力。产业平台应完善产业用地监管机制，平台在获得土地使用权后，需要向政府部门提交项目用地产业发展承诺书。同时，创新产业平台用地服务方式，鼓励当地土地监管部门根据当地产业平台发展状况以及申请平台内部企业的创新创业状况，以5年为期限制定过渡期土地支持政策，即对于土地租赁或转让期限满5年，同时因为创业状况需求需办理土地需用转让或续用手续的，可以按照协议方式，沟通协商办理相关手续。此外，对传统工业转为先进制造业的产业平台，给予其使用的现有土地用途和权利一定的转换过渡期，保障这些产业平台及其内部企业安稳度过转型期，实现产业内同类产业的集聚化发展，为企业发展向平台化靠拢提供创新创业物理空间和政策支持。

第二章　产业平台的理论基础

第一节　顶层设计理论

顶层设计理论在诸多领域被运用于学术研究以及实践中，其指的是一种自上而下形成的总体架构。[1][2] 产业平台是一种联系产业和产业、在企业间建立联系和桥梁的制度及平台，其将互补产业、上下游企业资源汇聚在一起，实现平台内企业资源共享的局面。[3][4] 为了保障这一制度的成立以及有效实施，必须从国家政府层面形成战略决策，通过制度和政策的制定，形成自上而下支持产业平台建立的链条，使得产业平台在国家制定的大的发展框架中健康成长、迅速扩张。顶层设计理论本身就包括系统、整体的思想，即从全局的角度出发，基于宏观、长远、战略规划的视角，提纲挈领地设计出来，形成整体发展思路和方向。[5][6] 产业平台以顶层设计为理论基础，作为平台，以整个产业的发展方向为产业平台的发展方向，为了产业的持续发展，协调产业链中不同企业间资源、利益的平衡，制定适合产业平台发展的、能够体现产业大发展目标的制度和政策，系统地推动产业平台建设。

---

[1] Richardson G. L., Jackson B. M., Dickson G. W., "A Principles-based Enterprise Architecture: Lessons from Texaco and Star Enterprise", *Enterprise Architecture*, 1990, 14 (4).

[2] 王建民、狄增如：《"顶层设计"的内涵、逻辑与方法》，《改革》2013年第8期。

[3] Ford G. S., Koutsky T., Spiwak L. J., "Competition after Unbundling: Entry, Industry Structure and Convergence", *Phoenix Center Policy Paper*, 2005 (21).

[4] 田洪刚：《产业平台、销售平台和产业链环节的重塑——一个服务主导的逻辑》，《现代经济探讨》2015年第10期。

[5] 严金明、夏方舟、李强：《中国土地综合整治战略顶层设计》，《农业工程学报》2012年第14期。

[6] 阎光才：《高等教育改革顶层设计的逻辑》，《中国高教研究》2014年第1期。

一　产业平台的特征

顶层设计注重对不同领域和方面进行优先排序，掌握各目标实现的重要性程度，并突出和强调亟须解决的难点。[①] 产业平台作为一种平台，即使对所有的企业都是一视同仁，平台内所有企业的地位都是公平的，但是作为国民经济不同的组成部分，不同的企业代表产业链中不同的环节，如食品产业中，食品原料企业处在原料提供的环节；食品加工产业属于加工、生产环节；而食品销售企业则处在服务环节。由此可见，处在同一产业的不同的企业行业性质也会产生差异。[②] 因此，企业在产业平台内谋求发展，对资源的获取能力、资源的使用能力等都是有区别的。产业平台在进行资源分配时也需衡量不同性质企业发展程度、发展潜力和发展能力等多方面因素，对企业进行排序，将优势资源更多地分配给竞争力较强的企业，进一步推动其扩张和发展，以强化在产业内的影响力和辐射力。对于发展潜力差甚至濒临破产的企业，则可以减少对其资源分配的机会，采取更为严厉的监管、评价方式，最终迫使其淘汰出局，减少对产业平台内资源的浪费。与此同时，产业平台内聚集不同性质企业的资源，[③] 拥有人力、物力、财力、政策、制度等一系列可以推动和丰富产业平台建设和发展的资源，形成集聚效应。[④] 在运用和调度的过程中，由于企业间紧密的联系，且利益共存，所以可以敏锐地感知产业平台内急需的资源，并根据产业平台发展受限的原因进行迅速调整。[⑤] 这也是产业平台的一大优势特征。

为此，从顶层设计理论角度出发，产业平台的建立体现了五个特征：

（一）自上而下

产业平台内企业间的合作并不是直接的，而是在统一的制度、规范

[①] 孟琳：《改革顶层设计的战略作用及其实现路径》，硕士学位论文，辽宁大学，2015年，第21页。

[②] Picard P. M., Zeng D. Z, "Agricultural Sector and Industrial Agglomeration", *Journal of Development Economics*, 2005, 77 (1).

[③] 田洪刚：《产业平台、销售平台和产业链环节的重塑——一个服务主导的逻辑》，《现代经济探讨》2015年第10期。

[④] 苏斯彬、周世锋、张旭亮：《产业平台空间重构：从整合走向融合》，《浙江经济》2016年第5期。

[⑤] Ellison G., Glaeser E. L, Kerr W. R., "What Causes Industry Agglomeration? Evidence from Coagglomeration Patterns", *The American Economic Review*, 2010, 100 (3).

第二章　产业平台的理论基础　　25

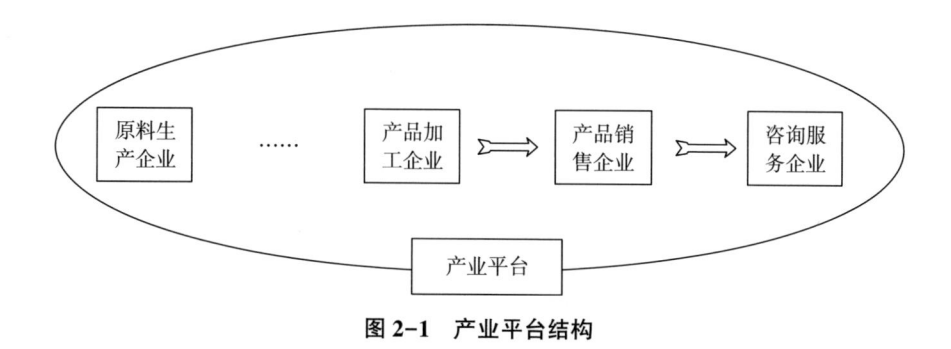

图 2-1　产业平台结构

下，依据一定的规则和手续进行部分业务的合作。[1][2] 然而在产业平台内，并没有自然形成的合作准则，企业之间的合作没有统一的标准和制度规范，业务合作可能会出现各种难以解决的问题。通过一定的途径处理也会出现最终结果无法达到预期的情形，使得产业平台空有虚壳，无法真正实现其调动和控制的效用。因此需要强有力的行政手段，即国家层面制定引导产业平台运行、企业间合作的规则制度，在战略层面进行总体规划。[3] 企业间的业务合作需要遵循平台的规章制度，以此为运营、合作的基本准则，再结合企业自身发展特点，贯彻落实产业平台运营的核心理念。由此可见，基于顶层设计理论的产业平台建立体现了自上而下的特点。

（二）统筹协调

整体和局部是不可分割的两个部分，不论是国家重大战略还是制度的制定，都需要兼顾整体和局部的利益。亦即既需要从大方向出发，以宏观、长远的视角进行战略规划，[4] 通过顶层设计明确的、整体的发展方向，也需要兼顾到局部发展目标的差异性，根据不同主体的目标和需求细化相对应的管理体系和制度，最终推动整体协调和统筹发展。[5] 产业平台

---

[1] 李必强、郭岭：《产业平台组织体系及其运行模式研究》，《科技进步与对策》2005 年第 6 期。

[2] 吴义爽、张传根：《平台市场的产业组织研究：一个跨学科文献述评》，《科技进步与对策》2015 年第 6 期。

[3] 阎光才：《高等教育改革顶层设计的逻辑》，《中国高教研究》2014 年第 1 期。

[4] 刘光富、鲁圣鹏、李雪芹：《中国再生资源产业发展顶层设计框架体系研究》，《华东经济管理》2012 年第 10 期。

[5] 张兴旺、李晨晖：《"互联网+图书馆"顶层设计相关问题研究》，《图书与情报》2015 年第 5 期。

作为一个整体，是平台内企业共同发展和维系的重要纽带，因此需要考虑到大的、笼统的、整体的发展方向和战略，明确整个产业的改革目标。另一方面，产业平台中包括众多的企业，经营目标和业务有明显的区别，为此平台充当着共享资源、连接企业的作用，① 是企业发展的助推力。在顶层设计的理念下，产业平台既需要拥有整体的、明确的发展战略，也需要兼顾到不同企业的发展需求，统筹协调资源，促进共生。

(三) 资源共享

顶层设计依托产业整体发展规划和战略布局，掌握平台内企业业务间的联系，整合企业资源，为满足企业发展需求、平台完善的目标提供各项支持和政策依据。② 产业平台本身作为平台，就是为了企业共同发展、资源共享所建设的联系纽带。③ 在产业发展初期，不同类型的、处在产业不同环节的企业业务分散，运用各自的优势资源自我发展，实际上在发展过程中需要走多元化道路，集成不同有效资源，实现帕累托效应。然而由于信息不畅通、道德风险等多种因素的阻碍，使企业进行合作时往往出现资源浪费的现象。④ 产业平台的构建，明确了企业的共同发展战略，为此企业间形成了合作共赢的意识，以不同资源为优势进行业务合作，实现信息交换，最终可促进双方共同进步，这也是产业平台顶层设计的核心内容和基本出发点。

(四) 指导约束

产业发展依赖明确的规章制度进行约束和控制，也需要支持政策引导和推动发展。产业平台的顶层设计是整个产业发展的总体框架，⑤ 平台内企业依据大的发展规划进行企业目标的设定，通过完成自己的目标，最终推动整个产业目标的实现。产业平台的顶层设计具有双面性，一方面其对于产业发展、平台内企业发展具有引导和推动作用，如整体发展目标、实

---

① 田洪刚：《产业平台、销售平台和产业链环节的重塑——一个服务主导的逻辑》，《现代经济探讨》2015 年第 10 期。
② 柳玉祥：《对公安信息化建设顶层设计的思考》，《公安教育》2010 年第 3 期。
③ Gawer A., Cusumano M. A., "Industry Platforms and Ecosystem Innovation", *Journal of Product Innovation Management*, 2014, 31 (3).
④ 龚放：《"顶层设计"、"基层创新"与"中层担纲"——试论高等教育现代化的责任担当》，《中国高教研究》2013 年第 12 期。
⑤ 吴义爽、张传根：《平台市场的产业组织研究：一个跨学科文献述评》，《科技进步与对策》2015 年第 6 期。

施方案、优惠政策等，其形成一股助推力，增强企业对资源的利用能力以及信息的获取能力。另一方面，产业平台的顶层设计具有约束和控制力，对于一些发展方向偏离的企业进行纠偏，减少平台内恶劣竞争的现象，杜绝道德风险现象的发生，实际上控制企业和整个产业发展方向的准确性，有利于未来产业平台的滚动发展。[1] 由此可见，产业平台的顶层设计具有一定的指导作用，也是对整个平台及平台内企业进行控制和约束。

（五）理论联系实际

顶层设计是一种提纲挈领的战略思想，其并不是完全脱离实际，空想构建出的蓝图，而是从实际出发，根据需求和目标所制定出的具有实践意义的指导思想。[2][3] 产业平台的顶层设计是基于整个产业和产业内所有企业共同、一致的发展方向，并结合企业发展需求，以企业发展现状为依据，设计出能够体现产业特点、集聚优势资源、发挥最大化效用的平台机制。[4][5] 这一平台具有实践依据，并不是完全照搬和模仿，结合当前国家产业发展的实际情况，考虑我国经济环境和特殊的经济制度，了解平台内企业急缺资源，将理论与实践相结合，并通过具体的操作——企业之间的业务合作，发挥产业平台的效用。综上所述，产业平台的顶层设计必须站在战略层面，是一种指导思想，同时其必须具有较强的可操作性，是实际现状的反映，能够指导产业平台的滚动发展。

二　产业平台顶层设计的内容

基于顶层设计理论的产业平台建设，需要将系统性、整体性、前瞻性等理念融入产业平台战略设计中。企业是产业平台建立的基础和保障，其所提供的一切资源、能力等都将促进产业平台的搭建和发展，基于此，产业平台集聚一切资源和信息，发挥出一加一大于二的效应，反过来推动平

---

[1] 常卫东：《基层警卫信息平台顶层设计研究》，硕士学位论文，大连海事大学，2011年，第43页。

[2] 孙秋高：《基于顶层设计的高职院校经管类专业毕业综合实践环节的改革探索》，《中国高教研究》2011年第4期。

[3] 王建民、狄增如：《"顶层设计"的内涵、逻辑与方法》，《改革》2013年第8期。

[4] 王伟廉、马凤岐、陈小红：《人才培养模式的顶层设计和目标平台建设》，《教育研究》2011年第2期。

[5] 万兴、杨晶：《从多边市场到产业平台——基于中国视频网站演化升级的研究》，《经济与管理研究》2015年第11期。

台内所有企业的扩大。由此可见，产业平台的战略发展导向、功能等是平台内企业的范本，是所有企业整体的、统一的发展方向和奋斗目标。如对产业平台进行顶层设计，内容如图 2-2 所示：

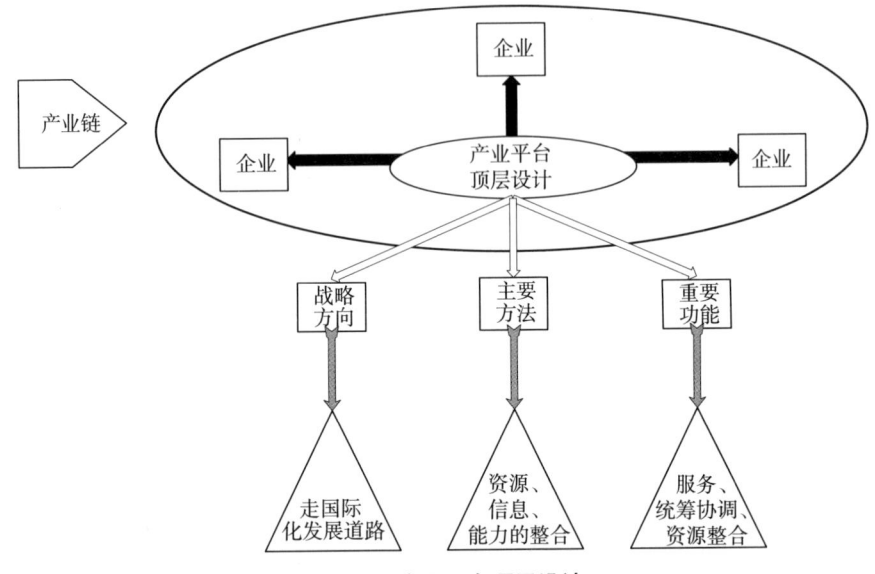

图 2-2 产业平台顶层设计

（一）走国际化发展道路

随着国内市场的基本饱和，诸如食品业、纺织业等产业经营利润增长缓慢，产业需将目光转向国际市场，进行开拓和创新。另外，吸收国外优秀科技，形成战略联盟合作，不断扩大国际市场的占有率，提高国际知名度，走出国门，走向国际。目前，国内科技产业部分产品处于世界前沿，也需不断整合产业平台内部资源，以国际性视野为基准，瞄准国际前沿，不断开发新产品，革新新技术。

（二）资源集合库

由于产业平台的特殊性，即是联系平台内企业与企业间的重要纽带，因此资源、信息和能力等要素都是产业平台具备的优势，其对于平台内企业的资源、信息和能力起到集合作用，是产业链的前端，为企业的发展提供必备要素；也是产业链的末端，对企业合作、竞争等资源、信息进行整合，进行再利用。由此可见，产业平台实际上是通过资源集合这一方式，使得整个产业链健康循环，并得到持续发展。

(三) 产业平台功能和作用

对于产业平台内的企业而言，产业平台起到的是服务、统筹协调、资源整合等作用。产业平台实际上没有特定的、固化的形式，其是平台内企业自发地形成的一种无形的或者有形的、不约而同的联系。在平台内，企业可以进行信息交换、资源互换，使得能力互补，发挥合作优势。处于产业链上的不同企业各司其职，形成畅通的沟通机制，确保整个产业链的正常运作。

第二节 集成创新理论

集成创新强调创新要素的集聚和汇合，整合创新资源、优化配置，形成集聚优势。[1][2] 产业平台内企业在业务上存在一定的互补联系，各自具有优势资源，这也是其进行业务合作选择时所需要考虑的关键。企业通过产业平台，依托信息平台、资源平台等手段，将各种人力、物力、财力资源进行集成，达到整合资源的目的，同时企业协同合作，融合各种创新要素，可实现互补，[3][4] 最终将产业创新成果进行转化，推动产业创新发展。

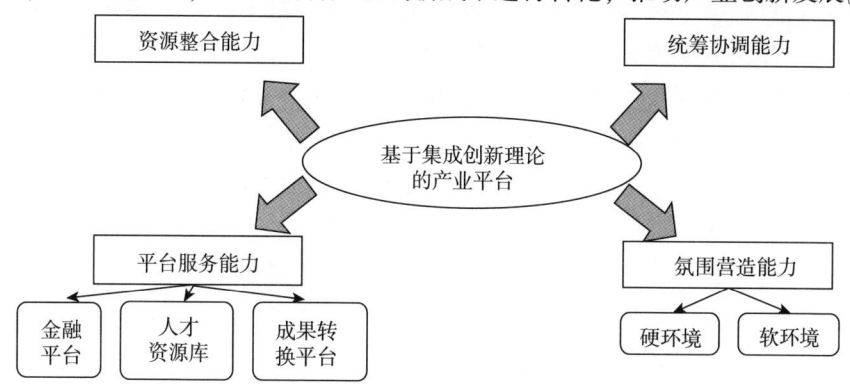

图 2-3 基于集成创新理论的产业平台建设所具备能力

---

[1] 王国红、邢蕊、唐丽艳：《基于知识场的产业集成创新研究》，《中国软科学》2010 年第 9 期。

[2] 王宏起、于澎田、李玥：《大学科技园集成创新能力形成与演化机理研究》，《科技进步与对策》2015 年第 24 期。

[3] 毛才盛：《基于共生理论的大学科技园集群创新能力研究》，《科技进步与对策》2013 年第 11 期。

[4] 牛立新、吕克林等：《煤炭电子商务协同平台实施策略及集成创新》，《河南科技》2015 年第 9 期。

一 基于集成创新理论的产业平台建设需具备的能力

(一) 资源整合能力

产业平台是平台内企业获取信息、使用资源的重要媒介,而创新是平台发展的重要保障。企业创新要素增强了企业的创新能力,间接推动平台创新发展,带动平台内所有企业的创新和改革。因为各自经营需求和目标的差异,其所需要以及自身具备的创新要素也会存在区别。产业平台连接平台内所有企业,对于其各自具备的创新要素进行集聚,整合所有创新资源,共享创新信息,使得企业能够迅速找到各自所需要的创新资源,[1][2]而不是大海捞针,盲目增加时间成本和人力、物力成本,甚至可能花费了诸多精力最后却是徒劳。原本分散的资源集中后,产业平台可根据不同企业需求,进行资源分配,推动企业间的集成创新。

(二) 平台服务能力

产业平台内的企业发展程度不一样,创新和发展的能力也具有差异性。部分企业由于自身实力强、资金技术雄厚、掌握的资源丰富,创新潜力大,可以不断发展和创新。部分企业本身规模较小,缺乏雄厚的资金支持,资源获取能力弱,合作意识差,也不能吸引大的投资者,创新机遇小,难以实现创新发展。产业平台服务于企业,是信息和资源共享的平台,企业可以通过平台获取信息,从自身创新需求出发,寻求业务合作,吸收和借鉴其他企业的优点,增强自身创新发展的能力。[3] 产业平台对于企业的服务能力可以具体细分为不同的服务平台,如金融服务平台,集聚各类金融企业,整合各种金融政策优惠信息,为中小企业融资提供渠道,是企业创新发展的重要保障。对于人力资源服务平台,创新的核心是人,为此企业的创新发展需要大量的人才资源,建立人才资源库,将各类人才的优势信息进行共享,供平台内企业进行选择,实现资源的有效利用。对于成果转换平台,产业平台的集成创新并不仅仅指的是理论上的创新,还包括将创新成果进行转换,运用到实践中。通过集合各种实践运用经验,

---

[1] 胡惟璇:《基于集成创新的企业成长路径探析》,《中国市场》2016年第20期。
[2] 刘良灿、李文、张同建:《面向新产品开发的集成创新中知识转化动力机制实证研究——基于国有企业的数据检验》,《科技管理研究》2016年第1期。
[3] 牛立新、吕克林、曲宏山:《煤炭电子商务协同平台实施策略及集成创新》,《河南科技》2015年第9期。

借鉴企业已进行实践的成功经验，推广至平台内其他企业，有利于带动平台整体创新成果转换，创造创新效益。

（三）统筹协调能力

产业平台内部的企业进行创新发展时，不可以只局限于平台内资源的利用，将目光仅仅放在平台内，还需借助外部资源，与外部企业进行沟通和联系，掌握创新的前沿，吸取创新方法，协调平台内部资源，进行资源分配。①② 基于集成创新理论，产业平台需不断与其他平台建立联系，借鉴其在机制设置、信息沟通、资源分配等方面的优点，完善产业平台建设。③ 另外，产业平台也需积极与其他类型主体建立联系，如与高校合作，吸引创新人才，与企业进行合作，形成"产学研"发展链条；④ 与科研院所进行合作，预测产业未来发展趋势，将理论与实践相结合，增强企业创新的专业性；与咨询服务机构合作，对产业平台机制进行评估，提出改进方案，提高产业平台的服务能力，发挥优势互补的功效；与政府合作，企业甚至是产业的发展与政府息息相关，政府的一举一动都关系到产业的发展，甚至左右产业发展的速度。只有合理利用外部资源，与平台有关联的外部主体建立良好的合作关系，才能推动产业的创新发展，形成集成创新效应。⑤

（四）氛围营造能力

基于集成创新理论的产业平台建设需具备营造创新氛围的能力，包括外在的硬环境以及软环境。⑥ 首先，对于平台内企业而言，良好的工作环境是员工工作的保障，如果没有好的工作环境作为支撑，员工工作效率低下，更不用提激发创造力。其次，软环境也是影响平台内企业创新发展的重要因素之一，产业平台需提倡和宣扬创新文化，将其渗透到各个企业

---

① 王梓：《基于集成创新的黑龙江省区域创新系统研究》，《现代经济信息》2015年第9期。
② 胡惟璇：《基于集成创新的企业成长路径探析》，《中国市场》2016年第20期。
③ 王国红、邢蕊、唐丽艳：《基于知识场的产业集成创新研究》，《中国软科学》2010年第9期。
④ 王宏起、于渤田、李玥：《大学科技园集成创新能力形成与演化机理研究》，《科技进步与对策》2015年第24期。
⑤ 李玥、王宏起、王雪：《区域科技资源共享平台服务需求识别与集成研究》，《科技管理研究》2015年第14期。
⑥ 王剑芳：《园区集成创新绩效分析——知识转移视角》，《改革与开放》2016年第12期。

中，营造创新的氛围。① 另外，企业的制度也是软文化的一种，过于死板、强硬的制度会限制员工个人创新思维的发展，不利于企业新思维的发散，所以需要提倡开放的、灵活的、可变更的制度，增强员工创新积极性。从企业间文化的层面出发，由于产业平台内部的企业都属于同一种产业，只是业务和产业环节上存在差异，实际上各企业间存在良性竞争和友好合作的关系，业务合作存在交叉部分，为此产业平台需要建立信息、资源共享机制，促进共同学习和创新的文化氛围，将所掌握的创新要素和资源在平台内分享，实现集成创新和优势互补。② 在营造创新氛围过程中，产业平台起到了牵引和凝聚的作用，一方面其是整个产业中所有企业创新发展的大方向，扮演着规范和引导者的作用；另一方面，产业平台凝聚企业的创新要素，通过渲染创新文化和共享文化，将资源进行整合和利用，形成集聚效应，这也是基于集成创新理论的产业平台建设的重要环节。

二 基于集成创新理论的产业平台建设需具备的特征

产业平台在具备以上能力后，才可为企业创新发展提供高效便捷的服务，将产业信息和资源融合，最终推动平台内企业发展。基于集成创新理论的产业平台建设，实际上是将企业中不同创新要素，包括知识、管理、文化、技术、制度等进行集合共享，形成优势互补，促进共同创新的工程。这一过程体现了整体性、融合性以及创造性的特征。③④

（一）整体性

基于集成创新理论的产业平台建设由众多企业组合而成。由于企业在组织架构、战略制定、管理机制上存在差异性，导致产业平台整体的复杂性和多元性。平台内企业进行业务合作实际上是相互联系的过程，信息、资源得到交换，提高了利用率。⑤⑥ 同时，平台内企业进行创新和发展时

---

① 夏群：《以集成创新促进勘察设计行业改革发展》，《工程经济》2016 年第 2 期。
② 曾华、张同建、陈浩：《农业龙头企业集成创新对出口竞争力促进机制实证研究》，《科技管理研究》2016 年第 2 期。
③ 朱孔来：《关于集成创新内涵特点及推进模式的思考》，《现代经济探讨》2008 年第 6 期。
④ 王林秀、李志兰、余慕溪：《基于集成创新的大型煤炭企业集团资源系统开发研究》，《资源开发与市场》2016 年第 6 期。
⑤ 时强：《以集成创新管理方法打造施工企业核心竞争力》，《现代国企研究》2015 年第 24 期。
⑥ West J., Bogers M., "Leveraging External Sources of Innovation: A Review of Research on Open Innovation", *Journal of Product Innovation Management*, 2014, 31 (4).

也需与外部建立联系，在资源互换、优势互补的过程中，使平台内的资源和信息发生变化，从而影响整个平台的运作和发展。① 由此可见，产业平台作为整体，由企业构建而成，受企业的影响，是一个动态变化和发展的整体。平台内企业自身所拥有的资源和创新要素也并不是孤立的，只有通过集成的方式，提高资源利用率，才可实现集聚效应，发挥产业平台整合资源的效用。②

（二）融合性

集成创新的过程是将各创新要素融合实现帕累托效应。产业平台中企业相互联系，其所拥有的创新要素和资源存在差异性，然而当企业间没有进行合作和联系时，资源相互独立，不能得到分享和利用，不利于产业创新和发展。基于集成创新的产业平台建设，将企业创新要素和资源进行分析和分配，选取合适的、最优的整合方式，综合利用创新要素，通过技术手段，将处在不同发展阶段、具备不同创新能力、拥有不同创新竞争地位的企业融合起来，提高产业整体的创新能力和发展潜力。③④

（三）创造性

基于集成创新的产业平台建设具有创造性，产业平台作为集企业资源于一体的载体，是企业综合资源的集合体，应产生集成资源优于资源总和的效果。⑤ 企业所拥有的资源只有在某一合理、科学的机制下，才能发挥最大效用，仅仅简单地结合资源，并不会形成集聚效应，反而会造成资源浪费。⑥ 因此需要选择最优整合方式，通过择优、配对的方式，将创新资源融合，从而推动企业以及整个平台的创新。综上所述，只有合理、科学地整合资源，促进产业平台结构优化，放大整体的辐射作用，才可称作为集成创新。

---

① 刘冰洁：《基于系统集成创新与知识的集成和生成研究》，《时代教育》2016 年第 8 期。

② 潘韬、刘玉洁、张九天：《适应气候变化技术体系的集成创新机制》，《中国人口·资源与环境》2012 年第 11 期。

③ 刘良灿、李文、张同建：《面向新产品开发的集成创新中知识转化动力机制实证研究——基于国有企业的数据检验》，《科技管理研究》2016 年第 1 期。

④ Schneider S., Spieth P., "Business Model Innovation: towards an Integrated Future Research Agenda", *International Journal of Innovation Management*, 2013, 17 (1).

⑤ 崔世娟、刘珺、王庆：《基于多案例比较的软件企业集成创新模式研究》，《管理案例研究与评论》2013 年第 1 期。

⑥ 王世明、杜超：《面向装备装备制造业的开放式技术集成创新模式——以大连机床集团为例》，《辽宁工程技术大学学报》2014 年第 4 期。

第三节 产业组织理论

一 产业组织理论溯源

组织由不同个体组成,由于自身在资源、能力上的差异,彼此之间不存在完全竞争或完全互补的关系,而是存在部分资源的交叉。为了追求更多的利益,许多企业进行部分业务合作,利用一定的手段和活动形成分工、合作的关系,即形成产业组织。[1][2] 一般而言,产业组织各类信息和资源形成网络,对于组织内的企业起到服务和管理的作用,表现形式是产业平台。平台内企业互动的过程,实际上是一种资源交换的过程。为了获得最大化利益,企业间存在业务合作的联系,随着这一现象的普及,产业平台内逐渐形成规模经济,资源和能力的集聚促成一种集聚经济,推动了整个产业平台绩效的提升。[3]

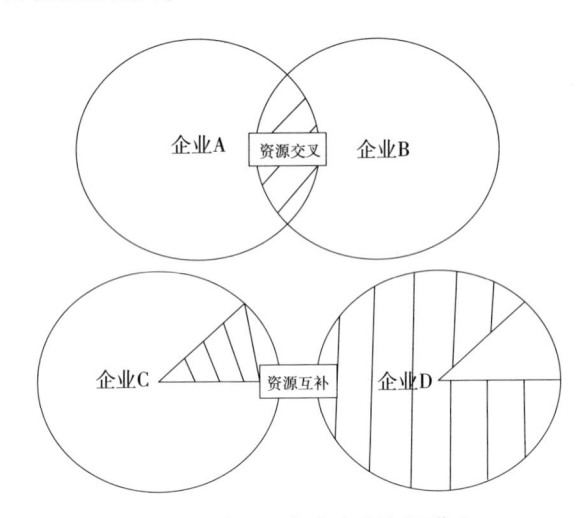

图 2-4 产业平台内企业资源联系

---

[1] 陈旭升、岳文俊:《产业组织对装备制造业产业创新能力的影响》,《技术经济》2013 年第 3 期。

[2] 刘禹、李忠富:《建筑工业化产业组织体系构建研究——基于现代制造理论》,《建筑经济》2014 年第 5 期。

[3] 汪爱娥、包玉泽:《农业产业组织与绩效综述》,《华中农业大学学报》(社会科学版) 2014 年第 4 期。

（一）规模经济

由于资源和环境的综合影响，某一种类型的企业不可能只有一家，即使存在部分垄断经济和行业，但是经济领域内大部分产业仍然存在激烈的竞争。众多能力具有差异化、资源交叉、优势互补的企业形成整个产业。[1] 有的企业处于资源提供环节，有的企业处在产品生产环节，有的企业处于最终的销售环节。产业平台内处于产业链不同阶段和环节的企业各司其职，运用自身的资源优势和能力优势，形成一种高效的分工、联合局面，保障整个产业平台的高效运转，不断扩张产业的规模，推动外部规模经济的形成。[2][3] 此阶段，企业间业务合作关系融洽，目标一致，管理行为有效，降低产业平台的整体交易成本，减少中小规模企业淘汰出局的概率。

（二）集聚经济

产业平台内企业资源存在区别，虽然可以进行部分的业务合作，但也会形成一定的竞争。当企业数量增加，产业形成规模经济时，产业平台内企业则会集聚起来，形成集聚经济。可以说规模经济促成了集聚经济，后者是前者的表现形式。[4] 在这种状态下，企业间形成一种共识，即明确了分工和联合的角色，实现资源和信息共享，由此对所有企业以及整个企业而言是有利的，极大缩减了成本，包括土地成本、交通成本、交易成本、基础设施建设成本等。[5][6] 集聚经济的形成控制了产业平台内的恶性竞争，一定程度防范了道德风险行为，推动产业平台生产效率，提高产业平台绩效。

二 产业组织产生与发展的原因

对于产业组织而言，只有企业间形成良好的分工协作关系，才能促进

---

[1] 王保辉：《我国零售业产业组织合理化分析》，《商业经济研究》2016 年第 10 期。
[2] Marshall A., Marshall M. P., *The Economics of Industry*, Macmillan and Company, 1920.
[3] 赵立昌、史忠良、彭少华：《中国互联网产业组织分析》，《企业经济》2012 年第 1 期。
[4] Virkanen J., "Effect of Urbanization on Metal Deposition in the Bay of Töölönlahti, Southern Finland", *Marine Pollution Bulletin*, 1998, 36 (9).
[5] 闫逢柱、苏李、乔娟：《产业集聚发展与环境污染关系的考察——来自中国制造业的证据》，《科学学研究》2011 年第 1 期。
[6] 杨帆、周沂、贺灿飞：《产业组织、产业集聚与中国制造业产业污染》，《北京大学学报》（自然科学版）2016 年第 3 期。

产业组织的联系和紧密,推动产业平台的发展。当企业间存在恶性竞争,逐渐出现垄断行为时,产业组织则会衰退甚至消逝,产业平台也会随之分崩离析。产业平台作为一种产业组织,也应以产业组织优化理论为基础,制定和调整发展方向。

(一) 垄断竞争

产业平台内企业数量众多,同种类型的企业在资源和能力上表现参差不齐,其取得的经济绩效也是有差异的。随着优秀企业市场占有率的不断提高以及规模的不断扩大,势必会出现"垄断"的现象。① 当市场份额达到一定范围时,产品的价格会提升。在此情况下,平台内会有潜在竞争者虎视眈眈。为了保障产业平台充满创新活力,不断更新和发展,必须形成产业组织的多元化和多样性,促进产业平台内企业有效竞争,一定程度提高企业不断前进和创新的积极性。由于市场中并不存在绝对的完全竞争和完全垄断的现象,垄断竞争必然是共存的。② 为此,平台内企业可选择垂直联合或者重组的合作方式,共享基础设施建设资源等,形成集聚效应,降低交易成本,提高产业平台内资源配置的效率,既保障产业平台内企业的多样性,也推动企业间竞争有效性。③

(二) SCP 分析范式

"结构—行为—绩效"理论(SCP)是分析产业组织的重要工具。产业平台内企业由于成立时间、过程中形成的能力资源优势、规模等因素造成竞争力差异,因此产业平台内不同企业的市场结构特征呈多样化,由此造成产业平台内企业间的竞争,甚至会出现垄断的现象。④⑤ 此阶段,产业平台内部的企业会选择差异化竞争战略,利用不同的产品优势和服务优势抢占市场资源,或者选取价格竞争战略,降低销售价格,吸引消费者,或者选择多元化竞争战略,通过商业模式的创新博取眼球,迅速占领市

---

① 刘京鹏、饶磊:《产业组织生态经济型发展的影响因素及模式调整》,《商业时代》2012年第13期。
② 何大安:《流通产业组织理论的构建思路及框架设计》,《财贸经济》2014年第2期。
③ 黄旋、王秀卓:《产业组织理论发展综述》,《中国证券期货》2011年第4期。
④ 张赟、凌超:《基于SCP范式的中国网络零售产业组织现状分析》,《经济问题探索》2012年第2期。
⑤ 刘京鹏、饶磊:《产业组织生态经济型发展的影响因素及模式调整》,《商业时代》2012年第13期。

场。① 许多企业为了满足自身的利益，会选择与资源互补或者具有较大优势资源的企业进行部分业务合作，以此提升自身的竞争力。平台内企业实现资源共享，是一种趋利避害的行为。② 随着这种现象的普遍出现，产业平台内的企业形成集聚效应，当这一趋势的程度过于强化，使得资源过度集中，不利于产业平台内部资源的有效配置。只有当平台内存在适度的竞争，才能带动产业平台所有企业生产绩效的提升。③④ 所以，基于SCP分析范式理论，产业平台的建设和发展需要关注产业组织的结构特征，保持产业平台内适度竞争，通过调整和优化促进产业平台绩效产出。

（三）演化经济学

产业组织是处于动态变化过程中的，产业平台内企业间在资源、能力上的差异使得整个产业组织呈现多元化的竞争局面。⑤ 产业生命周期理论中，企业的发展历经多个阶段，衰退期或早或晚，这取决于企业对于资源的运用以及经营能力的区别上。换言之，产业平台内的企业资源、信息、能力是动态演化的。随着平台的发展，企业间业务合作现象越来越普遍，会形成资源互换的情形，企业的发展状况也会出现变化，由此产生市场结构的变化，驱动企业行为的演化。⑥ 在产业平台内，企业间的分工、合作是重要的。除此之外，企业自身的能力也是企业竞争优势的重要影响因素，产业平台内的资源和信息对所有企业而言是公平的。企业如何有效选择最优方式利用合适的资源，是企业能力的表现。能力优秀的企业获得更长的生存时间，取得更大的竞争优势。相反，能力较差的企业不能有效利用产业平台的资源，面临淘汰出局的危机。

三　产业组织间的关联

产业组织内部企业间存在竞争和合作的关系，而产业组织外部，不同的产业组织间也存在一定的相互关联。产业平台作为一种产业组织，其发展的动力和源泉是企业行为和产业平台结构的改革。为此需从多个角度对

---

① 欧阳丹丹、张琪：《中国网络购物的产业组织分析》，《经济与管理》2011年第4期。
② 史振乐：《银行业产业组织理论综述》，《经济研究导刊》2014年第16期。
③ 王保辉：《我国零售业产业组织合理化分析》，《商业经济研究》2016年第10期。
④ 牛丽贤、张寿庭：《产业组织理论研究综述》，《技术经济与管理研究》2010年第6期。
⑤ 彭颖：《产业组织理论演进及其对我国产业组织的启示》，《资源与产业》2010年第5期。
⑥ 赵立昌、史忠良、彭少华：《中国互联网产业组织分析》，《企业经济》2012年第1期。

产业平台进行优化，提高产业平台的绩效。除了上文提到的通过调整市场结构外，还可以改变所有制结构以及空间结构，优化整个平台的组织结构，达到资源配置的最佳化。[1]

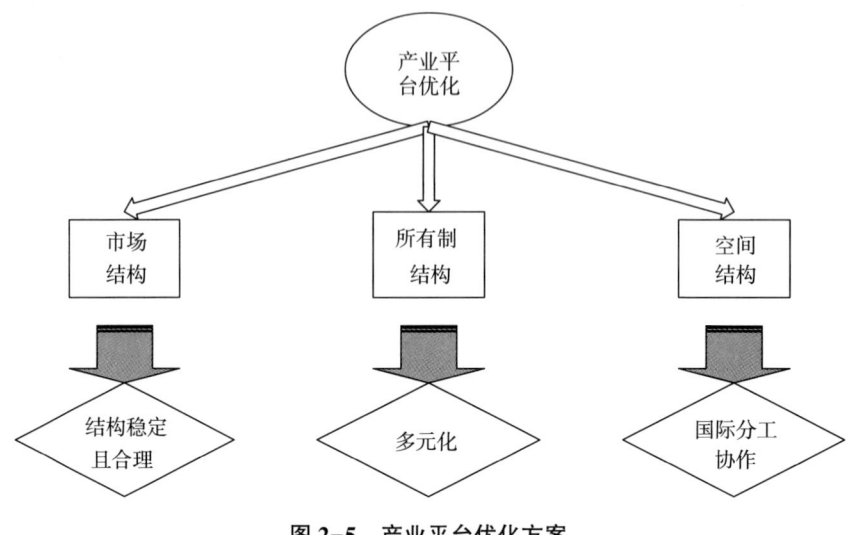

图 2-5 产业平台优化方案

（一）市场结构优化

在产业平台内部，由于企业间业务合作的方式不同，资源集中的程度产生差异，市场结构也呈现多元化。[2] 另外，规模的区别使得大、中、小企业在进行业务合作的过程中，分工和合作的地位不一致，对于规模不同的企业而言，利弊也是相应的。为此，杜绝垄断的局面出现，适当维持一种良性竞争的局面，有利于产业平台内企业形成适度的集聚效应，资源不过于集中或过于分散，合理配置平台内部资源。[3] 为此，平台内应形成一定的规章制度，通过政策强制增强市场结构的动态变化程度，使平台的市场结构趋于稳定和最优，保障利益分配的合理性，最有效利用平台资源，

---

[1] 江静、巫强：《工业化进程中的中国产业组织结构优化调整路径研究》，《南京社会科学》2012 年第 8 期。

[2] 吴瑛：《蛋鸭产业组织行为分析与组织创新研究》，博士学位论文，华中农业大学，2013 年，第 86 页。

[3] 汪爱娥、包玉泽：《农业产业组织与绩效综述》，《华中农业大学学报》（社会科学版）2014 年第 4 期。

促进平台绩效提升。①

(二) 所有制结构优化

产业平台内企业组织结构的区别造成产业组织所有制结构的差异，企业呈现有限责任制、个人独资企业、合伙企业等多种所有制形态，不同所有制企业数量和规模上的差异，造成整个产业组织所有制结构的多元化。②③ 随着产业平台内资源转移的变化以及企业规模的动态改变，产业组织变革的历史过程中，企业的产权结构也在不断发展。④ 不断涌现出的新的企业所有制模式取代原有的所有制，增加了新的资本要素，有利于企业组织结构的优化，在提高企业竞争力的同时，实际上改变了产业组织的所有制结构。在产业平台内，某一种所有制企业过多，不利于所有制多元化，容易诱发垄断现象。只有优化产业平台的所有制结构，使其趋于合理，才能推动产业平台的动态演进和不断发展。

(三) 空间结构优化

产业的发展并不局限在某一地域。基于不同区域的资源优势，包括交通、地势、土地等优势资源，空间要素的配合和交换形成了产业规模的扩大。产业平台中的所有企业并不仅仅指的是某一国特定产业中的所有企业，还包括国际企业间的要素分配和分工合作。⑤⑥ 国际产业平台中，不同国家所具备的核心优势决定了其在产业平台中所处的地位，例如发展中国家，人口成为其巨大的优势，因此人力资源成本低，人力资本要素是其在产业平台中竞争的优势。国际产业平台中的所有企业因为资源分配的差异化，要素分配以及国际分工以国家为单位呈现差异。然而随着部分发展中国家科技和信息化程度不断提升，使得优势资源发生改变，其在国际产

---

① 史小龙：《我国自然垄断产业规制改革中的利益集团研究》，博士学位论文，复旦大学，2005 年，第 137 页。
② 王贤梅、胡汉辉、周海波：《交通运输设备制造业的效率差异——基于时间，空间及所有制形式的动态异质性分析》，《软科学》2016 年第 2 期。
③ 杨丽丽：《我国体育产业结构现状与优化对策研究》，硕士学位论文，上海体育学院，2013 年，第 17 页。
④ 樊文静、肖文：《企业异质性、所有制结构与生产性服务需求——基于中国工业企业微观数据的实证研究》，《经济问题探索》2016 年第 1 期。
⑤ 王贤梅、胡汉辉、周海波：《交通运输设备制造业的效率差异——基于时间，空间及所有制形式的动态异质性分析》，《软科学》2016 年第 2 期。
⑥ 江静、巫强：《工业化进程中的中国产业组织结构优化调整路径研究》，《南京社会科学》2012 年第 8 期。

业平台分工中的地位也相应调整。国际产业平台为了追求成本最低化和利益最大化,国际分工的变化和产业转移的动态演化,使得国际产业链处于持续创新的状态之中。[①] 国际产业平台要素的转移实际上是一种空间结构的优化,将成本较低的资本合理利用,不断进行产业转移,有利于国际产业平台资源的有效运用,推动国际产业平台的不断发展。

第四节 大规模定制

一 基于大规模定制理论的产业平台建设

基于大规模定制理论的产业平台建设强调的是对市场结构把握的敏锐性以及资源利用的有效性。产业平台内部企业处于产业链的不同环节,所具备的资源和能力具有差异性,只有明确分工,企业彼此相互配合,才能实现大规模定制。[②][③] 对此需要从三个方面出发:

(一) 企业资源有效利用

产业平台内所有企业在产业链中有不同的分工,需要了解和掌握自己的职责以及对大规模定制的重要影响。处于生产环节的企业需要把关好生产成本以及生产质量,在保障控制成本的基础上,尽可能保障高质量的产出。处于销售环节的企业需要提升销售能力和服务质量,合理进行市场划分,通过广告、宣传等有效手段吸引消费者,扩大市场占有率。[④] 换言之,产业平台的大规模定制,必须使产业链上的所有企业明确职责、各司其职,有效降低合作成本,提高产业平台的绩效。[⑤] 另外,从企业自身来看,其在产业平台中职责不同,但是其在大规模定制这一目标上达成一致,因此企业内部的管理绩效也需不断提升,上到管理部门,下到基层,

---

① 戚聿东、刘健:《第三次工业革命趋势下产业组织转型》,《财经问题研究》2014年第1期。

② 李玉光:《大规模定制供应链运作机制研究》,硕士学位论文,河北工业大学,2014年,第11页。

③ 谷梦瑶、陈友玲、赵鹏:《大规模定制环境下基于客户协同程度的设计时间估计方法》,《计算机集成制造系统》2016年第9期。

④ 陈浩:《服装大规模定制的产品生命周期管理应用探索》,《艺术科技》2016年第9期。

⑤ Salvador F, Rungtusanatham M. J., Montañez J. P. M., "Antecedents of Mass Customization Capability: Direct and Interaction Effects", *IEEE Transactions on Engineering Management*, 2015, 62 (4).

需要保持目标的一致性，强化管理能力，增加反馈和沟通渠道。

(二) 外部资源整合

产业平台内企业因为资源、能力上具有差异化的表现，其在产业平台内的分工也是不同的。企业想要扩大市场规模，吸引消费者，仅凭借自身的销售业务是难以达成目标的，必须紧密联系产业链中与之相关的处在产业链上下游的企业，通过一定的分析手段，评价不同上下游企业的信誉、产品或服务质量，选择最佳合作伙伴。① 基于大规模定制的产业平台建设必须抓住机遇，以最低成本和最高利润抢占先机，利用时间上的优势获得竞争力。② 另外，产业平台内企业在确立大规模定制的商业模式时，需找准定位，了解自身所具备的资源优势，制定好战略目标，如处于大规模定制中的销售行业，其主要战略是销售。因此在原料的选购以及产品生产方面则需选择外包，与产业平台内原料企业以及生产企业建立业务合作关系，使得各自的优势资源得到最大化的利用，合理整合产业平台内的资源，也实现了大规模定制的目标。

(三) 客户关系管理

产业平台的大规模定制是以顾客为核心的商业模式，市场的有效性取决于顾客的评价和体验，为此平台内的企业需要时刻关注客户反馈，在产业平台内建立起顾客反馈机制。③ 这种机制对于所有企业而言，有价值的部分是具有差异的，例如销售企业通过每日顾客消费评价、投诉情况，初步了解顾客对于产品或服务的满意程度，在分析有效数据后，了解与原料提供企业、产品生产企业相关的有效信息，并将其反馈给相应的企业。④ 由此，产业链上不同环节的企业间实际上构建了顾客体验反馈机制。与客户建立好良好的关系，不仅是与直接消费者间的健康互动，还包括业务合作伙伴间长期、有效的战略合作。产业平台内有业务合作的企业也需对合作情况进行综合评价，综合评价不同合作企业在交易成本、信誉和质量上的区别，选择成本最低、获益最高的合作企业。当产业平台内企业配合达

---

① 于乐：《ZARA公司基于大规模定制的生产运作管理分析》，《商》2016年第14期。
② 韩玉灵、徐浩天：《基于平台策略的旅游大规模定制实现研究》，《北京第二外国语学院学报》2014年第11期。
③ 陈浩：《服装大规模定制的产品生命周期管理应用探索》，《艺术科技》2016年第9期。
④ 彭艳君、蔡璐：《顾客参与产品大规模定制：从快乐到满意》，《企业经济》2016年第3期。

到最佳状态,平台内资源才能得到最有效利用,整个平台的绩效才会相应提升。

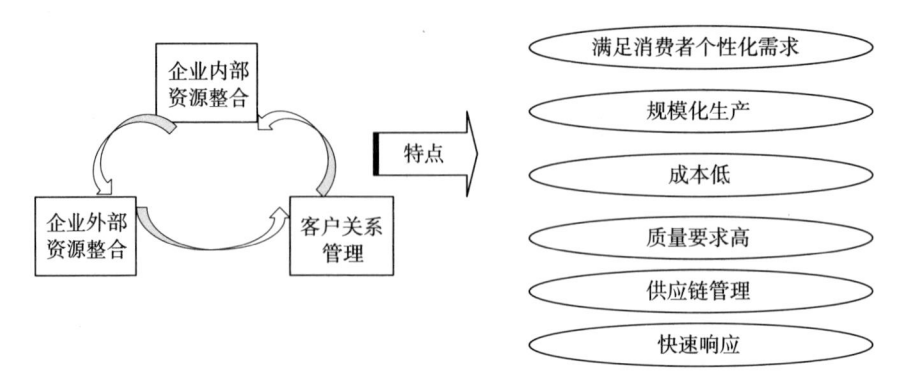

图 2-6 基于大规模定制理论的产业平台建设特点

二 基于大规模定制的产业平台的特点

产业平台的大规模定制在整合内外部资源、管理好客户资源后,维持产业平台内的分工和联合关系,才能确保商业模式的持久和维系。与传统的私人定制产业链相比,大规模定制既需要了解和掌握市场中消费者的需求,也需要进行规模化生产,强调个性化和效率的统一。为此,基于大规模定制的产业平台具有以下特点:

(一)满足消费者个性化需求

产业平台的大规模定制区别于传统的大批量生产,其强调满足消费者的个性化需求。[1] 处在设计端和销售端的企业都需要积极调研市场,通过各种手段了解市场导向,将消费者需求进行分类,掌握不断异质化的消费者需求,并将这些信息反馈给在产业平台中有业务合作的企业,确保整个产业链的目标一致,随着市场需求的变化不断改变和调整战略。由此,构成产业平台内"企业—客户—企业"的信息反馈系统。[2] 另外,大规模生产利用成本优势吸引消费者,而产业平台的大规模定制则采取差异化战

---

[1] Stump B., Badurdeen F., "Integrating Lean and Other Strategies for Mass Customization Manufacturing: a Case Study", *Journal of Intelligent Manufacturing*, 2012, 23 (1).

[2] 谷梦瑶、陈友玲、赵鹏:《大规模定制环境下基于客户协同程度的设计时间估计方法》,《计算机集成制造系统》2016 年第 9 期。

略，平台内企业迅速掌握顾客异质化需求，调整定制方向，以抢夺市场份额。①

(二) 模块化生产

产业平台的大规模定制体现了交货时间短、成本低且规模化的特征，②③ 可以有效结合不同类型企业的优势资源，实现资源共享，将产业链中不同环节的企业紧密联系起来，通过模块化的排列组合，进行规模化生产和定制，形成规模经济。其既节约了时间成本，也提高了生产效率，使得产业平台内的合作企业各自获益。④

(三) 成本低

与传统大批量生产相比，大规模定制生产有利于节约资源。传统的生产并没有关注到客户的个性化需求，只是追求生产大量的产品并推向市场。产业平台的大规模定制是针对消费者异质化的需求，在有效了解和分析市场需求后，开展的规模化定制，一般直接与市场挂钩，减少了产品过剩，避免了资源浪费的现象。⑤⑥ 随着互联网技术的发展和电子商务的普及，在线销售平台越来越受到消费者的青睐。与传统上门店选购的方式相比，消费者更乐意选择足不出户的购买方式。⑦ 这也大大节约了产业平台内企业交通运输的成本。

(四) 质量要求高

产业平台的大规模定制既需要满足消费者个性化的需求，也需要进行大规模的批量生产，由此造成市场中销售的产品质量低、数量大的特点。定制化的产品销售后，如果质量不符合消费者的需求，产品退货后难以进行处理，不可进行转卖，唯一的处理办法是再处理后提高产品质量，再次

---

① 刘帅：《大规模定制产品定价方法研究》，《经营管理者》2016年第27期。

② 李玉光：《大规模定制供应链运作机制研究》，硕士学位论文，河北工业大学，2014年，第103页。

③ 牛浩：《模块化制造，顾客亲密度与企业大规模定制》，《商》2016年第10期。

④ 曾巩：《闭环供应链框架下大规模定制产品环境可持续性曾巩》，《现代商贸工业》2015年第5期。

⑤ 程德通、李登峰、余高锋：《大规模定制模式下基于三角直觉模糊信息的生产指派问题研究》，《运筹与管理》2016年第1期。

⑥ 陈虹君、高伟：《大规模定制生产模式的研究现状及发展方向》，《现代商业》2016年第26期。

⑦ 周文辉、王鹏程、陈晓红：《价值共创视角下的互联网+大规模定制演化——基于尚品宅配的纵向案例研究》，《管理案例研究与评论》2016年第4期。

销售，然而部分产品无法处理时则会造成资源浪费。因此，产业平台的大规模定制需要将产业链中各环节企业的目标进行统一，保障产品的质量。

（五）供应链管理

产业平台的大规模定制强调敏捷性和时效性。大规模定制下，产业平台内的企业仅依靠自身的力量难以实现规模化生产，为此需借助产业平台内各方资源，整合和协调管理，[1][2] 将设计、生产、销售、服务等进行明确分工，实现协调生产。其既可以进行专业化、规模化生产，减少交货期，[3] 也使得产业平台内企业联系更紧密，有利于提高凝聚力，形成集聚效应。

（六）快速响应

由于市场的动态变化性，基于大规模定制的产业平台需及时了解和掌握市场变化，适时调整战略，以敏捷迅速地相应消费者需求。[4][5] 产业平台的大规模定制是随着市场的不断扩张应运而生的，同时客户的需求不断出现异质化，产业平台需及时更新和了解客户需求，进行精准的市场定位，并在保障规模化生产的同时，满足消费者个性化需求，所以，产业平台内需要借助技术手段，通过客户管理平台的搭建实现对市场的快速响应。[6]

---

[1] 姚建明：《服务大规模定制模式下的供应链调度优化》，《运筹与管理》2015 年第 1 期。

[2] Zhang M., Zhao X., Lyles M. A., et al., "Absorptive Capacity and Mass Customization Capability", *International Journal of Operations & Production Management*, 2015, 35 (9).

[3] 程德通、李登峰、余高锋：《大规模定制模式下基于三角直觉模糊信息的生产指派问题研究》，《运筹与管理》2016 年第 1 期。

[4] 熊先青、魏亚娜、方露：《大规模定制家具快速响应机制及关键技术的研究》，《林产工业》2016 年第 1 期。

[5] 张萌：《代工企业发展路径选择研究——基于大规模定制视角》，《经营管理者》2016 年第 23 期。

[6] 熊先青、钱文婷、方露：《大规模定制家具销售过程中的信息采集与处理》，《林业科技开发》2016 年第 1 期。

第三章 产业平台的结构

产业平台可以实现资源的聚集与整合，其是将多方资源整合利用，同时又回馈于各方的一种兼具现实和虚拟属性的空间。在信息技术飞速发展的今天，产业平台必将与大数据、互联网、云计算等相结合，从而使得其发展空间更为巨大。产业平台是建立在资源和技术集成的基础之上，并以产业生态系统的形态存在和运行。产品平台既需要帮助平台内的利益关联方特别是创新性强、成长快的小微型企业筹集资金，也需要发挥利益关联方的差异化优势各展所长，还需要吸引各类创业资源禀赋强、创业能力水平高、创业动机和目标明确的各类个人及企业群体开展创业，更需要借助产业平台进行利益关联方的互帮互助。基于此，产业平台结构中包括众筹平台、众包平台、众创平台、众扶平台，其是提升产业平台的吸引力、完善产业平台的内核。

第一节 众筹平台与产业平台的内在逻辑

一 产业平台结构中的众筹平台定位

产业平台是为众多独立又相关的企业提供产品、服务或者技术的平台，因而成为产业平台上其他中小型企业创建补足品、服务或技术的基础。众多的生产互补产品的加盟企业或厂商附属于产业平台形成了生态系统。产业平台中的中小企业特别是小微企业的负债率远大于大型企业，短期贷款比例也远超过长期贷款的比例，以上两个特征表明中小微型企业的融资结构使其不能较好地融资，存在着一定的融资瓶颈。此外，由于我国中小微企业发展规模小、财务信息不透明、组织结构不完善等特点，加之可供中小企业选择的融资市场少、金融机构不完善等外部环境因素，产业平台上的中小微企业融资出现困难。与此同时，产业平台的收益来自各个加盟企业，主要分为两方面：一方面为加盟企业在产业平台上所进行的经营活动的收益提成，另一方面为加盟企业使用产业平台的使用费。产业平台要更好地发展，赢得产业平台之间的竞争就需要各个合作企业的协同共赢和共同发展。众筹平台恰恰是基于互联网的大众筹集资金的融资模式，是解决产业平台的融资问题的重要途径。

基于众筹受众广、门槛低、效率高等特点，产业平台借助众筹平台，通过展示项目、创意、设计等来赢得大众的支持，将大量投资者的小额资金聚集起来，来完成平台上的项目、创意、设计等。众筹平台由项目发起者、项目支持者、项目推广者三方组成，在众筹的整个过程中并没有形成完整的产业链，是作为产业平台产业链的一个组成部分。产业平台的快速发展取决于组成产业平台的各个企业尤其是中小型企业的快速发展，就需要众筹平台、企业筹资者、投资者等主体协同创新，共同建立互联网众筹融资生态圈。现在产业平台也开始意识到众筹集资的优势，探索产业平台如何利用众筹这一融资方式来提高产业平台的知名度，增加市场占有量，使得产业平台上个企业较好地融入市场。产业平台利用众筹融资的好处不仅仅体现在为产业平台筹集了额外的资金，还体现在原本由产业平台内部商定做出的决定放到民主的产业平台上进行决策。

依据张西振的"和商模式"商业思想，产业平台的本质是不同角色的扮演以及所拥有的不同资源的关系结构[①]。在这种关系结构中，产业平台在企业、供应商和消费者之间存在着某种平衡机制，使其能够共生、共享和共赢。促进产业平台融资的众筹平台主体由项目发起者、投资人、众筹平台三方组成。"和商模式"思想同样适用于三者之间的关系中。项目发起者来自产业平台上有创造能力、专利技术、创业梦想和规划，但却缺乏资金付诸实践的人或企业。投资人和产业平台上项目发起人有相同的价值观，内心期望项目发起人项目取得成功，或者希望得到产品和服务的使用。除此之外还包括拥有一定闲置资金的数量庞大的互联网用户。众筹平台是连接产业平台上的项目发起者和大众支持者的以互联网为支撑的信息中介。产业平台融资的众筹主体组成如图 3-1 所示。

---

① 张西振：《"和谐生产方式"简介》，《包装世界》2010 年第 1 期。

第三章 产业平台的结构　　　　47

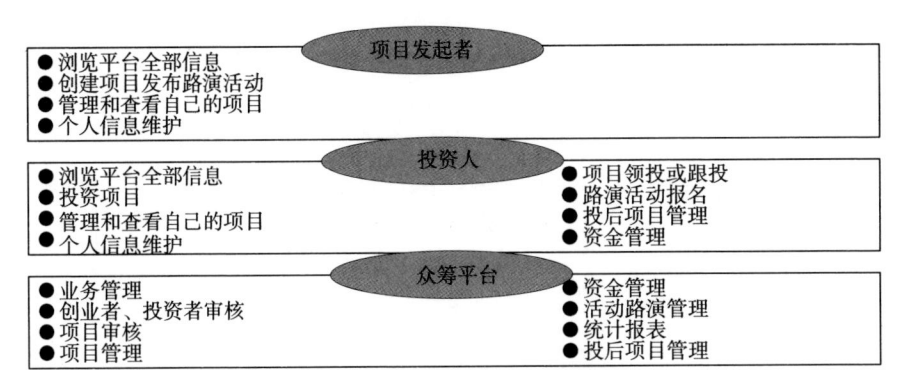

```
┌─────────────────────────────────────────────┐
│                  项目发起者                  │
│ ● 浏览平台全部信息                           │
│ ● 创建项目发布路演活动                       │
│ ● 管理和查看自己的项目                       │
│ ● 个人信息维护                               │
└─────────────────────────────────────────────┘
┌─────────────────────────────────────────────┐
│                   投资人                     │
│ ● 浏览平台全部信息         ● 项目领投或跟投   │
│ ● 投资项目                 ● 路演活动报名     │
│ ● 管理和查看自己的项目     ● 投后项目管理     │
│ ● 个人信息维护             ● 资金管理         │
└─────────────────────────────────────────────┘
┌─────────────────────────────────────────────┐
│                  众筹平台                    │
│ ● 业务管理                 ● 资金管理         │
│ ● 创业者、投资者审核       ● 活动路演管理     │
│ ● 项目审核                 ● 统计报表         │
│ ● 项目管理                 ● 投后项目管理     │
└─────────────────────────────────────────────┘
```

图 3-1　产业平台融资的众筹主体组成

二　产业平台中的众筹运行机制

产业平台的长久良好运转离不开众筹的扶持与帮助。产业平台必须具备对大众的吸引力。一旦产业平台具备了对大众的吸引力，也就形成了吸引好的众筹平台融入产业平台中的优势条件。由众筹平台上的项目发起人准备好自己的项目以及所要提交的项目相关材料，然后登录到已嵌入产业平台上的众筹平台，上传项目发布需求方的要求，例如形式和内容。图文共用，增加相关配套视频，全方位地展现项目的全貌，包括项目发起人的资信情况，项目中产品或服务的特色和价值，项目的研究进展情况以及期望目标，发起众筹的原因和目标筹资金额等。其中，项目发起方的目标筹资金额的设置需要考虑生产、制造、人力、包装和运输成本。筹资的金额涵盖不同的阶梯额度以及相应的投资者人数的上限。众筹平台收到申请资料后，对资料进行审核，确定其成功执行的可能性，并对筹资金额、筹款期限、支持档位等提出建议。双方达成一致后，众筹平台将项目发布到网站上，普通用户就能浏览到该项目。如若未通过审核，则项目弃用或者重新修改调整后再次提交。对该项目感兴趣的用户（支持者）可以选择合适的支持档位，其付款、操作与网上购物类似。支持者的款项一般先要打到平台账户，如果到了筹款期限，用户的支持总额超过了筹款数目，平台就会按照协议，扣除服务费后将剩余款项打给项目发起人，反之则将会把筹款退还给项目支持者。① 众筹平台在产业平台上的运作模式如图 3-2 所示。

---

① 范家琛：《众筹：创意者与消费者的无缝对接》，《企业管理》2013 年第 10 期。

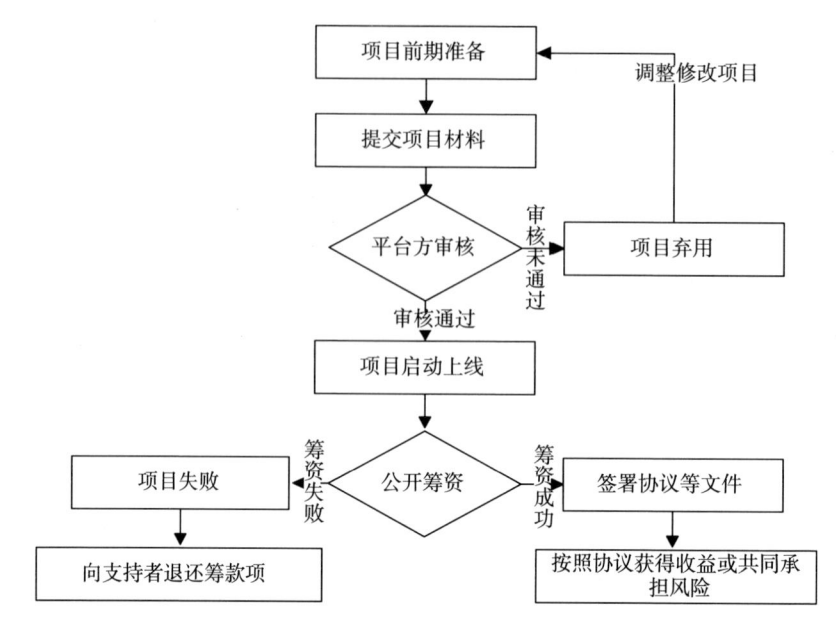

图 3-2　众筹平台在产业平台上的运作模式

依据"网络关系价值 = 吸引力×开关权"的公式可以看出，在产业平台的众筹运行过程中，产业平台的吸引力决定着浏览流量，决定着大众的参与度，一定程度上也决定着项目的成功率，众筹的实质不是"筹"钱，而是"众"人。针对如何提高大众的参与来促进产业平台的融资，可以从以下三个角度来研究：

（一）把故事讲给喜欢的人听

用户是一切的开始，是能够稳定承载产品和理念的"基础设施"。如何将产业平台上的用户吸引到众筹中去，首先就要找到产业平台上的用户，对用户的需求进行调研，同时也要做好非产业平台上的潜在用户的需求调查。其次将故事讲给喜欢的人听，项目发起人实际上需要具备讲好两个故事的能力。一个是在产业平台以及众筹平台页面中讲好自己品牌的故事，维持好平台已有的用户。另一个则是利用各种渠道，把这次的众筹行为包装成一个新的故事讲给你想讲的任何人听，来吸引更多的用户加入产业平台中。

（二）线下股权众筹+线上双线引流

产业平台上的项目发起人要提供有吸引力，物有所值、价值最大化的回报。在实际应用中，很大一部分投资者并不期望得到项目产品或服务，更期望得到的是以资金作为投资回报，所以用股权众筹的模式能吸引更多的平台用户。线下股权众筹除了凑集产业平台所需的资金外，更重要的是整合资源，通过可靠的产品或服务寻找到支持认可的人，并从中挑出有人脉资源和社会影响力的人作为"股东"，借用"股东"挖掘其周边的资源，有效地增加参与者的范围。除此之外，利用互联网传播速度快、范围广的优势，围绕项目展开一系列的话题及具有一定的行业价值的文章进行连续推广传播，作为线下来更好地挖掘目标客户，聚合碎片化用户。

（三）尽可能多的营销推广媒介

即便产品本身再具有特色，也需要产业平台上的发布者根据需要采取相关策略来推广产品。一方面需要项目发布者根据产业平台上项目产品的特点、特性、细节、推广进程等制作高质量的照片和量身定做的视频。视频需要制作者花尽心思向用户传达品牌使命、思想精神，能让用户通过视频短片直接高效地了解产品。另一方面还需要产业平台及众筹平台要借助社交媒体"造势"，根据产业平台的目标用户，选择尽可能多的社交平台。利用这些，社交媒介定期发布项目的进展更新状况来提高项目曝光率，同时也带动产业平台上的忠实用户帮助分享项目动态。

三 产业平台中众筹的非资金价值

（一）众筹模式的特点

融资仅仅是众筹的一个基本功能，可以帮助产业平台上小微企业将创意付诸实践。除此之外还能给产业平台带来一些非资金的价值。根据产业平台上的项目发起者给予支持投资者回报的不同，可以将众筹分为回报众筹、股权众筹、债券众筹和公益众筹四种类型。众筹模式的特点如表3-1所示。

表3-1　　　　　　　　　　众筹模式的特点

分类	特点	回报模式	优点	缺点	价值	适用于产业平台类型
回报众筹	团购+预购	产品或服务	风险较低；项目周期短	融资规模小	筹集运营资本；激发生产新产品的潜能；获得潜在用户对于新产品的反馈、宣传	轻资产重创意的创新性产业平台，例如：文化性产业平台

续表

分类	特点	回报模式	优点	缺点	价值	适用于产业平台类型
股权众筹	领投+跟投	股权	筹集大额资金；直接快速实现主体的点对点对接	风险高；项目周期长	寻找合伙人；技术支持	一定规模、风险承载能力的产业平台，例如：餐饮等服务性产业平台
债券众筹	信用众筹，无抵押，无担保	本金加利息	融资成本低；改善了信息不对称的状况	道德风险；法律风险	减少一定比例的应交税款；提高资源的配置效率	有核心技术作为支撑，制度完善的产业平台，例如：科技性产业平台
公益众筹	因需要发起，公益性、梦想性	无回报	参与门槛低；覆盖面广；信息公开透明	资格认定宽松；违约风险	提高企业美誉，树立良好的公益形象；释放个人公益热情；促进公益健康发展	不太适合产业平台的融资活动

1. 回报众筹是指当项目投资者投资项目后，在项目成功后，依照不同的投资金额等级，优先得到一般为项目衍生品的产品或者服务的回报。回报众筹应用"团购+预购的模式"，但与传统的企业筹资，销售环节存在着一定的差别，回报众筹的产品筹资者和销售对象相同，和"私人订制"类似。与股权众筹和债券众筹相比，回报众筹的风险较低，体现在以下四个方面：（1）项目投资失败后，投资者的资金自动返还给投资者；（2）人数设定较多，风险分散在每个投资者身上；（3）对于筹资企业来说，以产品或者服务作为回报，并且项目周期较短，一般为1—3个月，可以有效地规避风险；（4）将产品或服务作为回报时，可以获得将投资者作为潜在用户的反馈及宣传，有利于开展下一步融资活动。

产业平台通过回报众筹首先使用产品来预测市场，了解用户需求来持续改进产品，打破了"供给决定需求"的错误逻辑。回报众筹为产业平台打开了销路，提高了产业平台的营销能力。市场的大小和销量的高低是项目成功与否的重要标志。参与者基于相同的理念往往不再是单纯的投资者，而是参与到产品的市场宣传与销售以及产品反馈的环节。参与者将会积极参与，秉承着一荣俱荣、一损俱损的心态，使产品的市场前景更为开阔，产品销量成倍增长，同时回报众筹也激发了产业平台生产新产品的潜能。①

2. 股权众筹是指投资者在平台上投资项目后，获得的不是产品或服务，而是以项目一定比例的股权作为回报的众筹模式。根据我国股权众筹的发展将其分为凭证式股权众筹、会籍式股权众筹、天使式股权众筹三种类型。凭证式股权众筹是筹资者出售凭证与股权绑定的方式进行融资，参与融资的数量多，单笔数量少的一种迅速融资模式；会籍式众筹是一批有共同想法的人共同投资做同一件事，进入门槛较高，要求加入的投资者要有管理经验、技术支持等才能；天使式股权众筹是采用了由一位经验丰富的专业投资人作为"领投人"，众多跟投人选择跟投的"领投+跟投"模式。

产业平台通过股权众筹实现的也不仅仅在筹集资金上。股权众筹为产业平台聚集人才，帮助品牌建设和推广。产生股权的过程中，就会面对新股东的产生，会有一批"志同道合"者来利用自己的专业技术、人脉资源、品牌建设等优势来帮助产业平台项目的共建。除此之外，股权众筹采用"领投+跟投"的模式，产业平台上的融资企业在面对纠缠和麻烦时，就只需要应对领投人的问题，同时还可以获得跟投人在社会关系上对企业的帮助。

3. 债券众筹是指投资者投资项目后，以项目一定比例的债券在未来获得的利息以及本金作为回报。债券众筹是一种信用借贷，无须抵押和担保。同时高风险与高收益相结合，筹资者会用较高的收益吸引投资者的关注及加入。收益与风险成正比，相比于股份众筹，债券众筹的风险远低于股权众筹，收益也远低于股权众筹。

产业平台通过债券众筹融资，弥补了中小型企业通过传统融资困难的缺陷。通过一对多的借贷模式可以有效地降低融资成本，提高融资速度，提高资源的配置效率；当筹资者将相关财务信息提交到众筹平台上后，平台会对企业的经营与资信状况进行核查，一定程度上改善了信息不对称的状况；企业负债影响企业应缴的税款，债券众筹可以减少一定比例的企业税款。债券众筹有效地推广了普惠金融的价值理念。

4. 公益众筹是一种较为特殊的众筹模式，是指投资者对项目无偿提

---

① 张新：《基于平台生态的网络众包驱动行为与激励策略研究》，硕士学位论文，东南大学，2017年，第16页。

供资金支持，不求任何回报。公益众筹更多地用在公益事业上，众筹的模式更加公开透明，能够赢得大家的信任，对开展慈善有非常大的帮助。

产业平台通过公益众筹融资的项目一般都为非营利性。公益众筹要取得成功，必须保证产业平台要有足够的吸引力吸引大众的眼球，所以必须要形成优秀的营销团队；同时在公益众筹的过程中，投资者会因项目而产生共鸣，会与形形色色的人打交道，建立强大的人际网络；最后就是零风险，只需要做好有关项目运营事项，不需要承担过重的贷款风险。

第二节 基于众包的产业平台

一 产业平台与众包的内部逻辑

在大数据、互联网思维的时代下，各种企业都不愿意被封杀在互联网时代的潮流中，尤其是制造业中的中小型企业。如若产业平台存在服务不完善、高端人才匮乏、大众参与度不高、产业链不完备、运营管理思想传统等方面的问题，则产业平台难以发挥真正的作用。依托互联网平台、集聚大众智慧与创意的众包模式的出现能够帮助产业平台将企业自身的不足部分转交给外部大众来解决。众包作为一种新的商业模式，将过去由员工来执行的工作任务，以自由自愿的形式外包给非特定的（而且通常是大型的）大众网络，将有限的人力、物力、财力放在凝聚企业核心竞争力的部分上。接包方一般情况下由个人来接发包方的任务，如果发包方的任务需要多个共同合作完成，则由接包方自行组建团队来完成。产业平台众包模式的组成主体主要包括发包方、接包方、中介机构和其他利益共同体。

众包模式的主体关系如图3-3所示。

1. 发包方

在产业平台上，发包方是指构成产业平台的企业或个人，其依靠先进的通信和信息技术，在经济快速发展的前提下，力求产业平台内部资源和外部资源的融合，弥补自身资源的局限性，寻求时间和空间的突破，节省劳动力和时间。从产业平台的角度而言，其发布任务有以下两种方式：一是以悬赏的方式在本平台网站上直接发布来吸引产业平台以及网络平台上的个人或企业参与解决问题。由于不借助众包平台的中介机构而降低解决问题的成本，可信度也会相应提高。二是通过产业平台上的中介机构——

众包平台，借助互联网平台与众包平台签订需要解决的问题以及售后服务条款等合约。

2. 接包方

接包方是指数量众多的互联网用户，威客就属于接包方之一。威客是指通过互联网将自己的智慧、知识、能力、经验转化为实际收益的人，从而达到各取所需的互联网新模式。对于接包方没有严格的资格限定要求，既可以是作为门外汉的兴趣爱好者，也可以是专业人士，向作为发包方的产业平台上需要援助的企业提供技术、创新等解决方案。在互联网众包模式中，作为发包方的产业平台在平台上发布了需求，任何在产业平台上看到需求的网络大众都可能成为接包方。因为，每个大众个体都是信息、物质资源的集合体，都有可以挖掘的潜在价值，同时也需要发包方通过合理的方法去整合内部资源和外部资源。

3. 中介机构

中介机构是联系和沟通发包方产业平台和接包方的桥梁。产业平台上有技术需求的个人或企业通过与作为中介机构的众包平台签订合约，并按照中介机构的要求缴纳一定的保证金，在众包平台任务库中发布需要解决的问题、项目及其问题解决的相关要求。接包方浏览众包平台的网站，以注册成为会员的方式进入任务库，寻找自己擅长的项目并投标，完成项目后发送给众包平台，再由众包平台反馈给发包方，发包方对各个方案进行分析对比，筛选出最满意的并审核通过,[1] 中介机构众包平台将相应的奖励发放给筛选出的接包方，若没有满意的方案则返回到众包平台的任务库，继续下一个任务解决。作为中介机构的众包平台自身没有像产业平台一样发布产品或服务，而是产业平台和接包方的市场组织者。

4. 其他利益相关方

其他利益相关方指在众包商业模式运行过程中的外部合作伙伴及服务机构，如产业平台辅助服务提供商、网络运营商、生产商、供应商及网络基础设施提供商。产业平台利用众包商业模式可以打破组织边界，促进了组织扁平化，扩大了产业平台的组织资源利用边界。这使得产业平台上的企业在完成一项任务的过程中，更多地依赖与外界各方的合作，通过挖掘

---

[1] 张新：《基于平台生态的网络众包驱动行为与激励策略研究》，硕士学位论文，东南大学，2017年，第21页。

外部智力资源，实现内外交互性的创新。产业平台通过互联网众包模式也促使内部资源和外部资源充分融合，减少合作的壁垒，让利益相关方能提供最大的价值，这也促使许多传统企业转变了原有封闭的发展模式，进而向开放式创新的模式发展。①

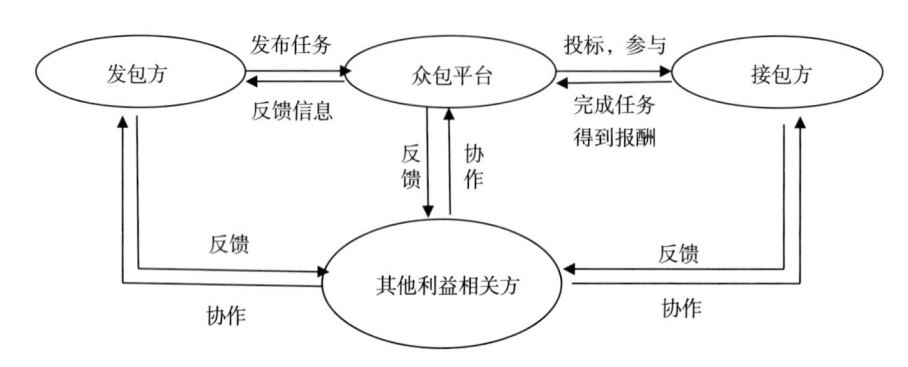

图 3-3　产业平台中众包模式的主体关系

二　产业平台中的众包的运行机制

1. 应用众包的功能机制

产业平台将众包纳入平台内，应用众包的功能促进产业平台的快速发展。

（1）形成以用户为中心的创新

产业平台依靠众包推动产品创新设计由以前的以生产商为主导转向现在的以消费者为主导的模式。用消费者的需求来拉动产业平台的项目创新，因为没有人能比消费者自己更了解自己的需求。引领市场——消费者设计，让消费者参与到产业平台新产品研发。以用户为主导的产品创新设计，将比以生产商、制造商为主导的产品创新设计更有价值。但是，在已有的产品基础上进行创新的过程中，消费者并不能完全替代生产商，而是基于满足消费者的心理和物质上的需求，由生产者完成后期的生产制造。

（2）拓宽人力资本

产业平台通过众包使人力资源获得充分的整合。无论是产业平台上的大型企业、中小型企业、还是小微初创型企业都不能通过内部聘用得到各

---

① 张新：《基于平台生态的网络众包驱动行为与激励策略研究》，硕士学位论文，东南大学，2017年，第16页。

种所需人才，也不可能将所有精英都收入囊中。而产业平台外部则蕴含着丰富的人力资本，产业平台借用众包模式，开阔思路，使外部丰富的人力资源为产业平台所用，减少"养兵千日，用兵一时"的人才浪费。

（3）提高效率

在产业平台上发布任务消息后，假设一个任务会有 15 个人竞标，产业平台会相应地接到 15 份不同项目创意，而接包方在产业平台内只需要为最满意的一份付费。原本需要由专业机构并且花费大成本做的事情，现在可以通过产业平台吸引来自四面八方的创新者集思广益，帮助产业平台谋划新产品创意、产品功能和外形设计、品牌形象推广等。产业平台通过多方案比较选出自己满意的方案，同时还可以用较低的成本打造产业平台上企业的品牌形象。

（4）降低风险

众包的出现，让产业平台上的开发项目变得高效靠谱。当产业平台发布项目后，作为中介机构的众包平台会将产业平台的项目进行合理拆分，分包给专业的人员，从而快速高效地完成项目开发工作。由于开发者拿到手里的都是单独的模块，大大保障了项目的隐私性与安全性。同时，每个项目开发者做的工作不仅仅是简单地开发，而是建立一个个被标准化的模块，如果模块方案被采纳后就可以在后期的工作中反复使用，避免反复开发造成的人力、资金的过度浪费。

2. 引入众包模式后的具体变化

众包模式开启了企业的新纪元，产业平台引入众包模式后，管理模式也会根据自身发展进行一些改变，具体包括：

（1）大众协作创新管理模式

产业平台通过众包——一个开放性的大众平台，鼓励大众参与到产业平台上企业创新的过程中。在这个大平台上，创新者协作创新逐渐成为现代企业创新管理的发展方向。其内涵不仅涵盖了个体创新者参与协作，而且涵盖了产业平台上企业与企业之间的协作。在协作的过程中，个体及企业通过产业平台自愿参加，在创新的过程也是自由协作，此时的参与者不属于任何组织，也不持有任何身份，纯粹自愿参加。相较于传统机构之间的合作，在互联网众包下的大众协作创新管理中，参与者的隶属关系非正式化，而且非常松散，也非常灵活。正是基于以上这些特点，大众协助创新在产业平台中地位显得越来越重要。第一，大众创新拓宽了产业平台的信息来源，增加了其创新资源，这一点既体现在技术创新上，也体现在市场需求上。第二，产业平台内的利益关联方参与众包能够对其他参与者的创新信息进行筛选和评价。对于市场信息，最终的决定权是众多消费者。对于技术知识，大众协作过程中的过滤更有可能促进有价值的创新思想的出现，让原来不被多数看好的技术知识或方案形成创新思想被接受和应用。第三，大众协作创新积极地带动了产业平台上不同专业、不同技术的进一步融合。第四，大众协作创新在组织结构上具有灵活性的特点，这可以在不打乱产业平台原来的工作规划的前提下，根据其现实需要进行灵活的安排。综上所述，大众协作创新管理模式将越来越受到产业平台的进一步重视。

（2）人才管理模式

相比于传统的人才管理模式，产业平台通过应用新的人才管理模式可以让从未谋面的一群人协同工作，甚至人力资源经理都不知道合作者是谁，长什么样子。互联网众包平台自身的网络性、广泛性和独特性使产业平台不需要再像传统人力资源管理模式一样在特定的范围内猎取特定的人，而是仅仅付出更低的劳动成本就可以在更广阔的范围内找到合适的人选。在互联网发展如此迅猛的时代，产业平台上的人力资源模式迫切需要引进众包的思想，利用众包模式的思想来弥补人力资源管理中人才的不足，借助外部人力资源促进人才管理质量的提高。产业平台借助众包平台开放和传播速度快的特点，可以迅速将需求企业的信息传递到符合要求的人才手中，这样产业平台就可以通过最低的成本找到适合的人才。

（3）组织管理模式

产业平台通过众包模式与基于互联网的用户和消费者有机地联系在一起，其组织结构就不仅仅局限于产业平台内企业的员工，还包括众多的共同协作者，组织结构将会不断地横向延伸。众包平台加快了产业平台垂直组织结构呈现扁平化的步伐。伴随着知识经济以及互联网的发展，众包推动着产业平台内的企业生产组织方式向分布式结构转变。当下，基于互联网有一定价值的个人或组织，通过松散的组织自愿地参与协作活动，同时，产业平台也选择互联网众包来创新设计理念，以降低运营管理成本。

要想在激烈的产业平台竞争中存活下来并获得较好的发展，就需要下定决心适时地在企业的经营管理中引入众包的力量，去尝试调动众多消费者的力量来提高企业管理各个环节的效率和水平。

三 产业平台中众包的质量控制

随着众包的不断发展，众包被认为是有效解决问题的较好办法，产业平台上应用众包的领域也越来越广泛。从最初的不精业务到现在的甚至是学术研究都发布到了众包平台上。随着产业平台上众包应用领域的广泛化，越来越多来自不同行业、不同专业、不同工种的互联网用户参与到产业平台的众包中来。众包运营之初，大部分互联网用户是由于好奇心、兴趣或为了打发闲暇时间而按照自己水平选择的众包任务，在完成众包任务帮助一些个人或者企业解决问题的同时，也可以获得一些报酬。而现在互联网用户参与产业平台上的任务，更多的是基于一种获得经济报酬的心理。

因此，参与产业平台众包任务中会存在着一部分影响任务结果的工作者，一方面由于经济报酬对于参与任务的接包方更具有诱惑力，受利益驱使会为了自身的利益最大化，用尽可能少的劳动付出和时间付出来快速却不高效地完成任务。如果如上述情况一样必会导致完成的任务随意，不标准，与任务发布者的初衷相违背。另一方面随着产业平台上众包任务逐渐专业化，对于平台上的参与者也提出了更高的要求，需要具备专业知识与专业能力的参与者才能顺利地完成任务。而参与者领域、专业知识的广泛性使得提交的任务千差万别，最终获得的是适得其反的结果。然而，产业平台要想准确无误地识别出提交虚假结果的欺骗者类型的工作者，需要花费大量的人力、物力、财力，并且众包的工作量巨大，识别结果也具有很大的不确定性。因此，将目光转接到产业平台众包任务的质量上来，如何解决产业平台上众包任务的质量问题成为产业平台需要关注的问题。

因产业平台众包任务提交的不确定性，众包的质量也成为产业平台重视的部分。重视众包数据的质量，产业平台就需要考虑如何进行质量控制来提高众包任务的质量。产业平台应从以下三个方面着手进行研究。

1. 结果质量评估

结果质量评估是目前最常用的便捷方法，是指通过各种方法对产业平台上提交的众包任务进行评估，用来识别欺骗性质的工作者。如设计完整性、准确性、一致性等一系列评估指标与实际完成的众包任务进行对比评估。目前，常用的结果质量评估策略为黄金标准数据评估策略。

黄金标准数据是指已经拥有一套标准答案的数据，将产业平台上提交的众包任务与标准答案进行比较，或者将产业平台众包任务分为若干个阶段，然后依据每个阶段对每个待评估标准实施动态质量评估，直接识别出产业平台众包任务参与者完成任务的好坏，通过完成任务的好坏检测出欺骗类型的参与者，及时拒绝此次参与者提交的任务。在此过程中允许一些因个人兴趣、偏好等产生的参与者本身固有的小误差。但是黄金标准数据是一种趋于理想化的数据标准，存在着较大的局限性，只能应用于对结果统一、任务简单的客观性项目进行评估，而对于产业平台上一些没有固定答案、具有创意性和主观性的任务很难做出评估。

2. 建立参与者的组织

和产业平台内组织结构类似，建立一种产业平台众包任务参与者的组织机构，用组织管理模式来管理任务参与者。在完成产业平台众包任务的参与者中既有偶然志愿参与者，也有长期签约的参与者。产业平台可以将长期签约的参与者安排到众包任务组织中，安排其从最基础的任务做起，依据其参与任务的完成质量和效率将其提拔到组织相应的位置上，担任不同的任务角色，接受较大难度的任务挑战。在此过程中，产业平台的信息过滤系统可以检测出参与者的兴趣资源、特征以及忠诚度等。依据信息过滤系统的参与者信息，让忠诚的参与者担任合适的管理者角色共同管理产业平台任务参与者。一方面可以吸引更多的参与者参与产业平台的众包任务中来；另一方面可以减少产业平台的管理工作量，将众包任务分给组织的管理者，管理者再将众包任务分派给各个参与者。

3. 基于德尔菲技术的迭代检测策略

产业平台如果想要提高众包任务的质量的准确性，首先就得对众包参与者进行分类，可以分为以下三类：①认真负责型的参与者，能够按照发包方的要求，认真负责地完成任务。产业平台依靠认真负责型参与者往往能够得到较为满意的答案。②一般型参与者，带着积极认真的心态参与众包任务，但却因自身能力不足或者没有完全理解发包方的要求，而带给产业平台低质量的结果。③欺骗型的参与者，经常为了自身的利益，短时间内随意的给出问题的结果。通过对产业平台众包任务参与者进行分类后，清楚地意识到认真负责型是平台真正需要的参与者。其次就要挑选出此类参与者，将一些较为简单的任务发布到平台上，要求所有参与者参与此项任务，根据参与者完成的结果，对参与者进行大致的分类，挑选出认真负责型的参与者作为候选人群。然后产业平台根据众包参与者提交的任务，依据少数服从多数的原则对产业平台上任务的各个阶段问题进行分析判断，确定最好方案。而对于提交的任务结果存在着相类似的情况，产业平台就需要将任务以及相似的任务结果重新放在平台上，让之前挑选出来的认真负责型参与者继续完成任务，如此循环，直到最佳结果的出现。

产业平台要根据发展需要选择合适的质量控制方法，较好地筛选出认真负责型的参与者，剔除出一般型和欺骗型的参与者，提高产业平台众包任务的质量。

第三节 基于众扶的产业平台

一 产业平台与众扶的内部逻辑

产业平台上的各个企业是一种合作的伙伴关系，往往是一家企业允许其他几家企业生产其产品或者这几家企业共同营销它们的补充产品，或是各家企业合作设计、制造和营销同一个新产品。产业平台各企业尤其是中小企业的发展优劣直接影响着着产业平台的运营水平，反过来就决定着产业平台上各企业的生存状态。所以对产业平台各方面的扶持显得尤为重要。

1. 产业平台的互助

产业平台的中小企业在自身发展的过程中，履行社会责任，为社会提供就业岗位，为国家纳税创造一定的社会利润。但是就目前的形势来看，似乎出现了中小企业提起来重要而做起来就不重要的现象。造成这种情况很大程度上是因为金融行业尤其是"终身负责制"的银行的问题使中小企业缺乏资金血液。为缓解这种问题，产业平台之间建立互助合作，相互扶持。产业平台上各企业紧密合作的同时也要加强产业平台与产业平台之间的往来以建立稳定的信任关系。由产业平台作为信任担保平台，资金相对较丰裕、实力较为雄厚的大企业向需要融资的企业提供直接融资或间接融资。相互合作的产业平台上也可以建立中小型企业之间的信用互助组织，形成专门用于贷款的担保基金。产业平台上的中小企业通过各个企业之间的互助担保，弥补了自身在融资上信息不透明和不对称的劣势；信用互助可以降低金融机构对中小企业单独贷款的风险评估，在确保贷款资金的相对安全后可能会增加贷款期限，甚至降低贷款利率；通过建立产业平台之间企业的互助担保组织可以加强产业平台之间的合作与良性互动。

除了产业平台之间融资方面的互助，还可以通过建立相互合作的企业们的商会等协会组织。发展好、速度快的企业为需要发展的企业提供发展培训、技术指导等；转型成功的企业为待转型或正在转型中的企业提供经验指导，指出转型过程中的难关及解决之道；创新性强的企业为创新性弱的企业提供创新支持，帮助其走向创新之路；各企业之间可以通过协会组织的形式，在有困难的需要帮助的时候就可以向此方面相对较强的企业寻求帮助，如：法律援助、人力资源援助、培训援助等，当遇到风险，企业家暂时不能很好地管理企业时，可以通过法律的途径申请协会组织之间的企业帮助管理自己的企业，以防企业的正常经营受到致命的影响。

2. 其他利益相关方的扶助

依据克拉克森对利益相关者的分类，笔者将产业平台上需要扶助企业的利益相关方分为：投资者、顾客、供应商等直接利益相关者；政府、媒体等间接利益相关者。

投资者对产业平台上需要扶持的企业资金供给，既可以以货币的形式出资，也可以提供知识产权、劳务出资、土地的使用权的形式出资。产业平台上需要扶持的企业需要根据投资者的投资额度给予投资者一定比例的股份、债券或承诺，作为股东就应该承担起对企业的出资责任，对于公司的管理提出有用的建议；作为债权人，要给予企业更多的信心，尽量少地给予企业压力，促进扶持的产业平台上的企业的持续发展。

顾客作为产业平台上丰富的人力资源，需要产业平台与其建立良好的维护关系，众人拾柴火焰高，作为产业平台上的消费者，既可以为需要扶持的企业提供资金支持、人力支持；也可以提供各自的需求信息为企业发现产品的不足，改善创新产品提供新思路；还可以作为一名监督者，对企业的经营行为进行有效的监督，及时地指出经营漏洞，督促企业及时纠正，维护企业正常经营。因此，产业平台要维护好和顾客的关系，虚心听取顾客的建议，发现并挖掘产业平台上潜在的顾客。

产业平台的健康发展离不开供应商们的支持。产业平台上各个企业的产品生产、销售等环节需要从外部获取原材料、信息资源、劳动力等，而这些都需要供应商的协助才能完成。供应商对产业平台上需要扶持的企业以优惠的价格、正确的数量、较好的质量和服务、按时的供应提供所需的资源，延长产业平台上需要扶持企业的付款期限等对企业进行扶持。因此，产业平台也应该给予供应商一定的支持，如：将供应商纳入自己的生产体系，给予一定的财务和技术支持，以建立长期稳定的合作关系。

随着网络化的普及，媒体成为产业平台内部信息制造和传播的载体。公众对于企业的看法一部分是受到媒体的影响，产业平台上需要扶持的企业借助媒体宣传企业文化与企业产品，从而增加企业知名度、扩大消费者的来源范围，媒体也会对进行报道的企业进行调查和监督，确保信息的真实性，保障消费者的合法权益。

政府作为产业平台间接的利益相关者，对产业平台的发展有至关重要的作用。产业平台上的中小企业仅靠自身能力是远远不够的，仍需要政府在制度上给予更多的政策引导和发展空间。首先，政府需要加强政企、校企之间的合作，协调建立科研机构，促进先进技术和先进人才向中小企业流动；其次，给予产业平台上需要扶持的企业一定比例的科研经费，促进其科技进步，技术创新；再次，组织行业顶尖人员对产业平台上需要扶持的企业提供管理决策、技术指导、营销等部分培训；最后，政府应大力鼓励大型企业对中小型企业的帮扶，解决企业在发展过程中遇到的瓶颈问题。

二 产业平台的众扶运行机制

产业平台上需要扶持的企业将扶持需求项目发布在产业平台上，通过直接利益者和间接利益者对其进行扶持，满足其扶持需求。如果产业平台在扶持结束后风险利益分配不合理就会严重挫伤利益相关者的积极性，因此，在风险利益分配机制里要多方位、全方面地考虑影响因素。

首先要从产业平台上被扶持企业的利润着手分析，利润不仅仅包括用金钱来衡量的销售收入减去成本的可视化利润；经过产业平台上利益主体扶持后得到的企业的无形资产技术成果；需求项目成功后，生产出来的待售状态的产品和服务等有形利润；还包括需求项目扶持成功后，由于优秀的产品、完美的服务以及企业形象为企业带来的商誉，较好的商誉带给企业无穷的利润；当产业平台上的经扶持后的企业的产品或者服务得到顾客们的一致好评，树立良好的品牌和商标形象，从而提高产品的市场占有率；赢得政府、顾客、供应商等利益相关者支持的社会形象等无形利润。

以识别利润为基础的同时还要充分考虑风险利益分配的影响因素。产业平台上风险利润分配的影响因素有很多，主要将其归纳为以下四类。第一类是成本投入，成本投入包括资金投入、技术投入、人力资源投入等，构成了产业平台上风险利润分配的最基本的因素；第二类是努力程度，当产业平台上的企业和其他利益共同体共同合作完成项目时，合作各方的努力程度直接影响着项目的成败，构成了产业平台上风险利润分配关键的因素；第三类是承担风险和风险控制因素，在产业平台与其他企业一起合作的过程中，由于所承担的任务不同而导致所承担的风险也就不同，在面对市场变化等风险时合作对象对风险的反应控制能力也是不同的，因此利益分配时要按照风险承担和风险控制能力的大小进行分配；第四类是贡献程度，与产业平台上扶持企业合作的其他成员的创造能力和核心贡献能力是不同的。

产业平台只有将风险利润分配得公平合理，才能促使其他利益相关方感到满意，从而继续对产业平台上的企业进行扶持。如果风险利润分配得较好，各个利益主体就会继续加入其中并肩作战，持续保持较高的积极性，营造良好的合作关系，促进利益主体之间长期利益的实现。反之，如果分配不好，就会丧失企业之间合作的积极性，甚至退出合作关系使得缺乏创业资金，错失很好的市场机会，导致其他利益主体牵连受损。为了提高产业平台风险分担机制的公平合理性，必须使利润分配在预期利润分配(与成本投入、贡献投入、风险承担、风险控制等有关)和实际利润分配之间保持大体一致。

1. 利益分配要与承担风险大小相一致

产业平台上需要扶持的企业与其他合作企业所承担的风险大小不尽相同，为了促进利益分配的参与者的积极性，保持持续的合作关系，应该让参与者们依据其承受能力来承担风险，一般不能超过其风险承担能力范围。由于风险承担能力与多因素相关，预估风险承担能力是个复杂的过程，需要进行专门的风险承担能力测试。一般可以用参与者的资本拥有量与注入创业项目的资本的比值进行大致估计，比值越大，则风险承担能力越强，合理的比值能增加参与者扶持产业平台企业的稳定性。同时合作企业的预期收益取决于产业平台上企业的盈利水平与风险水平，如果参与者承担的风险越大，则获得利益一般原则上应与风险成正相关。

2. 利益分配要与风险控制能力相一致

产业平台上参与扶持的利益主体对于风险控制能力主要表现在以下两个方面：①在合作运营的过程中，能够做好事前控制，及时地控制风险；②在风险出现的时候能够采取最经济有效的手段来挽回损失。合作企业各有各的特长和能力,但是他们在项目运作的过程中所表现出的风险控制能力还是有很大差别的。一般是由具有较高风险控制能力的一方承担主风险,其余各方发挥积极性去防控风险,从而利益分配要与风险控制能力相一致。

3. 利益分配要与各方参与程度相一致

产业平台上参与扶持的利益相关方参与程度是与除金钱外的贡献有关的,即各方参与管理积极性和履约的积极性、努力程度、贡献程度等。在风险利润分配的过程中,风险分担要注意平衡各方的责权利,风险责任要与权利、机会平衡相称,利益分配也应与参与者的参与程度相一致。

总之,预期的风险分配与实际的利润分配是否一致是产业平台企业能否获取其他企业扶持的重要因素。在设计风险分担机制时要考虑对方的风险承受能力与风险控制能力以及应得到的权益,尽量降低参与者的风险控制成本,避免过度的风险承担,来实现各方的效益最大化。

第四节 基于众创的产业平台

一 产业平台与众创的模式的内部逻辑

众创的内涵包含两个方面:一方面是热爱创新的大众(创新者)基于由企业搭建的或者依托自发形成的互联网平台,其目的是实施创新活动并且通过互联网进行创新成果的展示或出售;另一方面是其他企业或个人(需求者)通过互联网搜寻和获取创新成果并加以利用的一种新型创新模式。[1] 在"互联网+"时代,产业平台构成了整个市场结构的中心位置,是市场得以运作的基础。产业平台也需要创新源泉、创新资源和创新价值来保持其在市场中的基础地位,但仅仅靠产业平台内的企业来完成是远远不够的。基于众创的三个特点,第一是门槛低、兴趣广泛、实现自我价值的需要以及其他各种因素的综合,使得大众创新能够在产业平台上广泛存在;第二是多样复杂化的创新需求、互联网的昵称匿名性、按照自愿的参与方式使得大众创新的机会在互联网用户中得到了均等化;第三是偌大的知识数据以及知识的高传播转移速度,创新氛围的驱动、创业平台的普遍

---

[1] 陈青祥:《众创的概念模型构建及众创竞赛的博弈分析》,硕士学位论文,中国科学技术大学,2015年,第1页。

化、创新工具的成熟化等，大大地提高了大众创新能力。众创模式如图3-4所示。

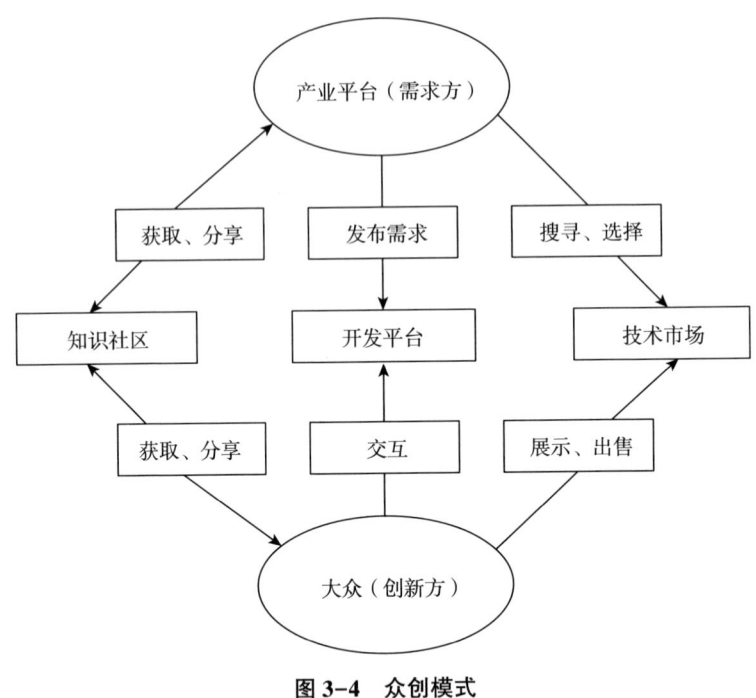

```
          产业平台（需求方）
         ↗        ↑        ↘
    获取、分享  发布需求  搜寻、选择
      ↓         ↓          ↓
    知识社区   开发平台    技术市场
      ↑         ↑          ↑
    获取、分享    交互     展示、出售
         ↖        ↑        ↙
           大众（创新方）
```

图3-4　众创模式

1. 基于互联网的知识社区平台

在众创模式下，依托互联网这个摸不着的平台作为一个知识数据库，发挥着知识储存和转移的作用。这些基于互联网平台的知识经过连续的外化、内化、社会化，以及不断的积累、更新、再发展来不断形成新知识。产业平台中的利益关联方通过互联网的知识社区平台来获得和分享知识，产业平台作为需求方为了能够得到满足自己需求的创新产品，往往乐于通过产业平台为大众提供创新知识和开放的、全方位的学习机会。产业平台中的利益关联方通过产业平台以及互联网提供的知识来学习是获得创新成果的核心基础。具体体现在：第一，新时代更加要求知识多样化、专业化，只有将知识专业化与多样化相互融通，才能为创新提供互补的知识信息，并注入新的活力；第二，新的想法或者创意往往产生在知识重组那灵光一闪的时刻。在知识获取、分享的过程中，创新社区是大众交互的主要平台，知识社区平台是众创在产业平台上持续发展的基础平台，在这个平台上，知识汇聚。

2. 众创的研发过程

在产业平台上,企业或者个人为了降低产品开发中的风险,得到满意的解决方案,往往会通过产业平台发布创新方案需求,在发布需求的同时也会制定出特定的奖励机制来激发大众参与其中,集思广益。众创的实施是大众基于兴趣或者利益通过产业平台来识别创新需求,以兴趣和特长来实施创新活动,产业平台中的利益关联方既可以从产业平台上搜寻所发布的创新需求,也可以顺应时代的发展,运用自己的创新能力主动识别出潜在的创新需求而进行独立创新,然后出售给产业平台上的需求方企业。发布需求主要还是利用已有的网络创新平台和产业平台网站发起的创新竞赛等。在研发的过程中,产业平台上合适的激励机制是其核心,它将直接决定着吸引来的创客们的数目以及特征。普通的创客对于创新的贡献就像是在"长尾理论"中"长尾"的位置上,即每个创新者自身依靠灵感或者偶然的机会进行创新,这样的个体的创新效益是很小的,但是随着外界条件的不断成熟,使得参与这种创新的个体最终由少数人变成了绝大多数人,长尾得以形成。创新群体组成了巨大的基数,从而使整体的创新效益变得不可估量,也为以后的创新之路提供了新的发展空间。[①]

3. 在线的技术市场

对创新需求方产业平台来讲,如何在众多的创新方案中寻找并引进符合自己要求的创新成果对产业平台来说是一个难题。首先,在线的创新成果是众多的,同时又是无规律的,寻找和判断优秀的创新成果必然耗费产业平台上企业大量的成本。其次,产业平台上的企业引进创新成果后,需要对创新成果进行整合才能使其适应自身的动态发展,对于需求方产业平台来说,整合能力也是一个难题。而对于产业平台中的利益关联方来说,自己的创新成果或者专利技术可能面临着缺乏法律等相关方面的保护,存在着很大的外泄风险,这也就成为阻碍众创模式发展的一个难题。互联网平台就在这一过程中发挥着技术市场的平台作用,它是技术和经济之间的桥梁,有效地促进了技术成果在产业平台与大众之间的广泛高效流动。

二 产业平台中的众创运行机制

当众创模式开启了微观参与的时代,大众智慧的商业价值日益凸显。

[①] 陈青祥:《众创的概念模型构建及众创竞赛的博弈分析》,硕士学位论文,中国科学技术大学,2015年,第10页。

基于互联网云端计算端到端的搭建方式成立了创新平台,实现了协同创新自组的新型网络工作环境,①将众创应用于产业平台中,使产业平台的创新理念不仅仅局限于产业平台内,更多地与大众进行协同创新。产业平台通过众创平台与用户相互协作,共同开发项目,实现单个要素无法实现的整体效应,将有助于企业降低不确定性,增强灵活性,并增加信息交换,促进异质性资源的整合与流动,更有效地协同不同创新主体之间的关系,促进创新要素协同形成创新合力。协同创新的产业平台众创主体分类如下:

1. 互联网——产业平台创新资源的中介

"信息鸿沟"是创新的需求方与创新的提供方之间资源交换必须跨越的鸿沟。互联网的出现使人与人之间的关系由闭塞变为畅通,解决问题方式也由内部解决转换为整体解决。当产业平台出现问题需要集思广益时,"参与互动+协商融合"的互联网作为中介,搭建产业平台创新需求方与大众创新提供方协同创新的桥梁。作为初始资源的供给方,当产业平台内部出现资源缺口时,需要关注平台之外的资源和能力来填补内部资源缺口。这些资源不仅仅涵盖土地、资金、原材料等有形资源,还包括知识、信息、创意、技能等无形资源,而在这一过程中,互联网充当着重要的中介作用。

2. 用户——产业平台内的创新需求方与提供方

任何技术创新活动都是为了更好地改善产品的功能与价值,更大程度满足用户需求。用户是产品问题的最直接发现者,产品问题会降低消费者需求满足程度。因此,产业平台上的创新行动要以用户的需求为引导,用户在使用产品过程中发现其外观、功能上的问题,这就会拉动产业平台开展相应的创新活动。当用户专业性知识欠缺而难以准确表达内在需求时,企业应该主动与用户沟通,引导用户真正需求的表达。当用户并没有对现有产品功能感到不满,则很难创新性地提出更高的功能改善需求。如果企业不能站在用户角度主动挖掘出能实现更高用户价值的创新方向,就会在市场竞争中逐渐处于劣势。因此,用户也是创新需求的潜在源头,产业平台在做出决策时应参考用户的建议。

众创中的创意提供者就是数量巨大的互联网用户,其既可以是拥有专

---

① 王姝:《网商平台众包模式的协同创新研究》,博士学位论文,浙江大学,2012年,第Ⅲ页。

业技术专业人士，也可以是作为门外汉的兴趣爱好者，产业平台携手用户共同提供技术解决方案。在互联网众创模式中，产业平台上发布了需求，任何在平台上看到需求的网络大众都可能成为创意供给者。因为产业平台中的每个利益关联方都是信息、物质资源的集合体，都有可以挖掘的潜在价值，这需要创新提供方通过合理的方法去整合内部资源和外部资源。

3. 企业——产业平台内的创新需求方与决策方

产业平台上有需求的企业或个人依靠先进的通信和信息技术，在经济快速发展的前提下，力求内部资源和外部资源的融合，弥补自身资源的局限性，寻求时间和空间的突破，节省劳动力和时间的新型商业模式。产业平台作为产品生产者或服务提供方，会主导问题解决的过程，即由需求方产业平台决定是否创新、创新内容以及最后选择什么样的创新方案。[①] 技术创新活动不能孤立进行，必须考虑产品化与市场化问题。因此如果面向创新的产业平台对原材料、能源、零部件等资源以及工艺提出新的要求，产业平台需要参考上下游供应商的供销能力进行思考创新工艺的可行性、成本的可承受性等，以此做出合理明智的决策。如果产业平台内的企业能够主动挖掘用户的潜在需求，主动通过创新改善产品功能，就需要考虑市场化过程中用户对于新产品可接受力、消费者消费能力以及使用习惯是否类似。[②] 因此，企业创新应以创新需求为基础，充分考虑产品的可行性与市场的可接受性，再去做出产业平台创新方向与内容的决策。

三 产业平台中众创的个体及企业参与动机

产业平台利用众创这样的在线网络平台，与来自互联网数量众多的用户建立联系，产生互动，用低成本的群体智慧来高效率地解决自己平台上的非核心技术和问题。随着众创模式的普遍使用，以众创为核心的网络平台为产业平台进行开放式创新提供了一个重要渠道。产业平台将非核心业务问题或项目任务发布到众创平台上，基于网络平台的用户在浏览时发现这些问题或任务，利用自己的知识、技术和智慧来解答。如果期望问题能

[①] 张聪：《基于交互创新的高校知识服务模式及其外部资源研究》，博士学位论文，大连理工大学，2019年，第132页。

[②] 徐岸峰：《基于网络平台的智慧旅游服务模式研究》，博士学位论文，哈尔滨理工大学，2019年，第113页。

够得到很好的解决，众创的参与者至关重要，即产业平台需要花费时间与精力去挖掘了解众创参与者的参与动机。以下将产业平台众创参与者分为个人和企业进行分析。

1. 产业平台个人参与者动机分类

（1）金钱等可量化的报酬或奖励

在马斯洛需求层次理论里，当人们满足某一需求时就会向下一需求发展，社会大众之所以愿意参与众创社区中任务或问题的解决，甚至内心充满愉快感，是因为发布众创任务的产业平台会向提供知识、智慧、技术和创意的参与者给予报酬和奖励去满足其某一需求，解决者得到的奖励或报酬会随着众创任务难度、要求的增加而增加。

（2）满足自己的心理需要

当物质和安全的低一级的需要得到满足之后，人们都希望自己拥有稳定的社会地位，希望个人的能力和成就得到社会的认可。他们不单纯地为了得到外部薪酬奖励，而是想要全身心地投入于某个情境中时体验到的整体感，利用自我激励来满足自己的心理需求。这一部分群体参与众创的主要动机源于自身的知识、兴趣、能力升职、认识陌生人、打发闲暇时间和接触新社会甚至是提高自己的受关注度等。

（3）学习新知识和技能

知识型员工越来越成为企业发展的核心助推力，随着社会的发展，知识的更新换代速度也越来越快，大众想要从外部来学习新的知识和技能，通过成为众创的参与者来学习额外的知识和技能。

（4）其他动机

除了以上三种动机外，还有一些动机也能促进大众参与众创，例如：职业规划中职业晋升的需要、增加社交的需要、广交朋友、打发闲暇时间、接触新社会等。

2. 企业参与产业平台众创的动机

（1）经济利益

企业参与产业平台的动机首先从经济利益着手分析，金钱方面的利益是企业最直接的动机。但是企业参与产业平台的众创项目更重要的是进行与研究开发创新有关的动机。企业加入产业平台创新可以改善企业间资源、能力等优势的互补，将内部闲置资源合理发挥其外部经济效益，同时也可以缩短产品或者项目的开发创新周期，增加创新成功率；如果企业加入产业平台众创，将会在获得一定的经济报酬的同时可能享用其参与的创新成果，改善产业平台对创新成果的独占性。合作共赢才是企业参与产业平台众创追求的目标。

(2) 技术学习与技术获取

企业的核心能力就体现在企业所拥有的资源上，即企业内部资源及人力资源所积累的经验上。企业通过参与产业平台众创项目有利于企业学习新的知识，学习产业平台上好的企业的技术技能及人力资源经验。同时参与企业会鼓励企业员工共同参加产业平台众创项目，发展培养学习型员工。企业参与产业平台众创可以被认为是企业与产业平台的合作，合作创新这种松散的合作方式更利于技术转移，和知识、技术、能力在合作伙伴之间相互学习与传递。

(3) 建立关系需要

企业参与产业平台众创不仅出于经济利益和技术学习的目的，还有建立关系的需要。建立与产业平台上各企业的合作关系，为以后的继续发展合作奠定良好的基础，同时通过合作增加企业的竞争能力；建立与消费者的关系，如果企业给予产业平台众创项目特别好的结果，则会扩大企业的知名度，增加企业产品所占的市场份额，扩大国内及国际市场。

基于以上个人与企业参与产业平台众创的动机，产业平台应制定合理的激励机制应用于开放式创新的众创模式中，吸引参与者参与其中并高效地完成任务。在现在社会中，平台与平台之间的竞争力也越来越激烈，如何在竞争中更胜一筹，产品和技术的创新的力量日益凸显。而产业平台采用众创模式进行开放式创新，众多参与者的参与十分重要。所以产业平台要在众创项目中采取合理的、满足参与者动机的激励机制，对发布的任务进行估值，根据估值采取金钱、积分分享、产品使用、旅游等多种类可供挑选的奖励，以此来吸引更多的大众来参与到众创项目之中，高效及时地完成产业平台发布的任务。

除了合理的激励机制之外，为使用户持续参与众创社区，产业平台要不断地优化自身，提高知识信息共享水平，筛选出注重创新和挑战性的任务激发参与者内心的求胜欲，满足企业或个人等参与者的参与需求。除此之外还要加强参与者与产业平台的沟通，建立沟通渠道与有效的反馈机制，及时有效地解决参与者参与过程中的疑惑，为其提供满意的服务。同时，当产业平台使用第三方中介众创平台时，产业平台要与众创平台建立良好的合作关系，根据需要在众创平台上发布人才招聘信息，提供技术岗位来增加参与者的就业机会。这样就可以吸引更多的互联网用户参与众创，而平台也成为人才聚集地，能够吸引更多的企业加入此平台，循环增加，互利互惠，共同发展。

第四章　产业平台的功能

第一节　产业链条延伸轨迹与产业平台功能设计

产业平台作为产业发展载体，产业链作为产业发展核心，产业链条的延伸轨迹与产业平台的建立发展紧密相关。产业平台具备开放性，产业生产交易活动的所有参与者均可以加入产业平台，共同享受产业平台所提供的公共发展资源，从而为同一产业链内各企业建立交流接触渠道，加强不同环节企业思维技术融合，促进产业链延伸发展。产业平台具备集中性，能够将同一产业链环节的企业聚集，通过加强同类企业之间的竞争，促进企业自主开拓细分领域进行发展，进而实现产业链的延伸拓展。产业平台具备功能性，能够为产业生产交易活动提供复合性功能，通过提升产业运作效率、降低内部损耗，从而促进产业链延伸发展。

产业平台在不同阶段具有不同的发展模式，平台内各企业也在不同模式中进行差异化的定位，因此作为企业生产交易活动体现的产业链也在不同的产业平台阶段形成了特定的延伸轨迹。通过观察探索各类产业平台的发展演变，将产业平台主要分为四个阶段进行针对性分析。第一阶段是产业平台未建立之前的企业分散经营阶段，该阶段由于产业集中度低，企业之间产业链关系较为复杂，但是由于整体规模限制，产业链环节较短，需要通过产业链延伸来促进产业发展。第二阶段是产业平台聚集协同化阶段，通过建立产业平台促进产业内各企业集中化发展，根据平台内企业前期资源积累和发展规模，形成产业平台内不同类型企业的层次分工模式，实现产业链各环节的柔性协同与刚性分工，促进产业链的延伸发展。第三阶段是产业平台单元模块化阶段，区域内产业平台的产出模式由各环节组合产出转变为单元模块产出，再由各区域的独立产出单元模块共同连接形成产业链，通过企业之间的分工与协调，合作探索产业链条的升级优化途径。第四阶段是产业平台全球网络化阶段，每个产业平台单元作为全球化产业平台生产交易系统的子系统，以各产业平台单元作为网络节点，以纵向延伸和横向拓展的方式构建产业链网络。产业平台中产业链条延伸轨迹如图4-1所示。

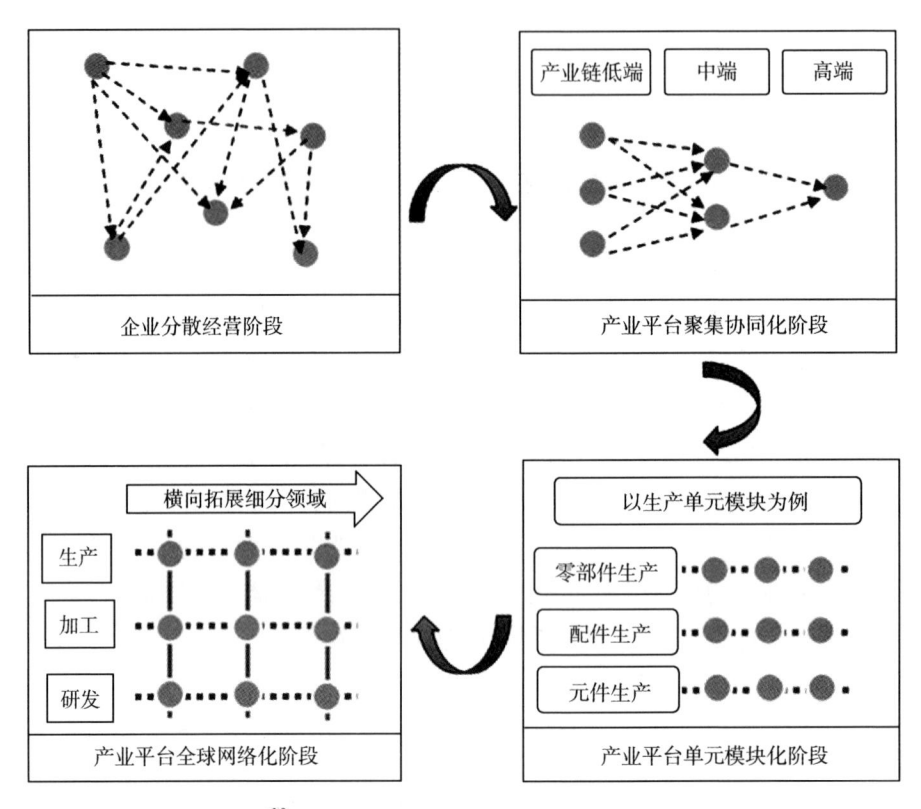

图4-1　产业平台中产业链条延伸轨迹

一　企业分散经营阶段产业链条延伸轨迹

在产业平台组建之前，区域内各产业间以及产业内的产业链条关系杂乱无序，普遍存在产业链条基础环节饱和，高端环节缺失的特征。区域内大部分企业通过靠近原材料产地、获取廉价劳动力等途径获得竞争优势，企业自身技术优势发展不足。由于缺乏产业平台的聚集作用，同一区域内企业对于基础资源竞争激烈，产业链低水平重复建设现象明显，呈现出区域内产业链基础环节饱和的特征。由于企业缺乏核心竞争力，利润空间较小，缺乏足够资本进行产业链深入拓展，局限于产业链基础环节竞争，在创新要求较高的高端增值环节发展实力不足，呈现出产业链高端环节欠缺甚至空白的特征。综合而言，由于缺乏产业平台聚集作用，区域内各产业企业分散发展，个体企业通过覆盖产业链中多个基础环节提升竞争力，但是由于企业整体规模限制，各基础环节发展程度不够深入，而对于资本、技术要求较高的高端增值环节发展薄弱。

二　产业平台聚集协同化阶段产业链条延伸轨迹

（一）产业平台聚集协同化阶段产业链条各环节构成

通过组建产业平台，利用产业内大量企业聚集，吸引供应企业、中间企业、服务企业和代理企业入驻产业平台，实现产业链条拓展延伸。产业平台聚集同一产业链上各类企业，扩大产业市场规模，统一进行要素供给，形成规模化效应。同时产业平台通过集中优势资源构建专业要素市场，实现产业链中各类要素的整合与协同，获取企业分散经营难以形成的外部经济和公共资源。利用产业平台中各类企业相互匹配，创造"1+1>2"的产业平台价值收益，提升产业平台以及平台内各企业的竞争优势。

产业平台将企业生产交易活动进行有机结合，实现产业链各环节的柔性协同与刚性分工。从柔性协同促进产业链条延伸的角度分析，由于产业平台可以整合聚集产业优势资源和生产要素，协调平台内各企业完成产业链中某一具体环节的产出，因此可以形成产业平台企业间的分工协作，促进产业发展。从刚性分工实现产业链条延伸的角度分析，产业平台将属于同一产业链环节的企业之间的竞争变得直接化和激烈化，促进平台内企业由高度饱和的产业链基础环节向市场广阔的高端环节转移，加速平台内企业在产业链中的分工匹配。通过产业平台内各企业柔性协同与刚性分工的有机结合，促进产业链中产品的更新升级，完善产业链各环节的匹配运作，实现产业平台内产业链的优化延伸。产业平台聚集协同化阶段产业链条各环节构成如图4-2所示。

（二）聚集协同化阶段企业的产业链定位

在产业平台聚集协同阶段，平台内企业根据前期资本积累以及运营规

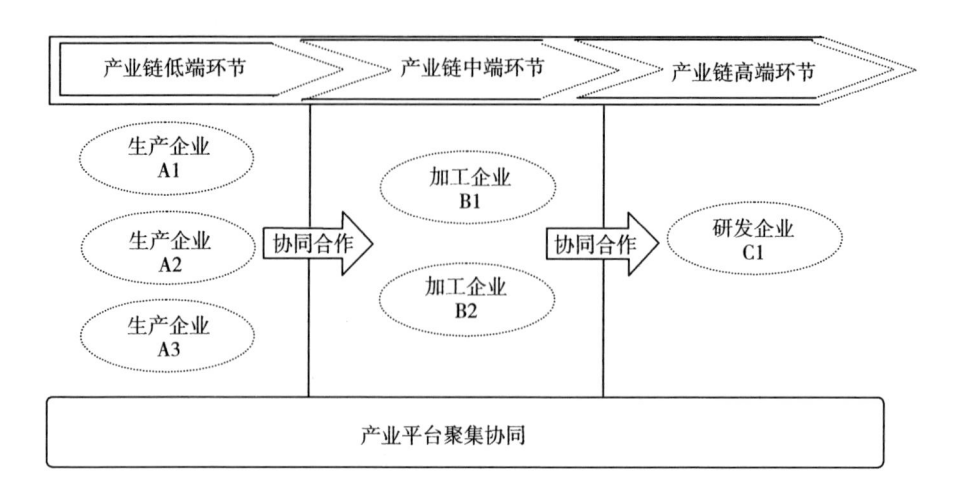

图 4-2　产业平台聚集协同化阶段产业链条各环节构成

模可以划分为三种类型，涉及产业平台内产业链延伸的不同环节，分别用小型企业、中型企业以及大型企业进行表示。聚集协同化阶段企业在产业链中的定位如图 4-3 所示。

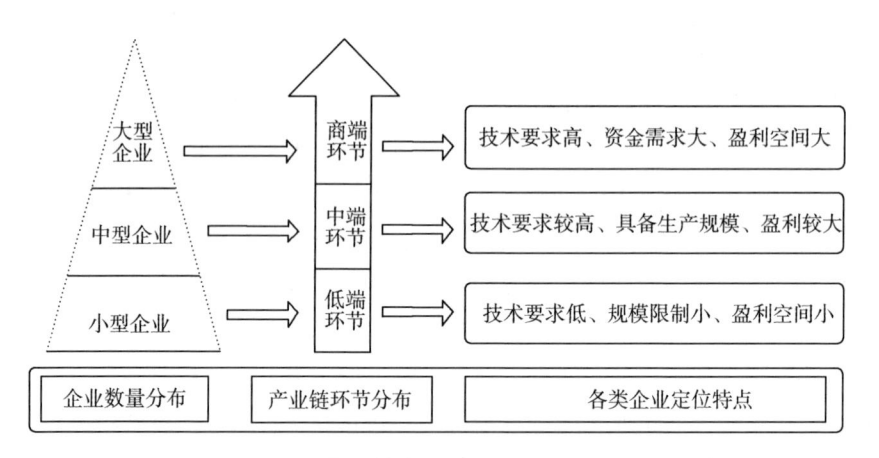

图 4-3　聚集协同化阶段企业产业链定位

产业平台内小型企业主要负责产业链中的基础环节，以终端产品或服务产出环节的一个下属分支环节为主，这类环节技术性要求低、对企业规模限制小，但是企业盈利空间亦较小，比如成品化组合零部件中的零部件单件制造加工活动；产业平台内中型企业主要负责产业链中的加工环节，以终端产品或服务产出环节为主，这类环节技术性要求较高，需要企业具备一定的生产制造规模，通过从产业平台内多家小型企业中获取生产原材料进行深度加工制造；产业平台内大型企业主要负责产业链中的高端增值环节，以技术研发、成品组装、产品营销等活动为主，对企业技术实力要求高，需要企业具备一定的资本积累为产品研发提供资金支持，同时也具有较大的盈利空间。

通过形成产业平台内不同类型企业的层次分工模式，将企业的规模差异与各层次业务内容设计进行匹配，分别以小型、中型、大型对接产业链中基础原材料加工、产品组装和技术研发等环节。结合产业平台特性，合理分配产业平台内产业链的环节构成，保障产业链上下游企业之间协调分工；同时维持产业链各环节产出稳定，促进产业链同一环节内部有效竞争。[1] 通过产业链上下游之间协作与同一层次内部竞争，合理延伸拓展产业链，实现产业平台内的企业竞合模式。

三　产业平台单元模块化阶段产业链条延伸轨迹

（一）产业平台单元模块化阶段产业链条各环节构成

在单元模块化阶段，产业平台不再局限于地理位置限制，呈现跨区域发展与融合趋势。区域内产业平台的产出模式由各环节组合产出转变为单元模块产出，再由各区域的独立产出单元模块共同连接形成产业链，充分利用不同区域独特资源实现产业链条跨界延伸。产业平台单元虽然具有独立的服务功能，但是具备标准化的基础规则，各平台单元能够利用通用接口对接构成整体产业平台。产业平台单元企业可以在满足平台标准化的基础规则的基础上，结合企业自身资源和特点，在所属平台单元模块产出领域内实现企业精准定位，开发相对具有竞争力的细分领域，并根据实际情况进行动态调整。

在平台单元模块化阶段，平台内企业通过分工合作，能够实现丰富产出种类、缩短产品生产周期以及提升内部创新等功能。从丰富产出种类的角度分析，通过对单元模块内产出领域进行进一步细分，每一个细分产出领域对应独特的产出品，提供相同功能、不同质量、不同规格的各类产出，拓展延伸产业链细分环节，快速适应外部市场需求的变化。从缩短产

---

[1] 金铄：《中源协和资本运作的效果研究》，硕士学位论文，黑龙江八一农垦大学，2018年，第7页。

品生产周期的角度分析，产业平台单元内企业根据不同细分产出领域进行分工，各企业在细分领域中生产制造专业性大幅提升，进一步提高单元模块内部生产交易效率，促进整体产业链运作效率。从提升内部创新的角度分析，根据产业平台单元的产出领域进行精准定位，各企业能够集中技术、资源和信息，针对性开发所属细分产出领域并进行技术升级改进，提升平台单元内部创新能力，利用技术创新延伸产业链。

(二) 单元模块化阶段企业的产业链定位

产业平台单元内各企业根据所在的细分产出领域进行分工协调，相对独立地进行生产交易活动，同时共享平台公共资源协调运作，构成产业平台单元内的良性竞合关系，进一步促进各企业在所属细分产出领域深入发展，共同开拓延伸产业链。因此，单元模块内企业在产业平台中主要通过细分产出领域进行分工和细分产出领域间的协调进行定位。单元模块化阶段企业在产业链中的定位如图 4-4 所示。

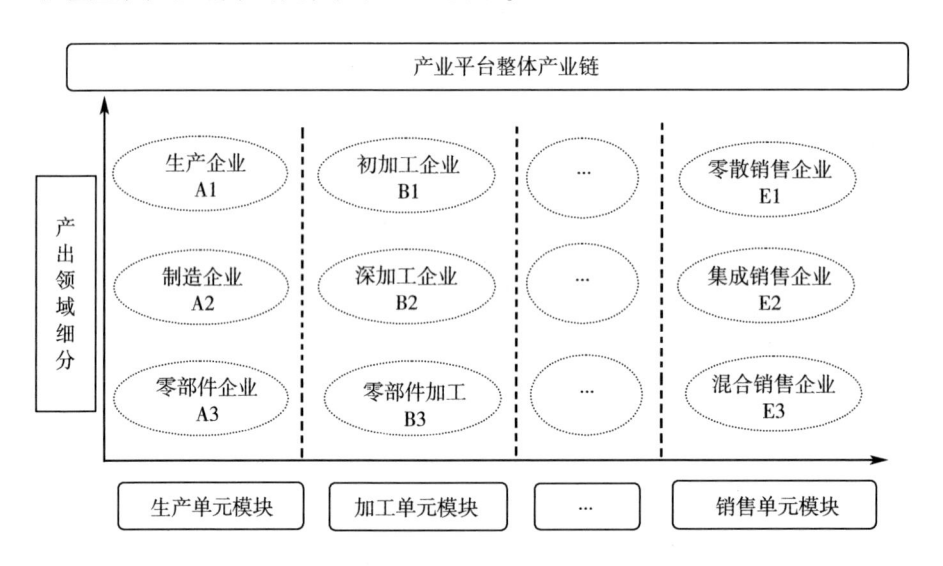

图 4-4　单元模块化阶段企业产业链定位

在协调合作方面，个体企业负责各个细分产出领域，各细分产出领域组合形成产业平台单元的产出领域，各产出领域有机结合形成整体产业平台的供应链体系。产业平台内处于上下游关系的企业同时具备上游供应者和下游使用者的双重属性，并且均能够利用产业平台的单元模块化带来的专业性和高效率，获得双重身份属性的双赢。当平台个体企业作为上游供应者时，利用企业自身负责细分领域产出的特点，根据企业资源优势自主选择产出类型；当平台个体企业作为下游使用者时，利用各细分领域间合作便利性，可以自主选择企业生产运营所需原材料的供应种类。产业平台内企业利用单元模块化特征，既能够享受细分产出领域协调合作带来的低成本与灵活性，同时也作为产业平台系统的一部分为其他企业提供低成本与灵活性优势。

在分工匹配方面，单元平台内个体企业占据整体供应链中特定的细分产出领域，在满足单元产业平台的标准化基本生产准则的基础上，可以根据企业自身优势资源条件，实现所属细分产出领域内的自主经营，减少生产要求与企业自身不匹配导致的资源损耗，进一步降低企业运营成本，获得市场竞争优势。同时，平台内个体企业根据所属细分领域的要求，通过改进企业内部组织设计，主动适应产出需求，企业不仅可以通过产业平台获取大量公共资源，细分领域的灵活性也支持企业与平台外部机构合作，寻求广泛的市场外部资源支持，全方位提升企业竞争力，进而促进整体产业链延伸拓展。

产业平台单元模块化阶段中，个体企业负责整体产业链中的特定产出环节，通过企业之间的分工与协调，共同参与所属单元产业平台的规则设计，合作探索产业链条的升级优化途径，最终建立并动态调整产业平台生产交易体系。

四 产业平台全球网络化阶段产业链条延伸轨迹

（一）产业平台全球网络化阶段产业链条各环节构成

随着产业全球化发展趋势，产业平台的覆盖范围从区域（国家）内拓展至区域（国家）间，各区域内产业平台作为独立单元有机结合组成全球化产业平台。每个产业平台单元作为全球化产业平台生产交易系统的子系统，纵向延伸构成产业链条的一个组成部分，横向拓展连接平台内部产业链条，构建全球化产业平台网络。产业平台全球网络化阶段是单元模块化阶段的宏观体现，更注重各产业平台单元之间的协同配合，以全球化的标准进行产业平台优化重组，建立完善动态调整机制，弹性适应全球市场的需求变化。产业平台单元作为全球化产业平台的组成模块，以网络节点形式融入产业网络链条，需要以全球市场需求为依据设计各细分产出领域的业务内容，涵盖生产、制造、研发、销售各个环节的产出活动。产业平台全球网络化阶段产业链条各环节构成如图4-5所示。

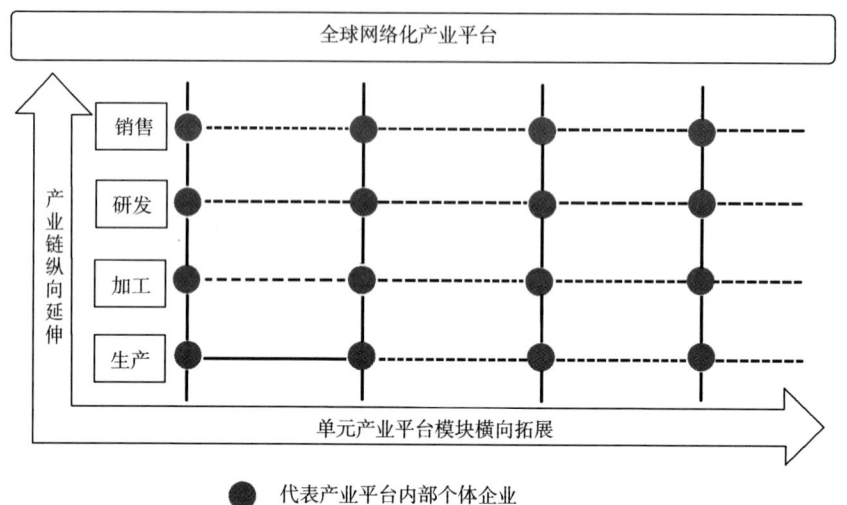

图4-5 产业平台全球网络化阶段产业链条各环节构成

产业平台通过全球网络化发展，能够最大程度发挥规模效应，实现资源利用效率提升，并有效降低内部损耗。资源利用效率角度分析，产业平台以全球化视角分析评估各区域优势资源，结合区域背景进行业务内容设计，提升地区资源利用效率。同时，全球化产业平台采取世界范围内的原材料采购、加工和销售，通过全球化发展提升各产业平台单元规模，利用规模效应提升平台供给资源的转化效率。从内部损耗角度分析，全球化产业平台从宏观层面配置各产业平台单元的基础设施，避免低水平重复建设，降低平台建设方面的资源损耗。同时，通过整体协调各产业平台单元之间的关系，促进产业平台内部良性竞争与合作，根据各产业平台特性进行有机结合，降低平台运作方面的资源损耗。

（二）全球网络化阶段企业的产业链定位

在产业平台全球网络化阶段，一定区域内的个体企业组成产业平台单元，由各产业平台单元作为网络节点，以纵向延伸和横向拓展的方式构建产业链网络。

纵向延伸方面，通过将产业平台单元之间的产出领域进行关联，结合各平台单元模块的业务内容，确立企业在产业生产交易系统中的位置。每个企业在产业平台中均具备上游供应者与下游使用者的双重属性，通过针对分析个体企业的供应渠道和需求流向，建立平台内部企业之间的供需网络，以全球化视角进行标准划分，整合产业平台内部产业链关系。

横向拓展方面，根据产业平台全球化的需求进行产出领域划分，梳理同一环节或者同一层次企业之间的协作关系，结合个体企业资源优势进一步选择细分产出领域。通过个体企业匹配特定细分产出领域，进行产业平台生产交易体系重组，根据全球化产业链网络架构，逐步分解定位，建立企业之间横向协作关联。

第二节 产品技术升级路线与产业平台功能设计

一 产业平台与产品技术升级路线的相互关联

在经济全球化背景下，产业的核心竞争力逐渐由基础资源优势向产业技术创新转移，企业与产业的技术升级已经成为制约产业发展的决定性因素。同时作为经济全球化的新兴产业模式，产业平台的组建发展与产品技术升级路线具有密不可分的关联性，两者呈现出相辅相成的双向促进作用。

（一）产业平台外部资源整合供给

产业平台作为区域产业的核心枢纽，通过提供复合型服务支持、制定统一产业基础准则以及建立全产业服务沟通接口等方式促进产业发展，同时为产业内部技术升级提供系统性的创新空间。产业平台的实质是区域内产业的化零为整，将分散零落的企业以一定的标准进行整合，同时吸引市场资源以产业平台为中心聚集，并通过产业平台进行系统化梳理，同步提升产业技术升级所需要的资源数量与资源质量，提升产品技术升级路线的发展速度与效率。产业平台外部资源整合供给机制如图4-6所示。

从资源聚集角度分析，产业技术的升级创新需要大量的社会资源进行支撑，包括政府政策支持、金融环境支持、信息研究支持等一系列的资源，产业平台能够充分利用规模化优势为产业技术升级发展提供充足资源。通过将区域内产业链上下游各环节企业进行连接，产业平台作为统一整体所形成的创新资源量远多于平台内部个体企业资源获取数量的总和。

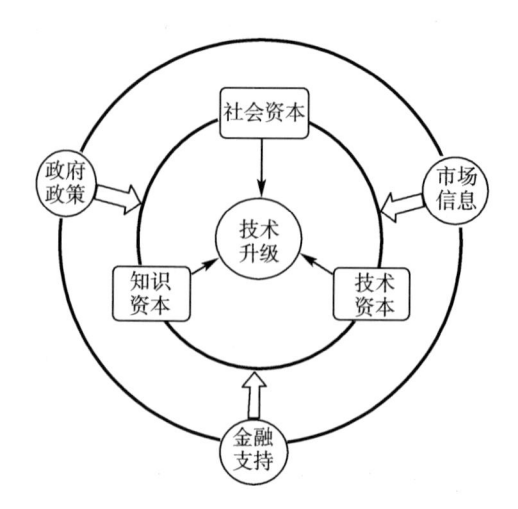

图 4-6　产业平台外部资源整合供给机制

产业平台整体资源数量利用平台内部错综复杂的关系网络形成指数级增长趋势，借助庞大的产业群带动产业技术资源积累，同时平台内部个体企业共享平台优势带来的丰富创新资源，为产业技术升级发展提供坚实的资源基础。

从资源整合角度分析，产业技术升级发展不仅需要充足的社会资源数量，同时社会资源的质量也对技术发展具有重要作用，庞大的社会资源量如果不经筛选配置直接使用，反而会降低产业技术升级发展的效率。产业平台所提供的服务支持功能能够将聚集的各类技术升级资源进行筛选，结合产业特性以及发展背景动态调整筛选机制，避免无效重复资源对产业技术创新的影响。同时，产业平台作为产业内个体企业的统一整体，能够从宏观角度把握产业技术升级创新各环节对不同类型资源的需求，通过将资源类型与技术升级环节进行对接，精准有效提升社会资源向技术升级转化的效率与速度。

（二）产业平台内部企业竞争合作

产业平台通过将产业链上下游具有关联的企业进行联合，促进平台内部各类知识资源流通，在平台内部形成积极活跃的技术研发环境。产业的技术升级研发需要借助产业平台的枢纽作用，在产业链各类企业之间形成技术研发所需各类资本的流通渠道，促进产业平台内部企业之间的互动交流更加频繁深入，激励产业产品技术升级研发。通过以人力资源流动为载体的资本有形转移和以社会关系网络为渠道的资本无形转移，构建平台内部各类资本互动交流的稳定平台，促进产业平台内部企业之间建立顺畅稳定的长效互动机制，降低平台内部企业合作研发的风险性，进一步提升产业产品技术研发的动力与效率。根据产业平台内部各企业的定位，可以将企业之间技术研发的互动交流关系分为产业链不同环节企业的合作协同和同一环节企业的竞争分配。产业平台的内部企业之间竞争合作机制如图4-7 所示。

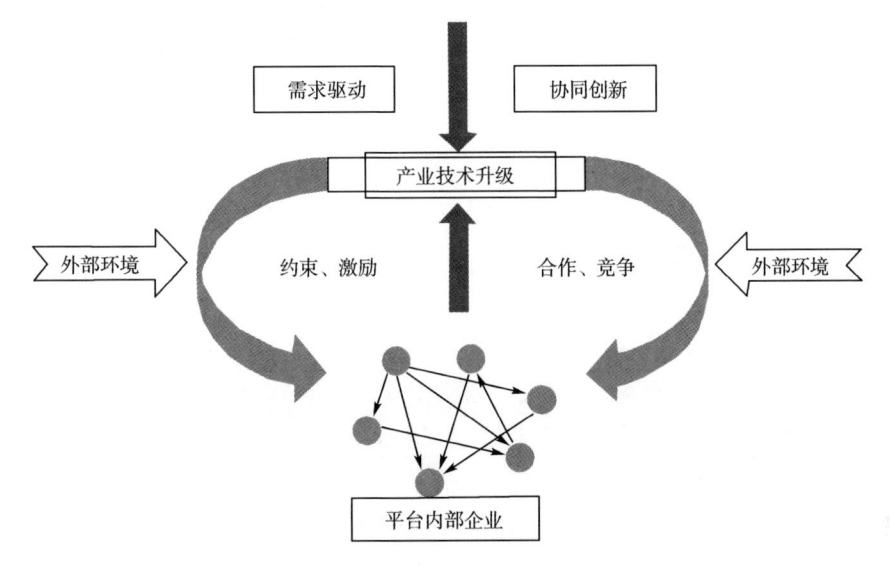

图 4-7 产业平台内部企业竞争合作机制

从合作协同互动角度分析，产业产品的技术升级研发涉及相关产业链上多类技术核心要点，但是由于企业发展规模限制以及企业战略定位差异，单独的企业个体所拥有的技术研发升级资本难以覆盖全部技术核心，因此产业链上下游企业之间的协同创新对于推动产业产品技术研发升级具有重要作用。产业平台通过将产业链上下游企业进行聚集梳理，有助于企业准确寻找技术研发升级合作伙伴，企业之间技术升级资本互补融合，不同企业技术核心的碰撞磨合有助于产业产品技术升级研发取得突破式创新。产业平台不仅为企业之间提供技术资本交流渠道，而且具备相应的合作保障机制，有助于合作企业之间加强信任，深化不同企业技术核心的融合程度，提高产业产品技术升级研发的效率与成功率。

从竞争分配互动角度分析，产业平台由于平台本身的开放性特征，吸纳聚集产业链各环节企业，不仅包括处于上下游关系的合作企业，还有大量产业链同一环节或者同一领域的竞争企业。产业平台通过平台连接作用，让各类企业直面市场竞争，形成平台内部良性竞争环境，以此提升产业产品技术研发升级动力，促进产业持续性技术升级路线延伸。市场资源的有限性与平台内部竞争的直接性促进企业主动开发拓展细分市场，形成同一产业领域之内的细分产出，在降低个体企业竞争压力的同时，丰富产出种类，提升企业自身以及产业平台的持续竞争力。通过企业自主开拓市场资源，主动创造市场需求，实现产业产品技术升级路线的突破式发展，优化产业结构，促进产业平台内部良性竞争。

(三) 技术升级促进产业平台发展

产业平台的组建涉及多方位因素的共同影响，包括产业背景、区域发展状况、政府政策导向、市场竞争环境等，其中在知识经济时代背景下所产生的产业产品技术升级研发需求，对产业平台形成具有核心推动作用。产业平台的构建需要足够的企业数量支撑产业平台各环节功能的运转，以及完善的产业链环节保障平台系统的持续运作。技术升级路线的延伸需要广泛获取各类资源资本，大量技术资本的积累需要企业之间建立合作共同探索，因此横向拓展了同一产业链环节企业的数量，进而吸引产业链上下游其他企业的加入，纵向延伸了产业平台内产业链的长度。

横向拓展方面，知识经济背景下产业产品技术升级已经逐步取代基础资源优势，成为衡量企业发展的决定性因素。但是企业的个体资源渠道难以满足产业产品的技术研发升级所需要的广泛知识技术资本，因此区域内同类型企业需要以合作的形式共同拓展资源获取渠道，并结合企业自身独特技术核心进行深入技术互动，以互补共享的形式实现产业产品技术升级。由于产业平台的具有完善的服务支持和保障体系，产业链同一环节企业在技术研发需求的驱动下，选择入驻产业平台形成合作企业之间的联合互动，利用规模效应获取产业产品技术升级，同时也丰富了产业平台的产业构成，实现产业平台结构横向拓展。

纵向延伸方面，产业产品的技术升级不仅需要同一环节企业的合作研发，产业链上下游企业之间的联合互动也有助于产生新的技术突破点，宏观结合产业链各环节技术核心形成产业产品的突破式创新，因此产业链各环节企业之间的技术升级需求能够对产业平台结构的纵向延伸起到直接促进作用。产业链上下游各环节企业之间存在丰富的资金、产品、人力以及技术交互渠道网络，产业链某一环节企业的聚集将会形成广大的原材料需求市场和产出品供应市场，进而刺激产业链其他环节的企业不断入驻产业平台，间接实现产业平台内部产业结构的不断调整与完善。

二 产业平台演进历程对产品技术升级的影响

产业平台自身发展具有一定的演进历程，与产品生命周期相似，产业平台的演进历程由四个阶段组成，分别为平台组建阶段、平台成长阶段、平台稳定阶段和平台衰退阶段。处于不同演进阶段的产业平台具有独特的属性特征，需要适应平台外部环境和内部架构的动态变化并不断进行调整。因此产品技术升级所需的各项资源资本在产业平台的四个演进阶段呈现出对应的差异化需求，对产品技术升级路线具有不同类型和不同程度的影响作用。产业平台研究历程与产品技术升级关联如图 4-8 所示。

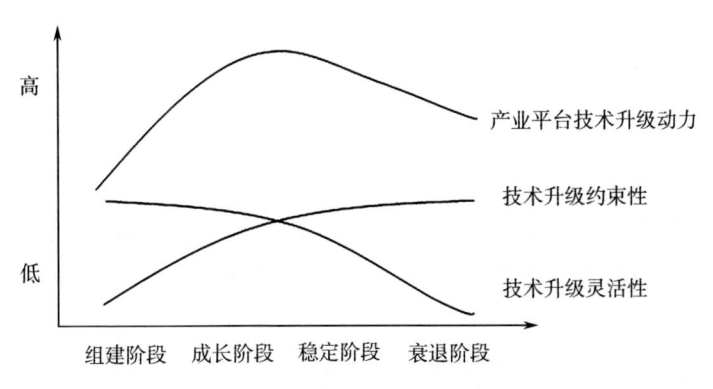

图 4-8 产业平台研究历程与产品技术升级关联

（一）产业平台组建阶段对产品技术升级的影响

在产业平台组建阶段，平台外部资源渠道较少，产品技术升级研发所需的资源种类以及数量均较为薄弱，主要依靠企业自身原有资本积累。产业平台自身功能架构处于形成期，基础设施和功能设计均需要探索建设，此阶段产业平台难以完美支持平台内部产业技术升级研发。由于产业平台处于组建阶段，产业平台对于平台内部各企业之间的链接枢纽功能不够完善，内部企业之间的关联度较低，且企业与企业之间关系较为混杂，产品技术升级研发所需的物质资源、人力资源、信息资源以及技术资源的交流沟通程度不够深入，推动促进作用不明显。

产业平台内部企业技术升级灵活性高，企业可以根据自身原有发展路径与规划调整后进行技术升级研发。产业平台组建阶段，平台本身的发展方向与需求领域较为广泛，并未进行具体划分定义，因此对平台内部企业技术研发升级的约束性较低，企业主要利用自身优势资源，辅助使用平台公共资源进行技术研发创新。由于组建阶段产业平台内部企业之间的沟通交流渠道不够完善，企业之间的技术互动频率较低且程度较浅，较难以形成企业之间的联合技术升级研发。产业平台内部技术研发主要以企业个体为单位进行，技术升级效率较低，且各企业资源优势存在差异，导致研发方向分散，因此产业平台整体技术升级研发水平较低。

(二) 产业平台成长阶段对产品技术升级的影响

在成长阶段，产业平台的外部资源获取渠道得到迅速拓展，能够为平台内部企业提供技术升级创新所需的资源资本，逐步满足企业技术升级研发需求。产业平台发展粗具规模，平台配套服务设施建设较为完善，为产业产品技术升级研发提供辅助服务支持。产业平台内部沟通交流网络初步形成，企业之间以产业平台为枢纽进行互动，产品技术升级研发所需的各项资源资本以产业平台为渠道进行流通，平台内部协同合作现象凸显。

产业平台内部企业交流合作关系得到提升，企业技术升级研发路径设定需要考虑合作双方的共同意愿，对技术升级研发的灵活性具有一定限制作用。产业平台成长阶段，平台整体发展规划初步形成，平台内部企业的发展需要契合产业平台整体设定，产业平台对内部企业的技术升级研发的约束性提高，技术研发升级路线由组建阶段的完全自由发展转变为协调发展。产业平台通过逐步完善内部关系网络为企业之间提供技术互动渠道，企业由前期个体技术研发转变为合作技术升级，优势互补共同发展。同时以平台机制作为合作保障，促进企业之间技术核心的深度交流，提高企业合作技术升级研发效率，平台内部企业技术研发实力快速提升，进一步提高产业平台整体技术升级研发水平。

(三) 产业平台稳定阶段对产品技术升级的影响

稳定阶段产业平台的整体发展维持在高水平层次，处于产业平台的巅峰状态，平台内部各项配套服务体系建设完善，能够完美支持平台内部企业的技术升级研发的各项需求。平台外部资源获取渠道得到全面开发拓展，实现区域内资源信息的最大化聚集获取，为平台内部产业产品技术升级研发构建完备的外部支持环境。产业平台内部企业之间已经形成稳定完善的纵向分工与横向协同关系结构,企业之间互动范围广泛、沟通频率较高而且互动更加深入。各类信息资本在平台内部流通十分顺畅,资源转化利用效率提高,进一步推动产业产品技术升级研发进程。

产业平台内部分工协同结构的建立限定了企业的技术升级领域和发展方向,对产业产品技术升级创新的限制性进一步增强。平台内部企业技术升级研发需要为企业发展带来效益,同时也需要兼顾产业平台整体效益,对个体企业技术升级的灵活性具有一定的限制作用。稳定发展阶段产业平台内部结构更加规范,产业产品技术升级路线方向更加明确,企业之间的合作交流关系更加稳固,技术升级研发效率大幅提升,产业平台整体技术升级发展处于最高水平。

(四) 产业平台后续阶段对产品技术升级的影响

稳定阶段结束之后,产业平台的内部分工协调架构将由关系稳定进一步发展为结构僵硬,企业之间的渠道关系过于深厚难以进行改变。由于企业规模限制,在原有关系渠道始终保持的情况下,对新关系新渠道的建立产生较强的阻力。产业平台经历各阶段的发展,形成了稳固的发展运作规律,对平台内部的产业产品技术升级发展具有较大影响。产品技术升级路线容易受到经验的制约,使得产业平台内部技术研发活动程序化发展,对产品技术升级产生较大限制,不利于颠覆式创新的产生。此阶段产业平台存在两类发展趋势:一类是发展缓慢进入衰退阶段,另一类是突破创新进入新一轮的发展阶段。

进入衰退阶段的产业平台由于内部各企业的发展方向与发展范围固化,内部技术升级受到的限制作用增长至最大化,企业技术升级灵活性进一步降低,导致产业平台整体技术研发创新僵化。衰退阶段平台内部企业学习能力逐步丧失,平台整体技术研发能力严重下降,技术升级路线发展停滞,难以适应外部市场需求的快速变化。

重新进入发展阶段的产业平台通过寻找产业发展突破点,对现有市场领域进行改进发展或者直接开拓新型市场领域。产业平台进行架构重组破除原有僵硬固化的渠道网络,降低对企业技术升级的限制作用,提升企业技术发展灵活性。由于产业平台处于新的发展领域,平台外部资源渠道、内部基础建设需要重新调整适应,所以平台整体技术升级水平较之于稳定阶段会有所下降,在适应完善过程中逐步提升。

第三节　产业跨界成长曲线与产业平台功能设计

一　产业外部环境跨界

产业跨界成长需要营造积极的外部环境，包括市场需求推动、资源供给支撑和政府政策支持等。借助产业平台作为统一整体集中进行规模化建设，有助于整合优势资源进行合理分配，有效减少单个企业分散发展所产生的低水平重复建设，最大化提升外部环境支持率，提高产业跨界发展机会与效率。产业外部环境跨界融合成长路径如图4-9所示。

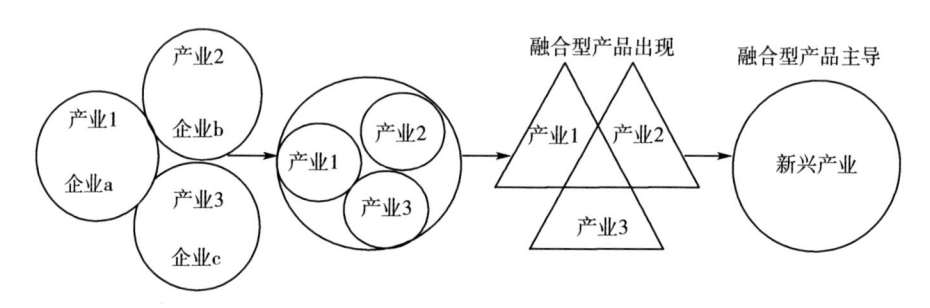

图4-9　产业外部环境跨界融合成长

从市场需求推动角度分析，产业平台通过完善现有产业市场和开拓新市场两条路径来满足市场需求，促进产业跨界成长。产业平台作为统一整体能够快速获取大量的市场信息，同时配合产业平台内部完善的信息资源流通渠道进行信息共享，有助于产业迅速发现快速变化的市场需求，并促使内部产业进行跨界融合以满足现有产业市场的多样化需求，完善现有产业市场，拓宽产业市场范围。产业平台通过聚集产业企业实现技术交叉的同时，产业业务依附平台内部企业关系网络形成业务交叉。产业平台内部企业在直接面对激烈的市场竞争的情况下，选择主动借助平台内部业务交叉拓展新业务，由满足市场需求转化为创造市场需求，开拓新的产业市场领域，实现产业跨界成长。

从资源供给支撑角度分析，产业平台作为产业中心吸引聚集市场资源，并进行系统化梳理，提升产业跨界成长所需要资源数量与资源质量，促进产业跨界成长的效率。产业平台借助规模化效应优势，整合平台内部个体企业资源获取渠道，形成平台内部错综复杂的资源获取网络，以平台为整体获取庞大的信息资源。借助产业平台的服务支持功能对获取的信息资源进行梳理整合，从产业宏观角度进行资源有效配置，并通过资源获取渠道反向进行流通分配，为平台内部企业提供丰富且有效的信息资源，保障产业跨界成长的效率。

从政府政策支持角度分析，产业平台的发展状态对产业具有重要意义，政府可以通过关注产业平台的发展趋势制定积极有效的政策引导，进而促进产业向跨界融合方向发展，并且能够提高产业跨界的成功率。以产业平台为载体，对产业跨界成长发展提供财政补贴、税收优惠，吸引风险投资、信贷支持，保障产业跨界所需的资金基础。借助产业平台制定针对性人才队伍建设制度以及技术核心保护政策，保障产业跨界所需的知识资本，促进产业跨界成长。

二 产业技术创新跨界

产业技术的创新与融合是产业跨界成长的基础。产业平台通过聚集各类企业，梳理产业环节，形成各环节间的技术交叉，进而促进产业技术的融合渗透实现产业的跨界成长。产业技术跨界的产生对技术本身的渗透能力和增长能力具有一定的要求，虽然产业平台对各环节技术核心的交流互动具有一定的促进作用，但是传统行业的技术核心较为稳固，传播性和复制性较弱，整体跨界效率较低。因此产业技术跨界主要体现在高新技术产业向传统产业的渗透融合，以产业平台为依托搭建流通渠道，借助高新技术强大的渗透能力和增长属性，迅速延伸拓展到相关产业的交界处，实现高新技术产业与传统产业的跨界成长。

产业平台的开放性能够吸引产业相关企业入驻，产业生产交易活动的所有参与者均可以加入产业平台，共同享受产业平台所提供的公共发展资源，从而以产业平台为依托形成了平台内部企业交流互动渠道。借助产业平台的聚集作用，对平台内部企业间的关系网络进行连接与梳理，产业技术成长所需的资源、信息、知识通过产业平台内部渠道进行流通，依附平台内部企业关系网络形成技术交叉。产业平台的合作保障机制有助于合作企业之间加强信任，促进产业技术的渗透与增长，并深化不同企业技术核心的融合程度，进而形成技术创新，实现产业技术跨界。例如，互联网技术与传统商业跨界融合形成了电子商务,生物技术与传统制造业跨界融合形成了生物电子,信息技术与传统制造业跨界融合形成了机械自动化,互联网技术与传统金融跨界融合形成了互联网金融等通过产业平台的中介作用促进产业技术渗透融合,促进产业跨界成长。

三 产业内部融合跨界

产业内部融合是产业跨界成长的核心,包括产业内重组再造和产业间环节延伸。产业内部融合的基础是产业技术重组,借助产业平台的聚集整合效应推动产业技术重组,从而实现产业平台内的重组再造,进一步促进产业平台间各环节的延伸拓展,通过产业内生性的重组与延伸实现产业的跨界成长发展。

从产业内重组再造角度分析,一方面产业内个体企业通过产业平台内部关系网络进行生产经营各环节的交流沟通,包括资源、信息、资金、人才、技术等方面,凭借产业平台保障机制进行深度交流磨合后,实现产业内的重组融合;另一方面,借助产业内部重组融合反向促进了产业平台内部生产经营各环节的匹配与再造,调整优化产业平台内部关系网络。产业平台各环节互动与产业内重组再造形成了正向循环,相互促进优化产业平台结构,实现产业跨界成长。产业内重组再造过程中,产业平台的开放性有助于原有产业边界的彻底打破,不再局限于技术方面的融合,而是促进产业内各环节更深层次的再造,是一种深入产业内部的全面融合。

从产业间环节延伸角度分析,产业平台通过吸引供应企业、中间企业、服务企业和代理企业入驻平台,打破原有产业企业间的固定联系,为产业间各环节的延伸提供更多的组合可能性,促进产业跨界成长。产业平台具备一定的主题性,通过产业平台聚集的企业均具备一定的关联性,产业之间存在相互接触的边界,为产业跨界提供了准确的切入点。较之于个体企业独立完成跨界,产业平台通过集中平台内部各企业的整体资源渠道,并围绕产业平台的主题进行整合梳理,能够形成平台内部庞大的社会关系网络。作为产业平台的构成部分,每一个个体企业均能够便捷地获取到产业平台整体的社会关系资源,打破个体企业资源渠道的局限性,提高平台内部个体企业对上下游各环节的可选择性。平台内部企业以产业平台为中心,重新进行自我定位，在破除固有产业环节限制的基础上，自主选择具有关联的共生企业进行合作，丰富产业组合的形式，延伸原有产业环节，开发新的市场范围，实现产业的跨界成长。

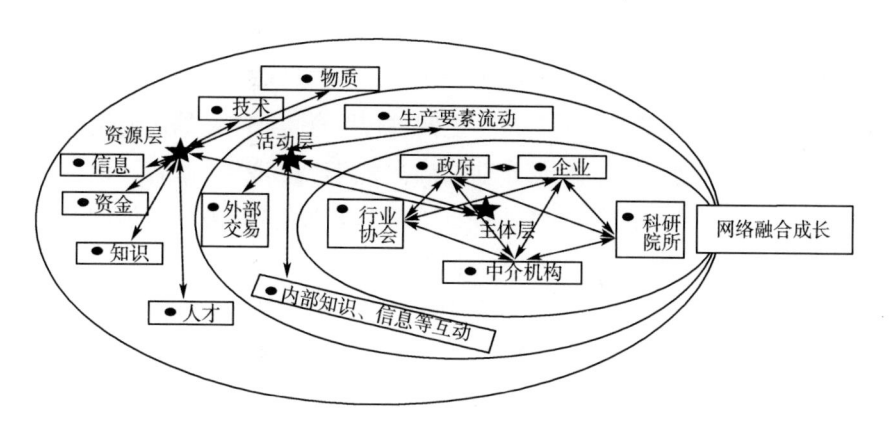

四 产业空间网络跨界

产业空间网络跨界是产业跨界成长的最终形式与最深层次的融合体现，与产业平台的全球网络化发展相辅相成，主要体现在产业平台企业主体交叉、市场业务交叉以及资源配置交叉三个层次。三个层次内部存在复杂的组合行为，同时层次之间也存在交叉互动，构成了产业空间网络。产业内部融合跨界主要注重产业链的重组与延伸，产业空间网络跨界注重产业链条之间的交叉融合。产业平台全球网络化的发展，促进产业链条的纵向延伸与横向发展，横纵交织形成网络节点，各网络节点的融合产生产业跨界行为，多个网络节点多维度叠加构成产业空间网络跨界。产业空间网络跨界路径如图4-10所示。

图4-10 产业空间网络跨界

产业平台通过将产业内复杂的产业链条关系进行整合梳理，帮助产业平台内部企业进行准确定位。根据供应企业、中间企业、服务企业和代理企业四类覆盖产业生产运作活动的类型标准进行分类，建立产业平台内各类企业之间的相互关联。以产业平台为枢纽形成企业主体之间的共同产业基础，突出以往分处于不同行业领域的企业主体之间的关联性，实现产业平台主体之间的交叉跨界发展。产业市场业务交叉是产业平台主体之间互动关联的具体表现，产业生产活动、加工组合、技术研发、市场拓展等生产经营活动随着企业主体之间的交叉，产生进一步的深入组合发展，以产业平台为中心保障企业复杂的生产经营跨界融合有序进行。产业生产经营活动的跨界开展需要充足的资源支撑，产业平台通过规模化获取整体资源，并按照平台统一标准进行筛选整合，借助产业平台内部关系网络实现资源的优化配置，保障产业跨界成长所需的资源数量与质量，促进产业跨界的顺利进行。

五 产业跨界成长对产业平台的促进作用

产业平台通过打造外部环境、推动技术创新、促进内部融合以及构建空间网络发展等维度促进产业跨界成长，同时产业的跨界也对产业平台自身的成长发展具有重要作用。产业跨界行为的产生使得产业平台内部企业打破原有联系并建立新的渠道网络，企业之间的关系发生改变，导致产业平台的组织架构发生动态调整，丰富产业平台结构层次，促进产业平台功能完善，并且有助于产业平台的转型，对产业平台的整体发展运作产生积极的促进作用。

从丰富产业平台结构层次角度分析，产业跨界成长不仅完善原有产业内部环节，而且将具有关联的产业之间进行融合，产生新的产业生产运作活动。产业跨界所形成的新兴产业结构，通过产业间强强联合，结合原有产业优势特点，有助于形成产业平台的核心竞争力。产业平台借助产业跨界成长，整合梳理原有产业层次，同时跨界融合产生新的优势产业类别，丰富产业平台内部层次结构，有助于提升对市场的快速反应能力，满足市场多样化需求。

从促进产业平台功能完善角度分析，产业跨界的过程需要产业平台提供大量的外部资源，包括资金、信息、技术、人才等一系列必备要素，有助于产业平台外部资源渠道的建立与完善。面对产业平台内部种类和数量众多的企业，产业的跨界发展需要对平台内部沟通渠道进行梳理，有助于产业平台内部企业关系网络的疏通。产业跨界所产生的生产经营活动需要产业平台的服务支撑，以此促进产业平台的多方面功能完善，完美支持平台内部的运作与发展。

从推动产业平台转型发展角度分析，产业平台自身具有一定的生命周期，随着产业平台发展的成熟与稳定，平台内部关系结构呈现出固定僵化的趋势，对市场的反应能力有所下降，内部产生较大的发展阻力制约产业平台进一步发展。产业跨界成长有助于产业平台寻找新的突破点，为产业成长持续注入发展动力。通过产业跨界打破产业平台内部效益低下的关系渠道，并不断建立新的关系网络，始终保证产业平台的发展弹性，提供新的发展机遇。

第五章 产业平台的形式

随着社会经济的发展和商业模式的创新，各种形式、不同类别的产业平台层出不穷，涉及人们生活的方方面面，如淘宝、京东等电子商务产业平台，孵化器等公共服务平台，研发中心等创新网络式产业平台，苹果IOS操作系统等交易式产业平台。与传统商业模式相比，产业平台连接了双边甚至多边，通过降低各方的经济交易成本来创造价值，获取利润，被广泛地应用在生产研发、科技创新、商业交易等各个方面。从某种意义上讲，产业平台的功能之一即是将功能单一、相互割裂的服务中心、中介机构、科研院所、企业等有机结合在一起，充分发挥企业的主观能动性，广泛利用社会资源，并进行合理配置重组再创新，从而促进平台类企业和其他组织的良性循环发展。从产业平台的表现形式上来看，可以将其分为公共服务平台、全链式产业平台、大数据平台、创新网络、企业联盟、交易式平台与产业园区七类。

第一节 公共服务平台

公共服务式产业平台一般是指由政府直接创建或引导创建，旨在满足企业发展需要，促进产业发展的非营利性组织。公共服务平台是较为基础的产业平台形式，主要面向的是某区域或某产业的服务机构以及创业企业，涵盖了从基础研发到成果转化，以及其他各类专业服务。在公共服务平台发展初期，主要由政府出台相关的帮扶政策，如提供基础的办公场地及设施，减免税收等。当公共服务平台发展至一定阶段，功能逐渐完善，将会进一步配套产生其他各方面的服务，如提供投融资、创业企业孵化、辅导培训、交流合作、政策咨询、人力资源服务、知识产权保护等，形成各类便捷、高效的服务中心,并联合社会中介机构组建联盟,形成服务网络,利用统一的管理规范搭建具有共享机制的组织,以非营利为原则,为某一区域或范围的科技创业企业提供公共服务。

公共服务式产业是政府参与与政策引导的,其主体是政府支持的机构,联合各类创业投资机构与公司,并结合市场化运作的需求进行运作。大多数公共服务平台主要提供的仍然是基础性的服务,例如企业注册代办、政策信息咨询、项目辅助申报、技术开发支持等。在硬件设施上,公共服务平台可以建立孵化器与各类创业中心,为创业公司提供办公场地与设备以及其他各类服务,提高企业的存活率,并辅助其顺利转型。例如在苏州工业园发展初期建立的一站式服务中心、人力资源平台、物流服务平台等,为企业入驻提供便利服务,节约了投资者项目办理时间;相继成立了苏州工业园区人力资源开发有限公司,为入驻企业进行人力咨询、管理和咨询等专业服务;建立起培养人才的园区职业技术学院,毕业学生主要在园区企业从事技术性工作;构建了物流服务平台——保税物流中心,并于1997年成立苏州工业园区物流中心,主要办理园区货物的清关手续;后期还成立了苏州进出口货物分流中心经营海关监管点和仓储业务。最终由以上各类服务中心,形成了综合型公共服务平台。[①]

综上所述,公共服务平台主要是由政府和其他机构依托孵化器、创业中心和孵化中心等硬平台,为中小企业或初创企业提供政策支持、人才交流、产权交易等软服务的公益性产业平台,旨在通过营造良好的创业氛围,提供各类创业条件来鼓励人才进行成长,并通过系统性的服务提高其创业成功率,具体如图5-1所示。

第二节 全链式产业平台

全链式的产业平台是平台中的主体基于一定的逻辑关系而形成的关联形态,存在于链上的企业或组织以上下游的关系进行产品、服务、价值或信息的交换。全链式产业平台以产业链为基础,并包含有价值链、资金链、信息链等各个维度,共同推进产业平台发展。

[①] 张振刚、景诗龙:《我国产业集群共性技术创新平台模式比较研究——基于政府作用的视角》,《科技进步与对策》2008年第7期。

图 5-1 公共服务平台

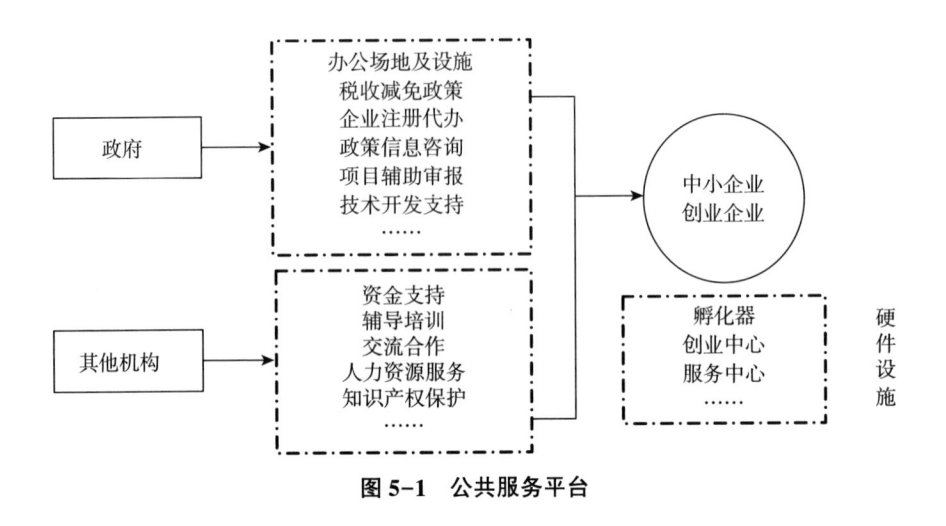

一 产业链

传统小而散的企业运作模式已经不再适应产业的发展，需要对资源进行深度加工才能满足多元化的需求。链式产业平台是指产业链中的某一企业根据自身所处的位置，以平台企业的核心能力为基础，通过横向整合同类型企业，扩大企业规模与产业链宽度；以资本渗透或技术约束等方式实现纵向延伸产业链，增强产业链的完整性，从而形成商业生态系统。

在链式产业平台形成的过程中，核心企业整合了行业中的供应商、生产商、分销商等资源要素，通过加强与原材料供应商的战略合作，对其进行分类、选择、评价和管理，增强了其自身对原材料的获取能力；通过强化自主研发并控制产品质量提高了其生产能力；通过建立品牌和营销网络，以差异化定位和立体的传播体系将市场进行整合；建立物流、资本运作等支撑服务体系，从而实现企业对供应、生产、销售等各个环节的控制。平台企业通过持续积累生产经验，增强成本控制能力及产品研发能力，逐渐扩大市场份额；凭借技术优势或资本优势，确立企业在原本行业中的领先地位，并以原有的产品为媒介，积极向产业链的下游延伸，不断地扩大其业务范围；通过兼并收购上下游企业，形成自主品牌与产业平台；通过进入新的业务领域，形成垄断性技术优势来塑造产业平台，并实现跨界经营。例如比亚迪起步于二次充电电池业务，广泛应用于便携式电子设备中，为其向手机行业产业链的上下游延伸以及进军汽车行业和新能源产业打下了坚实的基础，在产业链横向与纵向延伸的过程中，以多元化的战略逐渐形成全链式产业平台，增强了企业持续发展能力。

二　价值链

在竞争激烈的市场环境中，企业很难凭借自身单一的价值链满足日益复杂的顾客需求，因此必须利用价值网络，充分与价值链上下游企业进行资源共享，将外部的技术设施与自身优势相结合，为供应商、分销商、顾客等与企业经营活动相关的主体创造价值，共同实现利益最大化。产业平台中的价值链包括从最初的原材料采购到最终的消费者购买产品之间的全过程，平台企业是价值链中价值创造的一部分。从价值链的角度上看，不同的平台形式提供了不同的价值链服务内容，链式产业平台可以分为价值活动增减型平台、价值链伸缩型平台以及价值活动创新型平台。

价值活动增减型平台将供应商和消费者相连接，通过去除价值创造效率较低的活动，保留关键的价值创造活动来增强产业平台的竞争力。平台企业并不参与上下游企业的生产经营活动，而仅仅是提供交易平台或运营平台，并对平台秩序进行维护。典型的代表是淘宝网，淘宝平台在供应商、销售、物流企业和消费者之间的交易过程中并不参与，其最基本的商业模式是为各方提供交易平台和第三方支付平台等，通过收取广告费用以及其他的增值服务费用来维持平台运营。

价值链伸缩型平台通过不断将企业的价值链延伸上下游企业，提供原本不属于企业自身业务范围的产品或服务，使企业的价值活动更加丰富。与产业链的扩张相类似，价值链的发展也包括横向一体化与纵向一体化。该模式的典型代表为电商企业京东，其初期发展采用的是自营模式，不断扩充平台的产品种类，向上通过与生产商合作获取低价供货渠道，向下主要体现在自建物流体系，并重点关注用户体验，推出上门送件取件等服务，解决了价值活动增减型平台的行业不规范等问题。虽然随着京东的资源进一步丰富，能力进一步提升，开始为第三方提供 B2C 的服务平台，但其依然保持着和供应商以及消费者之间的联系，提供更有质量的产品和服务，不断完善物流配送、售后服务系统，从而形成了独特的核心竞争力。

价值活动创新型平台是对企业的价值创造过程进行创新，包括技术、组织制度、经营理念、企业文化等各个方面的创新，该类型的产业平台的典型代表为聚美优品,其创新的内容包括产品销售模式和品牌代理模式,并且从采购到售后全部由平台把关,其经营模式仍然在不断创新与改进,借此不断完善自身的价值体系。

三 资金链

以资金链为表现形式的产业平台主要是为个人或者企业、机构等提供投融资渠道,并利用市场信息的不对称性获得高额收益的相关平台类型,如银行、券商、保险公司等。新型的资金链式产业平台借助互联网进行了金融创新,脱离了传统的金融媒介,尽量使交易变得公开透明,实现了对金融资源的有效配置。其运作涉及个人、第三方支付平台与金融服务商等各个方面,消费者可以通过第三方支付或现金支付的方式对产品或服务进行付费,生产商和销售商也可以进行收费,资金链式平台企业在此过程中为产业平台上的用户提供收付款、投融资等服务,从而收取相应的服务费用,并对产业平台上大量的沉淀资金进行投资理财业务、用户信用分析等,实现对资金链的延伸。如各类点对点网络信贷平台,以及支付宝、微信钱包等三方支付平台,以及运营商、银行等金融机构形成的金融产业集群,主要为借贷双方提供交易平台而获取收益。其只用于简化用户的业务流程,而不介入其借款金额、时间、利息等具体问题,可以将各类社会闲置资本导向中小企业,促进了资金的流通,提高了其使用效率。国内的点对点产业平台,提供的主要是小额无抵押贷款服务,借助社会化和网络化特点,趋向于人人参与,降低了审查成本和风险,并具有较大的社会效益。其他的第三方支付公司等,如快钱,提供高效的流动资金管理服务,主要是为企业优化资金流,提供跨银行、跨区域的平台服务,以此为基础向用户提供电子收、付款,应收账款及票据融资等创新性产品组合,将资金流与信息流进行对接,提升企业资金流转效率。

四 信息链

信息链在经济社会中扮演着越来越重要的角色,是有效决策的基础。信息链式的产业平台包括各类咨询公司、事务所、数据库公司以及其构成的产业集群,通过加工、处理、传播信息资源来创造价值。信息链式产业平台系统庞杂,一般通过建设信息化网络平台来促进信息流通,提高产业链的信息传递效率,从而指导整个产业链的运作,并充分调动产业各个环节的资源，提高资源的配置效率。信息链式产业平台在利用互联网信息技术构建产品与信息交互方式的同时，其信息链涉及产业平台、供应商、销售商和客户。消费者利用互联网等手段可对产业平台对生产商及其生产的产品与服务的相关信息进行查看，甚至可以利用产业平台直接与生产商和销售商进行沟通反馈。在信息量越来越大、信息链越来越长的情况下，可以引发巨大的网络效应，为产业平台带来更多的企业与消费者。供应商或生产商通过产业平台，可以实现信息的传递和交易，信息交流越频繁，信息量越大，各方对产业平台的依赖性则越大，平台也可以加速信息的交流与反馈，从而在一定程度上减少信息不对称性。例如为双边市场提供服务的百度搜索引擎，其将内容制造者、内容搜索者（即用户）与广告商相连接。百度搜索引擎通过为用户提供免费、便捷的搜索服务，并不断丰富收录内容吸引用户加入，构成了最基本的信息链平台模式，并吸引更多的广告商进入，获取更高收益。因此建立信息链式的产业平台关键是要提高产业平台中的信息量，提高平台中各方信息交流的效率，尽快引发网络效应。信息链式产业平台，同样会对平台中的资金链与物流等产生影响，使其流向更加精准，在帮助企业获取用户信息、降低库存、满足多样化需求等方面更加高效，从而使平台中的企业和消费者都从中受益。

如图5-2所示，全链式产业平台以市场和消费者为导向，以产业链为基础，横向整合同类型企业，纵向整合平台企业的上下游企业。平台参与企业借助产业平台进行产品、资金、信息等资源的交换，并辅助以销售平台将产品或服务输送到消费终端，将消费者相关信息传达到产业平台供平台上的企业使用。在此过程中，产业平台依托产业链衍生出了价值链、信息链、资金链等链条，资源自发地向价值较高的环节中集聚，提高了产业平台中资源的利用效率，降低了企业的经营成本与风险；且链式产业平台中的企业突破了原有的简单交易关系和竞争关系，将企业之间的关系提升到了战略合作的高度，从而提高了产业平台中企业的竞争力与整体发展能力，共同促进链式产业平台发展。

第三节 大数据平台

数据渗透到人类生活的方方面面，大数据即是科技发展、信息交流的产物，成为新的生产要素。当产业平台中的企业及其他用户的数量足够大

图 5-2　全链式产业平台

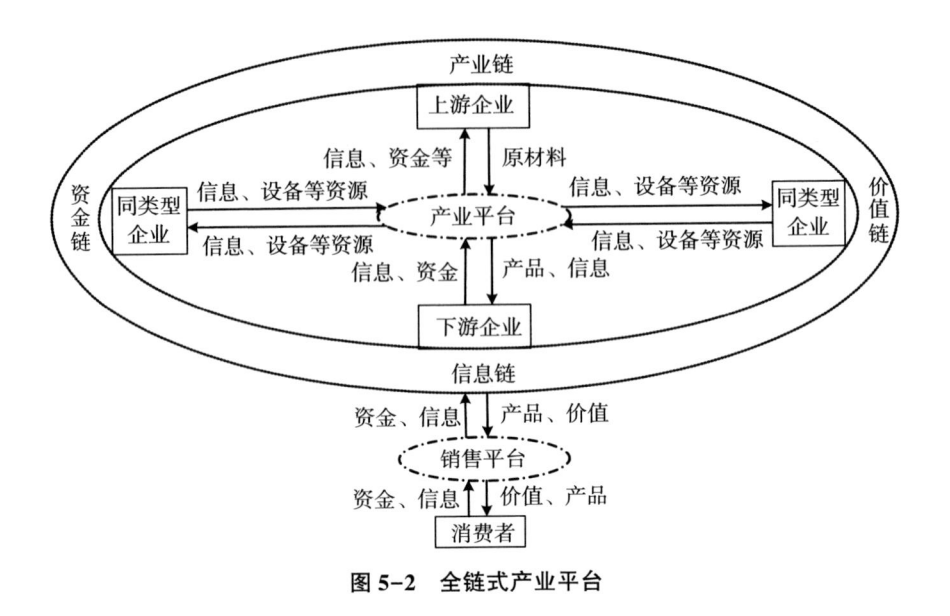

时，平台可以利用海量数据进行商业模式的创新，从而形成大数据式产业平台。大数据平台通常是以"互联网+产业"的形式出现，采用平台化运营的模式，将不同行业的、不同产业的、不同种类的数据资源进行专业化分析处理，从而实现大数据的价值。大数据平台可以汇聚大量的数据信息，并打破行业壁垒将数据信息的价值最大化，平台式发展恰好解决了由于数据流通阻塞而产生的数据孤岛问题。通过多维度的深入挖掘，大数据产业平台中数据的体量与价值都获得了质的突破。

从链式发展到大数据形式的数字经济发展，产业平台的发展进入了信息技术时代。大数据平台的产品可以是数据、信息或者知识，数据产品的关键在于对数据的采集、整理与传输，该模式主要依赖于信息技术条件；信息产品在采集数据的基础之上，将原始数据进行分析提炼，不但整合了行业中大量的信息与资讯，并配备专业的咨询团队，构成大数据服务式平台；知识产品又在信息的基础之上，与专业知识相结合，深入介入用户的企业经营与业务流程，为其提供一体化的解决方案，相比于数据和信息，知识化的产品专有性更强。例如，利用大数据平台帮助保险公司确定保险产品的赔率，甚至设计相关产品。

大数据平台主要可以分为两类，一类直接将数据变为商品进行定价销售，用户可以获得数据的使用权甚至所有权，代表性平台为中关村数海大数据交易平台,也是国内第一个启动的大数据交易平台;另一类并不交易数据的所有权,但用户可以获取数据的使用权,由于大数据的来源可以尽可能地接近消费者,使得企业获取消费者的真实需求成为可能,因此大数据平台能够对消费者进行精确的细分,并进行动态定位,从而能够为用户提供精准营销、精准投放广告、精准研发等精准服务。利用现代化信息手段对产业平台中的用户数据进行收集和处理,在对消费者进行细分的基础上,更好地帮助企业找到目标消费人群,并实时更新消费者信息,从而帮助企业为消费者提供个性化服务,与此同时减少企业的营销成本,例如美国的 Flatironhealth,其主要提供的就是大数据服务而不直接销售数据,开发了多种软件,搜集患者会诊过程中的数据资料,为医生提供参考数据,并通过云端存储完善患者的电子医疗信息,供医生调用分析。[1] 大数据式产业平台也可以通过大规模的用户数据搜集,分析消费者的习惯、喜好和需求,为达成企业推广目标,有针对性地在网站或其他载体上精准投放广告,并对广告投放的效果进行检测,随时予以调整,减少企业在宣传和市场推广上的成本,例如 RocketFuel,利用包括上网时段,地理位置等特征在内的社交、搜索记录的大数据,为用户优化网络广告,提供广告精准投放服务,建立需求方平台(DSP),提供潜在的广告位和价格,供企业选择。

随着国家和地方政府对大数据平台建设的大力推进,学术界成立了大数据委员会等相关机构,举办了大数据技术创新、大数据共享与开发等系列研讨会,2012 年,百度在线、云基地与阿里巴巴等企业共同成立了大数据产业平台,各地也都在争相建立相关产业平台,如 2015 年,贵州成立了贵阳大数据交易所,是中国首个大数据战略重点实验室和首个大数据交易所,且贵阳与贵安共同建立了国家级大数据产业发展集聚区,目前,全国大数据产业平台与园区已经超过百家。国内的互联网巨头 BAT 也同样在构建自己的大数据平台,通过已有的平台优势,不断创新商业模式、整合信息资源。[2]

---

[1] 李昌浩、徐琪:《基于平台经济的服务创新模式研究——上海"四新"产业平台经济发展的国际比较》,《上海经济研究》2014 年第 12 期。
[2] 陈立枢:《中国大数据产业发展态势及政策体系构建》,《改革与战略》2015 年第 6 期。

第四节　创新网络

创新网络式的产业平台是为产业创新或为某项技术的研究开发、集成创新提供支撑的动态开放性平台，各种资源都在这里集聚，为产业集群提供多元化、开放式的服务。创新网络式产业平台打破了企业之间传统的利益关系和经营模式，更加强调知识的溢出，强调信息、人力、文化等资源的共享与交流，从而提高企业的竞争力与环境适应能力。在创新网络式产业平台中，知识更加容易传播，且能够通过集群效应促进平台内的企业之间的竞争与合作，在对专有知识的争夺中，企业在竞争环境下也提高了自身的创新能力，创新网络式产业平台的形成也能够带来区域示范效应，更加有利于企业开展创新活动，进行协同创新。

一　以驱动力为标准的创新网络分类

创新网络的构建受到技术、政策、企业、环境等各个方面的影响，从创新网络的驱动力来看，产业平台可以分为政府推动型创新产业平台、企业支撑型创新产业平台、智力驱动型创新产业平台和官产学研协同创新产业平台。

（一）政府推动型创新产业平台

随着各个行业从劳动密集型到知识密集型的转变，产品的科技含量逐渐提高，向传统企业与产业提出了转型升级的要求。但由于企业特别是中小企业创新资源少、人力资源不足等问题，导致了其创新能力低下，急需构建创新产业平台推进科技创新创业。另外，由于科技资源在市场配置中可能存在失灵的现象，建设具有共享性、开放性的创新平台，协调产业平台中各主体的利益关系，是政府的职责之一，因此需要由政府推动创新产业平台的建设，在产业研发创新的初始阶段，政府对社会资本进行引导，推动某一区域或产业的科技创新发展。

政府推动型创新产业平台是政府为某一区域的产业创新能力提升而构建的创新集成系统，不仅以产业集群中的某项核心技术的原始创新、集成创新提供支撑，同样也为该领域或该产业相关的技术创新提供多元化服务。已有研究表明，政府在创新网络产业平台的发展初期，通过制定宏观政策、建设公共创新基础设施、举办交流会、论坛等引进相关中介机构等方式，营造有利于创新的外部环境，可以有效缓解区域内创新资源短缺等问题；政府推动的创新型产业平台能有效促进跨部门跨产业的交流，信息数据、基础设施、文献资料等科技资源进行共享，对于其他形式的创新平台建设也同样具有明显的推动作用。

（二）企业支撑型创新产业平台

政府推动型的创新产业平台是以提供并合理配置公共科技资源为主，但对于科技创新资源中企业私有的部分，则需要以企业为驱动力，建设创新产业平台。企业支撑型科技创新平台可以有效减少对科技资源的浪费，不但可以对科技设备仪器等硬性资源进行共享，对知识、专利、信息等软性资源的传播同样有利。为了满足用户多样化的需求，企业往往会开放平台技术接口，鼓励外部创新组织，如其他企业、高校、科研院所等，基于企业的创新平台共同为用户提供产品或服务的解决方案，充分利用现有的技术优势形成产业支撑新环境，促进创新资源的集成。企业支撑型创新产业平台一般由产业中龙头企业单独建立或骨干企业合资建立，企业是技术创新的主体，是创新产业平台的主要推进者和驱动力。首先获得创新收益的企业会吸引其他企业共同参与创新，促进企业间知识、信息流通与协同创新，不断获取新的创新成果，在此过程中产业平台的规模会逐渐扩大，最终形成创新网络。企业支撑型创新产业平台是以网络技术为基础，以为企业创造最大化利益为目的的创新型平台，建设企业支撑型创新产业平台不但可以降低企业研发成本、共担企业创新风险，还可以降低企业的生产周期。

（三）智力驱动型创新产业平台

智力驱动型的创新网络产业平台以高校、科研院所、职工院校以及其他研究机构为主要组成部分和驱动力，吸引了大量的科技创新人才，不但为创新产业平台带来了创新、知识和技术，更加促进了知识与产业的结合，推进了研发成果向产品的转化。智力驱动的创新型产业平台旨在汇聚尖端科教资源、人才与科研成果，通过大学、科研机构与企业的互动，将智力资源转化为生产力，并通过定向培养、引导企业建设创新创业基地、为毕业生提供就业指导等方式留住人才，强化源头创新力。例如，武汉东湖新技术产业开发区、北部科研院所与大专院校群是其科技与产业发展的重要依托，拥有武汉大学、华中科技大学、中南财经政法大学、中国地质大学等 58 所高等院校，100 万名在校大学生，以及中科院武汉分院、武汉邮电科学院等71个国家级科研院所，共同推进了关东电子产业园，关南生物医药产业园等高新技术产业园区的创新发展，是大众创业万众创新示范基地。①

（四）官产学研协同创新产业平台

官产学研合作创新产业平台是政府、企业、高校与科研机构以资源共享、优势互补为前提，以共同利益为基础，以实现产业创新发展为目的，共同协作进行技术研发，共同建立协同创新平台的科技创新模式，针对企业中技术研发的薄弱环节，整合政策、中介服务机构、高校等相关资源建设的创新组织系统。在官产学研协同创新产业平台中，政府承担着动态监督的功能，为企业、高校、研发机构搭建支撑体系，并予以政策上的支持与指导；企业为院校提供知识成果转化场所，并整合各项创新资源促进自身竞争力的提升与社会经济的发展；院校以人力优势及知识优势为企业输送人才，推进高校知识产权成果转化；科研院所以技术优势对产业中的数据及资源进行分析调整，为促进产业发展提供决策依据。在官产学研协同创新平台中，对于政府的监控能力、企业的自主创新能力、高校及科研机构的研发能力以及其他创新资源，都有着较高的要求，官产学研四方相互协作，共同形成创新网络，推进产业的创新发展。

二 以创新内容为标准的创新网络分类

从创新网络的创新内容来看，产业平台可以分为科教创新产业平台、公共技术创新产业平台和服务创新产业平台。

（一）科教创新平台

科教创新平台以学校教育为主，是指在一定区域内围绕某一特定产业的共性技术进行研究与开发的组织所共同建立的产业集群内科技教育机构，包括高等教育、职业教育以及职业技术培训、中短期技术教育等。科教创新平台以高校、科研院所和企业研发中心为主体，聚集进行知识创新与技术研发相关的教育活动，为技术创新提供支撑，促进技术创新成果产业化。例如万达在2011年成立的万达学院，以及其他公司成立的下属学院和教育机构，为企业提供技术研究和教育培训服务。科教创新型平台有

---

① 明铭：《区域创新体系中的大学行为研究》，博士学位论文，华中科技大学，2012年，第107页。

利于塑造创新型、共享型和知识密集型的创新氛围，将孕育一系列科技产业集群，培养大量中小型科技创新企业和创新创业人才。

(二) 公共技术创新平台

公共技术创新平台是指为产业中相关技术研发所服务的平台，其聚集相关创新资源，以企业发展需求为核心，以支撑行业自主创新与科技进步为目的，结合不同产业特点，为其提供资金、设备、技术等扶持，提供融资服务、人员培训、管理咨询、研究开发等一系列服务，提供分析、测评、研发、推广等公共技术的支持，弥补单个企业研发资源与能力不足等问题，推动企业的研发活动，降低其研发成本与研发风险。特别是针对中小微型企业，公共技术创新平台可以帮助其更快地获取新技术。公共技术创新平台一般是由政府引导，企业、高效、中介等机构共同投入建立，有利于提升企业的自主创新能力，促进高新技术产业发展。欧洲创新驿站是代表性公共技术创新平台，平台获得了600余家商业机构支持，可为48个国家的中小微型企业提供技术创新、技术评估、技术观测等一站式、专业化服务。

(三) 服务创新平台

随着生活水平的不断提高，人们对于交通、医疗、教育等服务的需求也逐渐扩大，服务创新平台以为平台用户提供创新服务为主要业务，一般涉及产业平台的跨界融合，例如医疗服务于互联网行业的跨界融合。国外的电子信息技术（ICT）与医疗健康行业的融合较早，形成了众多比较规范的产业平台。日本的欧姆龙（MedicalLINK）的主要业务是自动化控制及电子设备制造，利用其传感与控制方面的技术优势，将产业链延伸到提供健康信息管理服务，面向的是独居老人，对其健康进行实时管理，并建立佐渡向日葵网络，方便查询电子病历。金融产业的创新服务平台，如美国的Kickstarter，主要利用互联网众筹资金完成项目，该平台主要可以对上线的项目进行筛选，以确保项目质量，并为用户提供相对成熟的筹资方案，利用其独特的"All or Nothing"机制，实现了服务创新平台的良性循环。公共服务产业与互联网产业的融合是提升服务质量，为平台用户带来便利的必经之路。

第五节　企业联盟

随着外部竞争的日益激烈，企业依靠自身能力适应外部环境变化的难度加大，因此企业特别是中小企业通常会采用构建企业联盟的方式来获得"双赢"或者"多赢"。企业联盟主要分为两种：一种是企业为了快速响应市场变化，满足市场需求而组建的临时性动态联盟，其面对的是单个的任务或工程，组成临时联盟的企业可以合理配置联盟中的技术、人力、设备等资源，在保留企业自身的核心能力的前提下，将自身无法高效完成的任务外包给其他企业，从而使企业的生产能力在短期内获得迅速提升，当目标或任务完成时则解散该临时性联盟；另一种企业联盟中企业所拥有的资源要素之间具有互补性，企业之间所维持的是长期的、松散的关系，满足的是企业长期发展的需求，联盟中的企业保持着自身经营的独立性，当企业之间产生合作时，则会产生企业独立经营不具备的新价值。

企业联盟式的产业平台主要是指第二种联盟，其以帮助联盟中企业获取持续竞争能力为主要目标，在该形式的产业平台中，一部分企业共同构建了产业平台，是企业联盟的核心与基础，这一部分企业的产品特征和市场较为相似，有较大重合的部分；另一部分企业是平台经营的参与者，主要为企业联盟中的核心企业提供辅助性的服务，如金融机构、咨询公司等。企业联盟式的产业平台是一个开放性组织，产业平台之间的企业具有业务往来和统一的行为规则。具有不同功能的产业平台的有机结合构成了产业平台体系，相比于产业平台，产业平台体系具有更加强大的生产研发、产品销售、售后服务等功能。产业平台体系的运行是由多个产业平台的运行来完成的，产业平台中的企业都可以借助平台来完成各自的业务。企业联盟式产业平台中企业之间的竞争集中在专有知识之间的竞争，主要表现为不同企业对产品和服务的设计及制造的专有知识掌握程度不同，且对产品的个性化需求理解也不尽相同，因此呈现出差异化的产品设计与构建。企业联盟式的产业平台体系功能完善，可以实现产业内所有产品的全部生产及运营流程，并且可以满足大量的个性化需求。

企业联盟式产业平台间企业是竞争合作关系，其合作范围包括设备、仓储、知识、技术等各个方面的共享，企业之间达成相关协议，共享资源对其进行合理配置。以物流行业为例，1号店将冷链部分与沃尔玛的部分自有品牌达成协议，低于线下3—5个百分点，在仓储管理方面，与沃尔玛的部分仓储以及第三方城际运输资源进行共享，而由自己解决"最后一公里"问题。以及由多家快递公司共同组成菜鸟驿站也是典型的企业联盟式产业平台，该平台中的企业具有高度的自组织能力，从某种意义上来说，菜鸟网络就是多个物流企业构建的物流联盟，各个物流企业之间借助淘宝平台构建了竞争合作的关系，并衍生出新的功能与服务，这些是单一的物流企业难以企及的。在菜鸟网络中，各个企业之间又具有高度的自主性与可拓展性，使得该平台具有了更好的协调能力与持续发展能力。

企业联盟式产业平台的核心企业在地理位置上通常相对分散，因此处于联盟中的企业之间的相互协作必然需要网络技术、数据库技术、虚拟企业管理等相关技术方法的支持，通过构建网络平台来完成联盟企业之间的交流以及企业各自的业务。企业联盟式产业平台可以分为线上和线下两个部分，线下部分联盟进行独立经营，其业务可以独立完成，也可以通过和其他企业组成临时动态联盟的形式完成。线上的部分则以网络平台或企业联盟门户网站的形式体现，联盟中的企业构成虚拟企业，客户可以通过网络平台或者门户网站与联盟中的企业进行交流，企业通过平台进行报价，并与客户协商。当订单形成时，虚拟企业则可以通过相关的订单管理小组，根据用户需求合理和企业的资源优势选择相关企业，实施协同研发、协同生产、协同制造等工作，在业务进行过程中，客户可以随时通过门户网站对业务流程进行查看，并及时进行反馈。联盟中的企业、客户、合作者都可以通过该网络平台获得紧密的联系。

综上所述，企业联盟式的产业平台中的企业线下的业务部分由企业单独完成或建立临时松散的联盟完成，线上的业务部分则依托网络平台或门户网站，通过平台项目管理组对订单产品的各个环节业务进行分配，从而满足客户的个性化需求，实现产业平台中资源的最优化配置。企业联盟式的产业平台中企业以自主经营为主，通过与平台中企业的竞争合作关系，不断提高企业自身竞争力，具体如图5-3所示。

第六节　交易式平台

交易式产业平台是以双边交易为基础的，但产业平台的规划不仅仅是为产品供应商和消费者之间搭建平台，往往需要多方的参与来完善整个产业平台的功能并提供支持促进产业平台的运营，包括政府、生产商、消费者、销售商和服务商等。在产业平台发展的过程中，如遇到产品供应不足或购买力不足的情况，政府可以通过优化资源配置、调整相关政策对产业平台进行协调；生产商主要为消费者提供产品或服务，其规模受到产业平

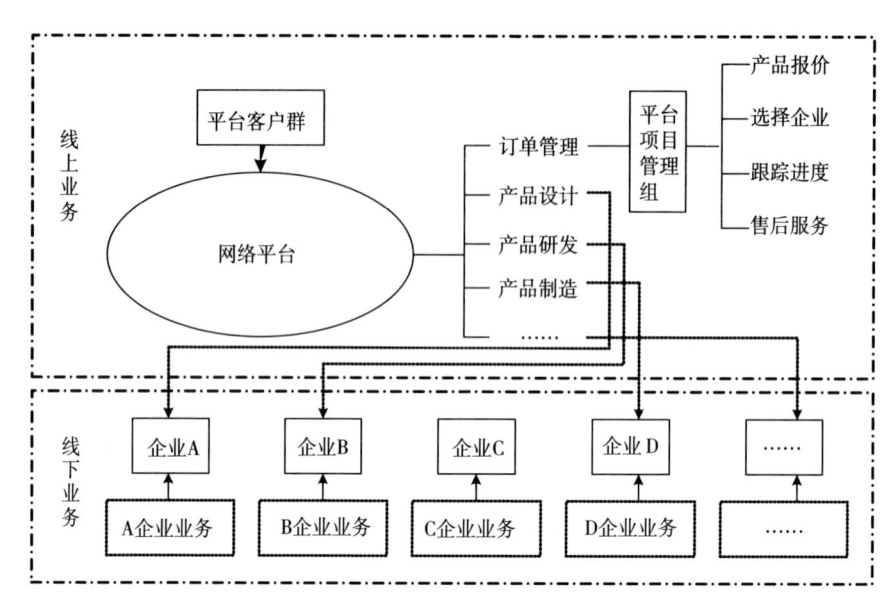

图 5-3 企业联盟式产业平台

台规模的影响；服务商也扮演着重要的角色参与到产业平台运作的过程中来，例如金融服务商为产业平台中的企业提供投融资、储蓄、信贷等服务，保证产业平台中资金的顺利流转，行业监督对产业平台中的产品进行检测，保证产品质量。交易式产业平台是其他公司为平台用户提供产品或服务的基础，是商业生态系统的基石，交易式平台以促进双边交易为核心目标，也是产业平台最基础的形式之一。

　　交易式平台可以是实体的交易场所，如苏宁电器、各类商场等，也可以是虚拟的交易空间，如阿里巴巴等电子购物平台。交易式平台有效连接了卖方与买方，具有为各方提供跨行业、跨区域服务的优势，是企业拓展销售渠道的重要选择之一；其对于提升城市的市场功能，促进产业升级也同样具有无法取代的作用。随着网络的迅速发展，渗入到我们生活的方方面面，交易式平台在电子商务领域中的优势更加明显。特别是对中小微型企业而言，我国大部分企业还处于信息化建设的初级阶段，难以独立构建网络交易平台，因此依托第三方交易平台是企业开展电子商务的关键。网络交易平台为买方和卖方搭建了一个面向全球的市场和大量的客户全体，包含有 B2B、B2C、C2C 等各类模式，其面对的客户、产品类别、交易额也各不相同。B2B 式第三方交易平台的供需双方都是商家，依托互联网技术与商务网络平台完成交易过程，第三方平台将供应商与采购方汇聚到一起，并在平台上展示商家和产品的相关信息，交易额较大，代表性平台为易订货；B2C 式第三方交易平台是连接商家与消费者的平台，其客户群体是较为注重产品品质的消费者，一般通过收取佣金、推出广告等方式为商户提供服务，代表性平台为天猫商城；C2C 式第三方交易平台的买方与买方都是个人，平台用户为追求个性化与低价的消费者，平台一般采用的是免费模式，代表平台为淘宝。

交易式产业平台同样具有多方面的功能，例如苹果的 APP Store 不但为软件开发商提供了一个应用程序的交易平台，同时也能反向为软件开发商提供相关的用户信息帮助其改善原有软件产品，促进其研发创新，并且通过平台服务为应用程序开发商降低营销成本，该产业平台为多方提供价值服务，并且突破了产业之间的界限，实现了产业之间的融合和实体与虚拟平台的融合。建立了以苹果公司为基石，用户、应用开发商互动的商业生态系统。对于供应商或者软件开发商，该产业平台利用技术、契约、知识产权等，控制渠道，为其提供内容界面和销售平台，对于消费者，通过线上、实体店、销售平台等出售智能手机，供给端和需求端通过 IOS 操作系统这一产业平台构建了一个半开放的商业系统，其中 APP Store 是作为 IOS 系统这一产业平台的应用软件销售平台出现的。

交易式产业平台是以双边交易为基础的，但也关乎整个产业生态圈，甚至跨产业生态系统的总体构建。初级的产业平台形式是双边市场，其价值体现主要是降低了产业平台中企业的交易成本。在积累了一定的用户资源之后，产业平台的功能也逐渐多元化，通过向供应商提供用户信息分析等服务，或者向用户提供搜索、推荐、售后等服务，从而吸引更多的供应商与用户参与。但此阶段的产业平台功能仍然局限在某一个产业内。在产业平台发展的高级阶段，开始进行跨产业融合，不仅仅使产品和服务种类更加丰富，技术含量更高，并且此阶段的产业平台不仅逐渐主动改造自身产业平台结构，同时对于辅助产业平台运营的其他企业的转型升级也同样具有促进意义，如物流产业对于网购平台、网购产业的发展引发了物流行业的发展，促进了物流相关产业平台的构建。

第七节　产业园区

产业园区是国家或地方政府为达到某一区域或某一产业的发展目标而

建立的空间环境与区域环境，是区域经济发展的重要空间聚集形式，从产业园区的类型上看，分为高新技术开发区、文化创业产业园、科技产业园、工业区、物流产业园等。产业园区包括不同类型的有机群体相配套的产业发展体系，通过聚集政府、企业、高校等各方资源，并运用信息网络技术，实现线上和线下的资源互享，可以有效解决初级形态的产业聚集所引发的相关问题，有效推进产业的聚集区域功能、形式、类型的整体演化发展，并能够通过共享资源、提升凝聚力带动关联产业的发展。产业园区中的企业在业务上相互联系，在地理位置上相对集中，包含供应商、科研机构、中介机构、与客户等各个主体的网络结构。产业园区将各个企业的价值创造活动集中在一起从而形成明显的区域优势。区域聚集效应良好、土地利用率高、产业带动作用明显的优质产业园区对于区域经济的发展具有明显的推动作用。

园区式产业平台由平台、政府、企业、人才、资金、市场等要素组成，包括线上与线下的部分，线上的产业平台可以将产品或服务延伸到任何网络涉及的地方，线下可以构建以建筑、设施等为载体的空间园区，如杭州湖创意谷。园区式的产业平台主体包括政府、高校、企业、行业协会以及其他相关机构等，国内的产业园区一般由政府主导建立，能够使产业园享受各种政策帮扶，但政府过度干预又会导致市场竞争机制无法有效发挥作用，市场资源难以有效配置，产业园区对政府的过度依赖反而使其无法健康发展。因此，政府对园区的合理干预、市场对产业的正确引领，以及形式丰富的投融资模式、高效的管理模式与运营模式相结合，才是产业园区实现独立自主、逐步成长的关键。另外，产业园区能否实现快速发展同样取决于园区内各个企业之间的竞合关系，只有当企业之间既保持自身的核心竞争力，又彼此协作互动，才能使企业在竞争合作的环境下持续保持创新动力，真正发挥产业园区的聚集效应。

产业园区是产业发展的重要载体，根据产业发展与产业园区发展之间的先后关系，可以将园区式产业平台分为两类：一类为特色产园区，指某一特色区域特色发展到一定阶段而形成的产业聚集区域，聚集化产业发展是产业发展到一定阶段的组织形态和空间形式，但初级形态的产业聚集发展存在相互分散和恶性竞争的现象，因此政府通常会将聚集区域中的企业进行整合、统一管理，并提供配套设施与服务，形成产业园区，该类型的产业园区定位较为明确，产业平台中的企业也以从事该区域中的主导产业为主，以配套服务企业为辅，如科技园区、文化创意园区、生态农业园区、科技园区、软件园区等；另一类为产业开发区式园区，该类型园区同样由政府主导建立，首先选取较大面积的土地，建立工厂、建筑物、公共娱乐等基础设施，再以相关政策吸引企业和相关人才入驻，也就是通常所说的"筑巢引凤"，产业开发式产业园区是先建立产业园，后发展产业的模式。

从产业园区的发展历程来看，在产业园区的发展初期，需以市场导向、政府推动、区域产业特色为依托来进行产业园区的构建；随着产业园区的发展，园区中的企业对产业园区的配套设施以及功能也有了进一步的要求，因此引进咨询公司、金融机构、科研院所等相关机构为企业提供资金、技术、人才等资源也是推动产业园区发展的关键；当产业园区的市场范围逐步扩大，必然面临着来自全国甚至全球的竞争压力，培养一批具有国际竞争力，吸引来自世界各地的一流人才是产业园区走向成熟与国际化的重要保障。

第八节　各形式产业平台比较分析

对于以上产业平台形式，其运营导向、平台主体、物理基础及特征等各不相同，具体比较如表5-1所示：

表5-1　　　　　　　　各形式产业平台比较分析

产业平台形式	运营导向	平台构建者	平台服务对象	平台参与者	平台物理基础及特征
公共服务平台	营造良好的创业氛围，鼓励大众创业；为中小企业或创业企业发展提供支持，促进其创业成功率	政府	中小企业、创业企业	金融机构、创业导师、中介机构、会计师事务所、律师事务所等	以孵化器、创中心、各类服务中心等为基础
全链式产业平台	以产业中的核心企业为主体，将产业进行纵向与横向延伸，形成以产业链为基础，价值链、资金链、信息链相结合的全链式平台	产业链中核心企业	产业链核心企业，核心企业的上下游企业以及横向的同类型企业	产业链核心企业的上下游企业以及横向的同类型企业	以信息平台、研发中心、技术平台等为基础，进行产业链上各个企业之间的合作

续表

产业平台形式	运营导向	平台构建者	平台服务对象	平台参与者	平台物理基础及特征
大数据平台	对产业平台中的海量用户数据进行搜集、处理、分析，从而为企业提供精准研发、精准营销、精准广告等精准服务	体量较大或积累了海量数据的公司、政府	目前主要为大型企业、事业单位、政府等	能提供数据的所有消费者与企业	利用分布式计算机平台、数据存储设备、数据分析设备等进行数据处理
创新网络	强调文化、技术、信息的共享与传播，强调知识的溢出，从科技教育、技术、服务等各个方面提高平台中企业的自主创新能力	政府、科研机构或企业	企业、高校以及科研院所	政府、企业、高校以及科研院所	以各类研发中心、高新技术产业园、科技教育机构等为基础，促进创新网络中各主体的各类创新活动
企业联盟	提高联盟中企业的持续发展能力与综合竞争力	产品特征和市场相似的企业集群	联盟中核心企业	为了联盟核心企业提供辅助性服务的其他企业或机构	以研发、生产、物流等基础性场所和设备等为合作基础，企业联盟中的企业所处的地理位置通常较为分散
交易式平台	以消费者为导向，为产业平台中的企业和消费者搭建双边交易的渠道，并不断丰富服务内容，甚至促进关联产业的发展	除买方与卖方之外的第三方企业	供应商、消费者	生产商、消费者、销售商和服务商	以供应商和消费者的交易场所为基础，包括实体交易场所和线上交易场所，平台通常不参与企业的生产经营活动
产业园区	某一行业在区域上自发形成产业聚集的形式，或政府为达成某一产业或某一区域的发展目标，引导建立特色产业园区，再引进企业	政府	产业园区中的企业	供应商、科研机构、中介机构与客户	工厂、建筑物、公共娱乐等基础设施，园区中企业之间在地理位置上相对集中，强调聚集的空间结构

第六章 制度导向与产业平台构建

第一节 制度导向与产业平台构建的内在逻辑

产业平台作为调整产业结构和转变经济发展方式的重要组织模式，正发挥着越来越显著的作用，这种作用的合理发挥需要有完备的政策制度作为支撑，在国家各部委以及地方政府的努力下，产业平台构建的制度目前已经粗具规模，如图6-1所示。通过推行产业平台供应链金融制度、税收制度、财政补贴制度、产业基金制度等金融制度满足平台构建的资金需求，丰富融资渠道和融资结构，健全人力资本制度，强化产业平台人才队伍。在借鉴国内外经验的基础上，建立科技创新有关制度，促进区域创新，提高产业平台创新能力，丰富公共服务制度，改善产业平台运营环境。健全产业平台产权制度，包括有形资产产权、知识产权、人力资本产权，从而有效激励产业平台参与主体。

一 产业平台制度构成

(一) 金融制度

随着全球化和信息化的快速发展，产业平台的发展空间不断增大，但面临的风险性也随之增加。然而，因为社会资本的融资能力、空间与范围相对有限，国家的金融制度支持仍然是目前产业平台构建和进一步发展的重要融资保障。具体包括：

1. 供应链金融制度

产业平台的各个企业之间交易、资源与资金往来频繁，在这个过程中形成各供应链，而供应链金融作为一种金融创新业务，近年来在产业平台领域应用广泛。供应链金融围绕信用等级较高的核心企业，对整个平台的

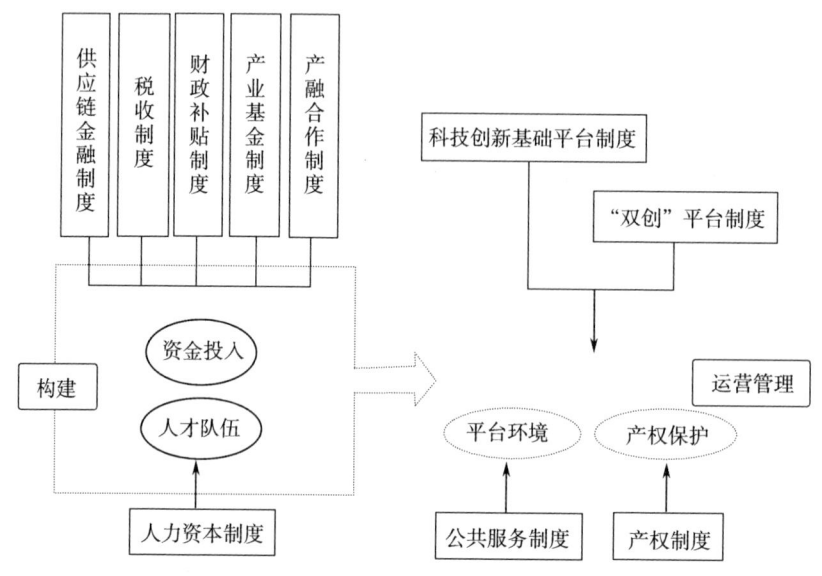

图 6-1　产业平台构建的制度导向

供应链资产进行优化设计，依托信息化将资金有效注入产业平台供应链上的相关企业，从而提供全方位的供应链金融服务，如图 6-2 所示。为了促进各产业平台和企业拓展平台空间、增强竞争力，政府积极完善供应链金融的相关制度、发展供应链金融业务，鼓励符合国家产业平台政策、具备一定资金管理经验的的企业成为供应链金融的提供方。针对我国目前供应链金融业务信息透明化低、整体效率差的现状，我国政府应加大对透明高效的信息平台构建的支持力度，实现产业平台与银行、物流公司等机构之间的信息共享。

2. 税收制度

为减轻各产业平台的税收压力，国家财政部对符合条件的科技园和科技企业孵化器实行税收优惠政策，如表 6-1 所示，免税的部分包括房产税、营业税、土地使用税以及所得税各个方面，大大降低了产业平台的构建成本和运营风险，充分发挥了税收优惠对产业平台构建和运营的带动和扶持作用。同时，政府通过税收优惠制度对产业平台及企业应得的利益进行补偿，增加企业的私人收益，减少因资源和技术共享所带来的企业收益与社会收益之间的差距，从而鼓励各企业及用户积极参与产业平台构建，实现产业聚合发展。税收优惠制度对于产业平台而言是全方位的，既注重

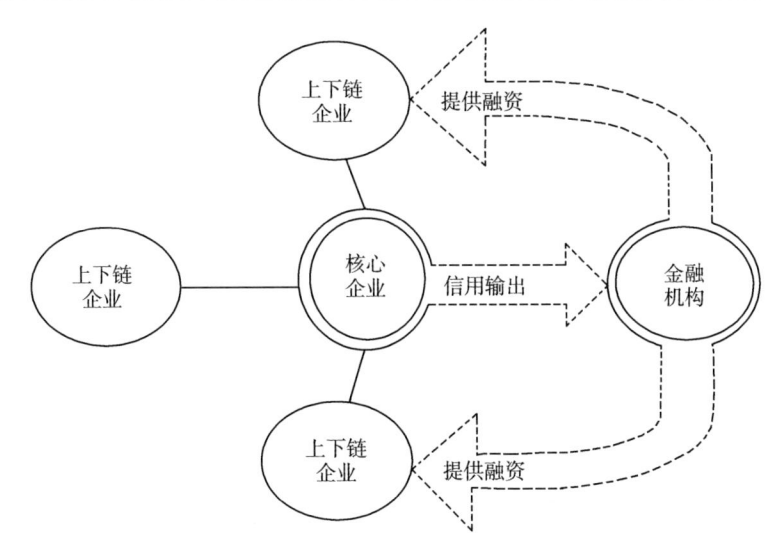

图 6-2　产业平台供应链金融

扶持现有产业平台聚集的企业，也注重吸引潜在的平台补足品或服务提供商及用户，有效提升产业平台在市场上的竞争力，同时也调动了平台技术人员研发与创新的积极性和创造性。

税收优惠制度既具有普惠性和特惠性，也具有较强的针对性。对于普通企业和产业平台实行的是普惠性的支持，对于国家实验室、大学科技园、工业技术研究院等高新技术集聚的产业平台实行的是具有一定特殊政策倾斜的特惠性制度。这种将普惠性和特惠性相结合的税收优惠制度，有助于落实和完善差别化扶持政策，突出产业平台模式的结构差异，从而更有针对性地实行税收扶持。

表 6-1　　　　　　　产业平台税收优惠政策执行情况

	2010 年	2011 年	2012 年
免税总额（万元）	8326	9327	11461
其中：营业税占比	27.6%	33.4%	38.9%
房产税产比	36.6%	40.6%	41.2%
土地使用税占比	14.5%	12.1%	10.7%
所得税占比	2.7%	3.5%	4.8%
应纳税总额	21786	25605	32381
其中：营业税占比	23%	24.55%	32.5%
房产税占比	26.6%	27.9%	29.8%

续表

	2010 年	2011 年	2012 年
土地使用税占比	7.1%	8.4%	7.9%
所得税占比	22.4%	18.3%	18.7%
税收减免率	38.2%	36.4%	35.4%

3. 财政补贴制度

在近几年产业平台的发展过程中，可以发现我国各部委颁布的相关财政制度在产业平台发展中发挥了主导作用，其中最主要的财政扶持政策是对产业平台构建成本和运营成本进行财政补贴，特别是各地方产业平台构建启动中的企业配套部分。政府通过对经过认定的产业平台进行可量化的绩效考核，即根据产业平台的服务效果来进行相应的补助。在实际情况中，地方政府会将各产业平台和企业所缴纳的税收按一定比例返还，以产业平台所造成的新增就业或税源作为服务和运营效果的考核指标，从而作为对产业平台构建和运营成本的补贴。这种财政补贴制度一方面能在一定程度上为产业平台的构建和运营提供融资支持，降低运营风险，增加盈利的途径；另一方面也激励各产业平台改善运营效果，提高资金利用和管理能力。

4. 产业基金制度

为了进一步加速产业平台融合，促进技术升级和协同创新，科技部及相关部门加快完善和落实对科技重大专项、创新孵化平台、融合业态专利池等产业平台的相关基金建设的政策制度。包括整合社会资本、各地方产业投资基金以及企业创新投资基金，设立产业平台子基金对平台技术开发、公共平台建设以及重大合作项目等进行投资等，从而催生和促进产业平台中的新业态。产业基金制度在一定程度上丰富了产业平台的融资来源和融资结构，实现了产业平台风险和收益的合理匹配。

5. 产融合作制度

为进一步推动产业平台信息资源共享共用，提高平台风险防控能力，工业和信息化部以及中国银行业监督管理委员会等部委建立健全产融信息对接工作机制，引导产业平台和金融协调发展。包括建立重点企业和重点项目融资信息对接清单，对符合信贷条件的重点企业和重点项目给予资金支持，以及充分依托各地工业和信息化系统建立产融信息对接平台，推动信息资源互联互通、共享共用，并积极推动提升产融信息平台企业的资源利用和管理水平，进一步提高产业平台企业的风险防控能力。

(二) 人力资本制度

与传统产业发展模式相比，产业平台更加依赖于知识与技术，而其中高端化、复合型的技术人才是现今产业平台发展的首要资源和智力支撑。然而在我国的产业平台人才培养与管理中，存在着专业技术人才短缺、基层平台人才质量不高、产业平台人才开发效率低等一系列问题。为更好地建立健全产业平台人才开发与管理机制，我国各部委陆续颁布产业平台人才与人力资本制度，依托专业科技研发人员的技术更新工程、企业管理人才素质提升工程等国家人才培养计划，加快高端化、复合型产业平台人才的培养和引进。特别是，我国政府在加大国际高端人才的引进力度，拓宽人才引进渠道等方面，做出了大量的工作并取得了显著的成绩。针对短缺的专业技术人才，鼓励企业与国家实验室、大学科技园以及科研院所等研究机构联系合作，建设产业平台专业技术人才培训基地，定期开展有针对性的人才培训。

(三) 创新科技制度

1. 科技创新基础平台制度

为了发挥科技创新在产业平台发展中的引领作用，实现科技资源的有效配置和共享，我国在借鉴国内外经验的基础上，建立健全科技创新基础平台建设的相关政策与制度，致力于打造学科交叉、综合集成的科技创新基础平台，进一步健全国家研究实验基地、大型科学工程、自然科技资源服务平台以及科学数据与信息平台等的开放共享制度，组织科技创新基础平台面向大众创新、万众创业开展有针对性的高水平服务，同时政府还建立有效的共享制度和机制保证科技创新基础平台的建设和运行。

2. "双创"平台制度

推动政府和企业共同构建"双创"服务体系，促进技术资源合作、资金众筹、众创研发等产业平台组织模式创新，充分利用国家实验室、大学科技园、高新技术开发区以及科技企业孵化器的技术条件和人才，推动构建基于产业平台的研发、管理与生产，构建开放式、广覆盖的创客空间、创新工场、开源社区等新型孵化模式，同时鼓励大企业面向社会和中小企业开放创新创业平台资源，健全行业交流、行业标准制定和水平认证，不断丰富人才培训、产业融资、技术研发等"双创"平台服务。资金方面鼓励"双创"平台与各类投资基金合作，从而为"双创"提供融资支持；技术上通过制度鼓励推动技术研发服务的在线化和平台化，加强官、产、学、研合作，打造技术创新网络，为平台用户提供更完善的技术与研发服务，促进科技成果的转化。

(四) 公共服务制度

1. 服务外包产业平台制度

改善服务外包产业发展环境，积极拓展服务外包行业领域，进一步扩大与国际平台的服务外包合作，积极搭建具有国际先进水平的大数据、云计算、电子商务等服务外包产业平台，构建多元化产业平台新格局，不断提升产业竞争力。鼓励平台企业与实验室、科技园以及研究机构交流合作，加强服务外包产业平台的商业模式和管理模式的创新，积极开展服务外包研发、人才培训等服务。完善现有的财政资金政策，加大对国内服务外包产业平台的资金支持，引导社会资金的投入。

2. 公共服务产业平台制度

建设创新开放共享、专业高效的公共服务平台，进一步健全行业交流、水平认证、技术研发等产业平台服务功能，有效整合和优化配置产业平台服务资源，完善平台服务功能，提升服务能力。通过建设公共服务平台，健全产业平台中介服务体系，从而加快研发成果的转化及产业化完善平台服务功能，吸引更多的优秀创新成果和高层次人才。通过"服务科技创新、助推产业发展"，促进产业平台从"资源集聚共享平台"向"创新支撑服务平台"转型升级。

二 制度对产业平台构建的导向作用

21世纪是知识经济时代，政府制度对产业平台构建的激励有利于将商业、科技成果进一步转化成现实生产力，无论对产业发展还是社会进步而言都具有极大的技术和经济价值。与一般产业制度不同，产业平台相关制度是产业平台发展的内生变量，产业平台的构建和发展需要政府动态的推进和管理，增强产业平台之间的竞争优势。特别是新兴的产业平台在最初构建时，由于各平台企业目标不一、用户需求不一等原因，组织成员之间必然会产生一定的冲突和矛盾，从而影响产业平台的进一步发展和运营，这就需要政府通过相应的制度措施来加以调和与引导，促进新兴产业平台的良性发展。同时，从根本上来说大部分的产业平台还是一个以营利为目的的组织，政府应当给予一定的扶持。

(一) 促进区域创新

1. 构建产业平台创新网络

产业平台作为一种当代产业合作的现代组织，其实本身就是一种制度创新。在产业平台构建和运营过程中随着资源的共享共用、协同创新会不断衍生出各类联系从而形成创新网络。政府通过相关制度激励充分调动产业平台企业和用户的积极性，增强企业和用户对于产业平台创新与发展的适应性，支持区域产业平台之间、产业平台的企业和用户之间在资源共享、创新互动中逐渐形成完整开放的产业平台创新网络。随着市场竞争日益激烈，这种新型的创新网络也是产业平台实现竞争优势的关键。

2. 催生产业平台创新动力

政府的部分约束性制度会增加产业平台竞争环境的激烈程度，从而给予一定的制度和市场压力，迫使各产业平台不断进行技术与管理创新，降低平台成本，提高产业平台运营管理能力，避免被制度环境所淘汰。大部分的产业平台都是以营利为根本目的，政府的分配与金融制度能够有效实现产业平台风险与收益的合理匹配。此外，产业平台是以知识和技术为基础的一种产业合作的组织模式，政府制度在保护产业平台各企业知识产权和技术专利的基础上能够有效激发平台参与者的创新积极性，从而催生产业平台创新动力。

3. 提升产业平台创新能力

政府制度对于产业平台创新能力提高方面的导向作用主要体现在以下三个方面：第一，产业平台创新的前提在于平台上共享资源的获取，这其中包括研发技术、运营资金以及信息网络等，政府通过推行相关金融投资制度、创新科技制度以及公共服务平台制度等促进产业平台创新资源的共享共用；第二，在产业平台构建初期，产业平台内的创新制度、融资制度以及市场制度等都不够完善，而政府的相关保障制度能够有效化解由于制度不完善引起的冲突，从而为产业平台创新能力的提高与发展免除后顾之忧；第三，产业平台的相关人力资本制度促进平台定期开展人才培训，提高人才的技术创新能力、管理创新能力，培养竞争意识和创新思维。

(二) 改善产业平台环境

1. 创建产业平台科技创新孵育体系

通过制度引导建立健全产业平台科技创新孵育体系一直是我国推动产业平台生态系统化的重要政策举措。产业平台科技创新孵育体系的创建促进了平台企业、科研机构以及信息网络的进一步融合，各平台企业获得了更加便利的资源获取途径、资本支持以及发展培育条件。同时为诸如国家实验室、大学科技园以及工业技术研究院的科研孵化机构提供了必要的制度支持和市场化服务，推动了科研成果的转化以及科技产业化的发展，同时信息网络为产业平台的构建以及科技的产业化发展及时提供信息服务。具体来讲，包括线上融资、线上交易、线上技术交流等服务。总而言之产业平台科技创新孵育体系的创建有效实现了官、产、学、研在产业平台上的协同创新。

2. 集聚产业平台资源

产业平台是促进企业间共同成长、共同发展的基础和媒介，当某一行业的企业进入产业平台后，在为企业或用户提供综合性产品或服务的同时，也会促进产业平台吸引更多的专业技术人才、资金、信息等丰富资源进入。产业平台构建与运营的领域宽度、成本与收益在很大程度上都是由产业平台的具体环境所决定的，政府通过各项财政税收、人力资本、创新科技等激励制度进一步改善产业平台环境，从而鼓励更多的企业参与构建产业平台。

（三）维护产业平台产权

明确完善的产权制度能够有效激励产业平台参与主体，产业平台产权制度包括有形资产产权制度、人力资本产权制度以及知识产权制度。

1. 有形资产产权

有形资产产权制度通过利用法律合同以及建立健全产权交易市场来对产业平台的资产产权进行明晰的界定，从而避免不法企业或用户的侵权行为，确保平台企业积极参与到产业平台的构建和运营中。同时有效建立健全产权交易市场，推进产业平台企业产权的明晰化，从而刺激参与企业更有效地利用平台资源进行创新。

2. 人力资本产权

产业平台人力资本产权的健全需要外部制度的保障和激励，首先要想保证产业平台人力资本产权的正常交易，需要政府加大对人力资本产权市场的宏观调控，特别是通过相关制度政策加强落实人力资本产权市场的调控，从而完善人力资本产权市场。其次，产业平台的人力资本相较于其他组织模式而言流动性较大，政府通过完善户籍制度保证人力资本流动的规范性和自由度，促使产业平台能够有效管理平台人力资本的正常流动，并通过一定的约束性制度规范人力资本的权责统一。此外，政府的金融财政制度能够有效将产业平台的人力资本转化成货币资本，体现出应有的人力资本价值，确保产业平台人力资本产权激励的实施。例如，员工持股制度就是通过人力资本制度有效激励人力资本，促使人才充分发挥创造性和积极性的典型案例。

3. 知识产权

在知识经济时代，知识产权制度的重要性在各个领域都日益凸显。知识产权制度通过明确界定知识产品的私有权，使得平台参与者能够控制信息的外溢效应得到成本补偿，对智力劳动成果进行有效保护，成为最为直接的创新激励和保障。因此，近年来我国的知识产权制度一直在不断完善，知识产权制度对产业平台的技术研发和创新发展进行有效保护，提供了必要的制度保障和法律保障，从而极大激励了产业平台企业以及平台补足者的积极性，并能促进产业平台科技创新氛围的形成，推动企业不断通过平台创新来谋求效益最大化，从而形成平台的良性循环。

第二节 产业平台相关制度梳理及导向规律

产业平台的发展具有一定的外部性，对我国的产业平台而言，其构建和运营一直都得到了政府的制度支持。产业平台相关制度是影响产业平台构建和运营的关键因素，特别是在当今的知识经济时代，市场竞争日益激烈，完善的制度能够为产业平台的构建和发展提供一个良好的制度空间和制度环境。为了进一步厘清产业平台相关制度的导向规律，本章在梳理中国各政府部门所出台的有关产业平台的制度文本，运用文本分析、共词网络等方法提取制度文本关键词、构建关键词共现网络，从而更加直观和科学地阐明产业平台制度相关的核心内涵，揭示制度对产业平台构建和发展的导向及规律。

一 产业平台核心制度梳理

为有效推进我国产业平台的构建和发展，我国政府部门已相继出台若干具有针对性的规章制度。为进一步梳理和探究产业平台制度对产业平台构建的导向规律，本章选取国家相关政府部门所出台的产业平台制度作为研究对象。在收集数据之前，首先对"产业平台"进行制度化的定义：产业平台是指能为产业生产经营活动提供一定功能服务的开放共用系统的统称，在我国目前的发展阶段可以具体地表现为国家实验室、大学科技园、科技企业孵化器、产业技术基础公共服务平台、公共资源交易平台以及众创空间等创新基地。依据产业平台的定义，本章对产业平台制度的发布主体进行筛选，最终确定将国务院办公厅、国家发改委、工信部、科技部以及财政部作为制度的主要获取来源，同时考虑到针对不同类型平台的制度文本众多，本章在不同的产业平台类型上选取核心制度作为数据来源。基于此，本章共收集了 22 项近年来有关产业平台构建和发展的核心制度，具体如表 6-2 所示：

表 6-2　　　　　　　　　　产业平台核心制度

发布部门	发布时间	核心制度
国务院办公厅	2020.07.30	《关于提升大众创业万众创新示范基地带动作用进一步促改革稳就业强动能的实施意见》
国务院	2017.07.27	《关于强化实施创新驱动发展战略进一步推进大众创业万众创新深入发展的意见》
	2018.09.26	《国务院关于推动创新创业高质量发展打造"双创"升级版的意见》
	2020.07.17	《国务院关于促进国家高新技术产业开发区高质量发展的若干意见》
国家发改委	2019.04.15	《关于构建市场导向的绿色技术创新体系的指导意见》
	2020.03.26	《关于开展社会服务领域双创带动就业示范工作的通知》
	2020.04.24	《关于开展双创示范基地创业就业"校企行"专项行动的通知》
工信部	2016.11.03	《信息化和工业化融合发展规划（2016—2020）》
	2016.08.19	《关于完善制造业创新体系，推进制造业创新中心建设的指导意见》
	2016.06.02	《国家小型微型企业创业创新示范基地建设管理办法》
	2016.03.02	《加强信息共享促进产融合作行动方案》
	2016.06.24	《公共资源交易平台管理暂行办法》
	2016.07.26	《发展服务型制造专项行动指南》
	2017.11.03	《信息化和工业化融合管理体系实施指南》
	2018.04.23	《关于印发国家新材料产业资源共享平台建设方案的通知》
	2020.09.21	《关于做好 2020 年产业技术基础公共服务平台申报工作的通知》
科技部	2015.09.02	《国家高新区互联网跨界融合创新中关村示范工程（2015—2020 年）》
	2016.07.01	《国家新型工业化产业示范基地（军民结合）认定和管理细则》
	2019.04.03	《国家大学科技园管理办法》
	2020.02.15	《关于支持产业技术基础公共服务平台开展疫情防控支撑工作的通知》

续表

发布部门	发布时间	核心制度
财政部	2017.10.26	《关于支持小微企业融资有关税收政策的通知》
	2018.11.07	《关于科技企业孵化器大学科技园和众创空间税收政策的通知》

二 产业平台制度高频关键词及词频分析

本章通过筛选国务院办公厅、国家发改委、工信部、科技部以及财政部等所颁布的产业平台相关制度，并从中选取核心制度作为高频关键词词频分析以及共词分析的数据统计源。

首先运用开放式的高频词汇获取工具 NLPIR 大数据搜索与挖掘共享平台（简称为 NLPIR，http：//ictclas.nlpir.org/nlpir/），借助其"分词标注"功能和"词频统计"功能，获取产业平台制度文件中与产业平台构建有关的词汇，如图 6-3 所示。

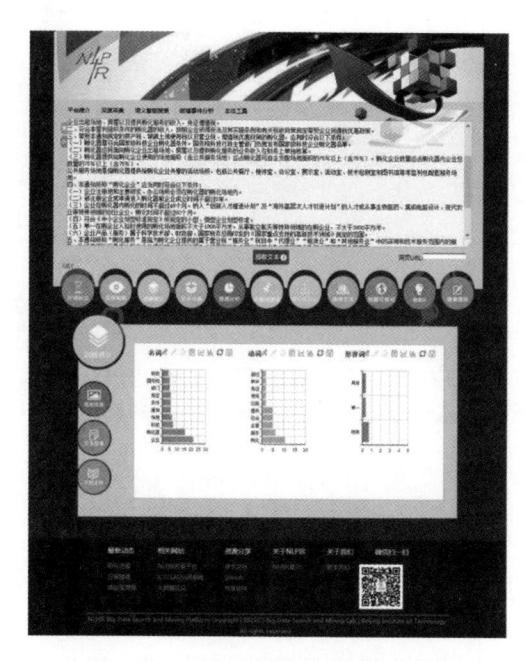

图 6-3 语义分析系统关键词提取

在 22 个核心制度文件的高频词汇中剔除与研究主题无关的无效关键词，并将关键词中意义相同或相近的词语进行合并去重，最终遴选出 40

个高频词汇,将这些关键词按照词频从高到低进行排序形成产业平台核心制度高频关键词统计表,具体如表 6-3 所示。

表 6-3　　　　　　产业平台核心制度高频关键词统计

序号	关键词	词频	序号	关键词	词频
1	企业	465	21	融资	24
2	服务	409	22	国际	23
3	产业	265	23	部门	21
4	创新	232	24	知识	20
5	创业	199	25	数据	19
6	信息化	195	26	品牌	17
7	平台	180	27	产权	16
8	投资	98	28	标准	15
9	科技	85	29	信用	14
10	基地	68	30	模式	14
11	军民	50	31	制度	13
12	工业	48	32	高新技术	13
13	制造业	47	33	业务	12
14	资源	46	34	金融	12
15	孵化器	36	35	聚集	12
16	政策	36	36	设计	11
17	机制	34	37	信贷	10
18	基金	31	38	场地	9
19	空间	28	39	出租	8
20	互联网	24	40	税收	6

其中,关键词"企业"和"服务"出现的频率最高,分别为 465 次和 409 次,其次是"产业""创新""创业""信息化"以及"平台"作为产业平台核心制度的关键词,这些词是制度内容的主体,体现了目前产业平台制度的导向重点,产业平台是一种具有公共服务性质的组织模式,以知识技术创新作为构建和发展的核心,因此我国政府在制定和推行产业平台制度时,更多注重对产业平台服务质量、产业创新、平台信息化建设方面的约束和激励,从而满足产业平台构建和发展的要求。

三 产业平台制度高频关键词共词分析

本章试图运用 Ucinet 软件，以国务院办公厅、国家发改委、工信部、科技部以及财政部等所颁布的产业平台相关核心制度作为统计源，采用共词分析的研究方法，对产业平台核心制度的导向规律进行科学化分析。

（一）共词网络图谱分析

为了能够呈现出产业平台核心制度高频关键词之间的内在相关性，更加直观地表现出关键词之间的联系。本研究运用 UCINET 软件的 NetDraw 绘图功能绘制产业平台核心制度的共词网络图谱。

在绘制共词网络图谱之前，首先对高频关键词进行处理。借助 EXCEL 的数据透视表和数据透视图功能统计各关键词之间的共现频率，统计包含任意两个关键词的制度文件数目，最终生成 40×40 的共词矩阵，为后续的共词分析打下基础，如表 6-4 所示，共词矩阵中的数值反映了相应的两个关键词之间的联系程度。

表 6-4　　产业平台核心制度高频关键词共词矩阵（部分）

	标准	部门	产品	产权	产业	场地	出租	创新	创业	孵化器	服务	高新技术
标准								1				1
部门			1		1						1	
产品		1			1							
产权								1				
产业		1	1					4	1		6	
场地										1	1	
出租										1	1	
创新	1			1	4				1		5	1
创业					1			1			2	
孵化器						1					2	
服务		1			6	1	1	5	2	2		
高新技术	1							1				

对于共词矩阵中的产业平台制度关键词，可以用共词网络图谱更加直观地展示各关键词间的关系及在网络中的分布情况。将表 6-4 中的产业

平台制度关键词共词矩阵导入 UCINET 软件转化为 .##h 的文件，并利用 NetDraw 绘图功能可视化地展示关键词网络，如图 6-4 所示。

在产业平台核心制度关键词共词网络图谱中，每一个节点表示一个关键词，节点的大小表示关键词的中心度的大小，节点越大，则该节点在共词网络中占有的地位就越重要，节点之间的连线表示节点之间两组关键词出现的频次，连线越粗频次越高，两组关键词的关系就越密切。可以看出产业平台制度的 44 个高频关键词之间形成了相互非常密切的交错联络，关键词间的连线表示其共同出现在同一制度中。该共词网络图谱将原本孤立的制度关键词以网络形式综合为一个整体，刻画了政策结构内各关键词的分布情况，可视化地展示了产业平台制度中的核心词组与边缘词组。

图 6-4 中企业、服务、平台、产业、技术和创新位于共词网络图谱的中心位置，形成了产业平台核心制度的主体结构，在其基础上形成了创业、科技、信息化、工业、互联网等制度热点，并且相互之间具有较为紧密的结构关系。另外产业与技术、企业与科技、服务与平台之间的连线最为密集，说明两两关键词之间的联系最为密切。

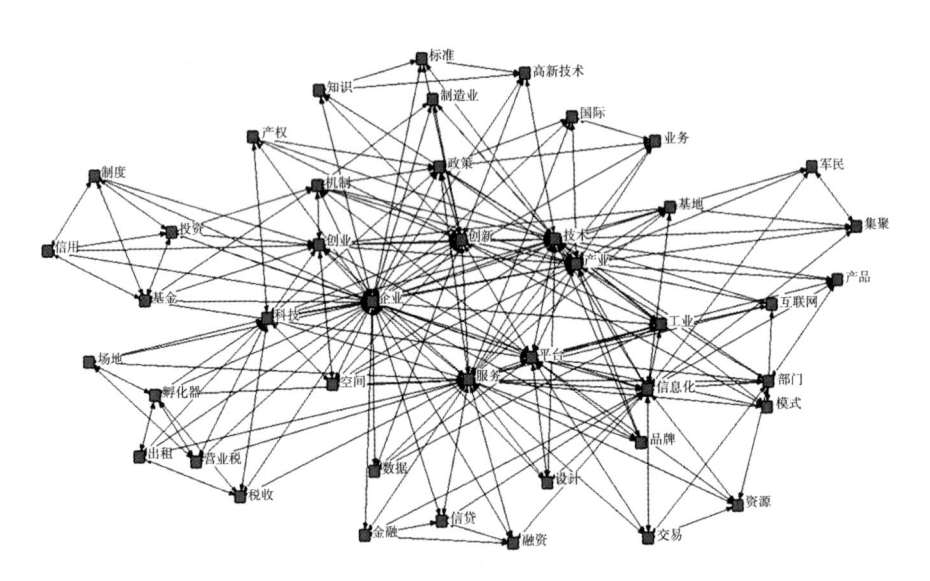

图 6-4　产业平台核心制度共词网络图谱

对比产业平台核心制度高频关键词统计表可以发现，较高频次的关键词在共词网络图谱中具有较强的趋中性，说明产业平台核心制度的重点相对集中，企业、服务、技术和创新等高频关键词在一定程度上反映了产业平台核心制度的导向。

(二) 中心性分析

构建出产业平台核心制度的共词网络图谱后,除了可视化的直观考量,还需要通过软件的 Network-Degree 功能进行更深入的中心性分析,如表 6-5 所示。

中心性分析共词网络最常用的个体结构位置指标,反映的是个体在共词网络结构中位置与优势的差异,能够评价该个体的重要与否,衡量其在社会网络中地位的优越性或特权性。目前实际情况中比较常用的中心性分为三种形式:点度中心性(degree centrality)、接近中心性(closeness centrality)、中间中心性(betweenness centrality)。

点度中心性可用来反映共词网络中某一网络节点与其他节点之间有直接联系的数量。在本研究中表示某个制度关键词与其他多少个词共同出现在同一个政策文件中,如"企业"的点度中心性是35,表示它与产业平台核心制度关键词共词网络中其他35个关键词至少同时出现在某一篇制度文件中。相对而言,点度中心性越大,网络节点的中心地位和重要性也越高。由表6-5可见,高频词汇中技术、服务、产业、创新4个词汇的点度中心性相对较大。中间中心性可用来反映共词网络中某一网络节点控制其他网络节点之间产生联系的能力,以及对于纽带的控制程度。由表6-5可见,企业、技术、服务3个词汇的中间中心性相对较高。接近中心性可用来反映共词网络中某一网络节点传播信息时不依靠其他节点的程度。与上述两个中心度相反,该值越小,说明该点越处于核心位置,因为根据接近中心度的含义,当该值越小时,说明该点与其他点的距离和越小,说明该点距离其他各点越近,在获取信息时越不容易受其他点的控制。从表6-5可见,高频词汇中信用、制度、资源3个词汇的接近中心性相对较高。特征向量中心性可用来反映兼顾考虑与某一网络节点有联系的其他网络节点是否存在较多联系情况下的中心性。由表6-5可见,服务、技术、企业3个词汇的特征向量中心性相对较高。

表 6-5 产业平台核心政策共词中心性分析

序号	高频词汇	点度中心性	中间中心性	接近中心性	特征向量中心性
1	标准	5	0.000	127.000	0.082
2	部门	8	3.455	124.000	0.122

续表

序号	高频词汇	点度中心性	中间中心性	接近中心性	特征向量中心性
3	产品	5	0.000	132.000	0.088
4	产权	5	0.000	127.000	0.097
5	产业	21	52.347	109.000	0.276
6	场地	5	0.000	128.000	0.080
7	出租	5	0.000	128.000	0.080
8	创新	19	34.885	111.000	0.249
9	创业	14	21.877	116.000	0.206
10	孵化器	7	1.000	126.000	0.091
11	服务	30	164.353	100.000	0.325
12	高新技术	5	0.000	127.000	0.082
13	工业	8	1.192	122.000	0.158
14	国际	5	0.000	125.000	0.092
15	互联网	5	0.000	127.000	0.093
16	机制	10	5.219	120.000	0.159
17	基地	8	5.893	122.000	0.139
18	基金	7	2.375	125.000	0.090
19	集聚	5	0.000	135.000	0.076
20	技术	26	102.007	104.000	0.308
21	交易	5	0.000	132.000	0.074
22	金融	5	0.000	125.000	0.079
23	军民	5	0.000	135.000	0.076
24	科技	14	17.800	116.000	0.193
25	空间	7	0.000	123.000	0.146
26	模式	5	0.000	127.000	0.093
27	品牌	5	0.000	125.000	0.115
28	平台	20	60.005	110.000	0.251
29	企业	35	271.043	95.000	0.357
30	融资	5	0.000	125.000	0.079
31	设计	5	0.000	125.000	0.110
32	数据	5	0.000	127.000	0.102
33	税收	5	0.000	128.000	0.080
34	投资	7	2.375	125.000	0.090

续表

序号	高频词汇	点度中心性	中间中心性	接近中心性	特征向量中心性
35	信贷	5	0.000	125.000	0.079
36	信息化	17	43.865	113.000	0.204
37	信用	5	0.000	133.000	0.061
38	业务	5	0.000	125.000	0.092
39	营业税	5	0.000	128.000	0.080
40	政策	10	4.308	120.000	0.164
41	知识	5	0.000	127.000	0.082
42	制度	5	0.000	133.000	0.061
43	制造业	5	0.000	127.000	0.103
44	资源	5	0.000	132.000	0.074

（三）结论与启示

1. 点度中心性分析。企业、服务、技术的点度中心性相对最大，说明这三个关键词是产业平台制度中较多涉及的重点，其次是创新、科技、信息化等，这些制度关键词所处的节点也与其他关键词的联系较为紧密，[1] 表明我国目前发布的产业平台相关制度中高度重视产业平台的参与企业、服务质量、科技研发以及产业创新。随着产业平台的不断发展，越来越多的企业因为激励性的制度参与到产业平台的构建中来，政府通过各项制度明确了产业平台与其他组织模式不同的特性，加强对平台的服务以及技术研发的引导，特别是一些产业平台的创新科技制度，有效促进了产业平台创新网络的形成以及创新能力的提高。[2] 目前我国已经建立了28个国家级科技资源共享服务平台，并开通了中国科技资源共享网，实现了全国科技资源导航与检索，而各省级政府也陆续建立起了省级科技信息资源共享平台。[3] 政府在今后进行产业平台制度的制定和实行过程中，应当对点度中心性较高的关键词给予更多的导向扶持，进一步提高产业平台作

---

[1] 葛彦：《"新常态"下我国文化产业发展的转型路径研究》，硕士学位论文，上海交通大学，2016年，第9页。
[2] 张贵红：《我国科技创新体系中科技资源服务平台建设研究》，博士学位论文，复旦大学，2013年，第45页。
[3] 周宏虹、伍诗瑜：《我国科技信息资源共享平台建设现状》，《科技管理研究》2019年第5期。

为公共服务的能力,加强科技研发的资金和技术支持,在建立健全科技创新基础平台建设的相关制度的基础上,推动科技创新平台以及"双创"平台的构建。①

2. 中间中心性分析。企业、服务、技术的中间中心性相对较高,表明以上3方面因素对于高频词汇中的其他词汇起着重要的媒介作用。说明相关制度深化了平台企业在公共服务、技术等资源的共享,从而进一步促进平台创新以及平台信息化的发展。这一结论与刘涛②和李昌浩③等学者的观点有所差异,这些学者指出在目前产业平台特别是服务平台的运营中技术、服务等资源的共享程度还不够高,资源利用率比较低。主要是因为随着产业平台的迅速发展以及政府支持力度的加大,自建的产业平台越来越多,导致平台功能重叠,因此在对产业平台还需要有相关的约束机制。另外,作为现代化产业平台发展重要媒介的互联网融资在现有的制度网络中中间中心性还比较低,说明互联网在目前产业平台上的应用还不够全面,平台融资渠道狭窄,没有形成多元化融资格局。④ 因此政府首先应当通过制度进一步创新公共服务平台和科技基础平台,推动产业平台在公共服务和技术研发上的共享共用;其次完善相关规章政策,促进互联网技术在产业平台的应用以及媒介作用。同时加快落实产业平台融资制度,通过产业基金和产融合作等制度丰富产业平台的融资渠道和融资结构。在有效依托政府资源的同时,建立和完善投融资激励机制,制定出台引导社会资金投资文化服务平台建设的政策措施,鼓励多方投资,运用市场力量吸引社会团体、企业、个人的资金投入,形成多渠道筹措经费的格局,通过适当引入市场化运作的新机制,在充分发挥财政投入的同时,形成公益服务与市场化运作相结合的方式,为相关文化企业提供全方位、多层次、低成本的专业化服务。⑤ 同时积极制定专门人才引进政策,将平台经济人才引进纳入人才创新创业工程,加强对接国家人才政策,重点引进一批融通互

---

① 魏帅:《政府在推进众创空间建设发展中的作用探析》,《管理观察》2016年第8期。
② 刘涛、赵君、陈巧云:《郑州市文化产业公共服务平台建设状况与政策建议》,《中共郑州市委党校学报》2012年第3期。
③ 李昌浩、徐琪:《基于平台经济的服务创新模式研究——上海"四新"产业平台经济发展的国际比较》,《上海经济研究》2014年第12期。
④ 何伟:《我国大学科技园孵化支持政策导向思路》,《兰州学刊》2008年第6期。
⑤ 李淑:《我国大学科技园区技术创新的制度结构分析》,博士学位论文,湖南大学,2011年,第58页。

联网思维和实体经济规律的复合型人才。加强培育平台经济应用型人才，积极开展融合学科布局调整，培养平台企业所需技术应用型人才。①

3. 接近中心性分析。高频词汇中企业、服务、信息化的接近中心性相对最小，表明这3个关键词处于产业平台制度网络中的核心位置，且不容易受到其他因素的影响。而 Kupper② 则提出了不同的看法，认为服务是动态的，并且要根据用户的满意度来不断创新，这种差异在于目前我国产业平台的市场化还不够，大部分还停留在基础资源收集整理和平台构建阶段，在这阶段，我国政府的相关制度主要还是保障平台的服务质量，随着平台市场化程度的深入，企业与服务创新的更新换代也必将加快。在企业形态变革方面，企业是随着生产力、生产关系发展到一定阶段，为了降低内部交易成本而出现的一个产物。随着互联网新技术的发展，企业的形态也在发生变化，企业平台化的趋势更加明显。③ 另外，从表6-5中可以看出高频词汇中产品、资源以及交易的接近中心性相对较大，说明产业平台的产品、资源、信任以及交易容易受到其他因素的影响。因为伴随信息化时代到来的是全球化，产业平台发展空间更大，但竞争也更激烈，产品除了要满足自身的要求，还要面临日新月异的外部环境的挑战；④ 目前产业平台的资源集聚力还不够强，特别是在构建初期，分散的资源难以形成稳定的平台基础，容易被其他企业或组织模仿和窃取；另外目前的制度中缺乏对可靠的信任体系的建立引导，无论是交易成本还是交易风险都难以得到保障。⑤ 因此政府应在稳定产业平台企业以及稳步推进平台服务和信息化建设的基础上，通过相关制度加强对产业平台产品、资源、信任体系以及平台交易的保障和引导，主动集结平台产品补足品和服务，塑造资源集聚力，并从制度层面构建可靠的信任体系，丰富产业生态系统的社会资本，降低平台及其参与者之间合作和使用的交易成本。⑥

---

① 季凯文、龙强：《江西发展平台经济的战略思考与对策建议》，《价格月刊》2018年第1期。
② Kupper C., "Service Innovation-A Review of the state of the art", *Institute for Innovation Research and Technology Management*, 2001.
③ 冯伟：《构建"平台+"产业生态体系加速制造业数字化转型》，《软件和集成电路》2020年第9期。
④ 杨帅：《创意产业平台信息表达设计研究》，硕士学位论文，东华大学，2014年，第57页。
⑤ 钱平凡：《产业平台是产业竞争新利器》，《纺织科学研究》2014年第6期。
⑥ 覃日柳：《基于制度的GH服务聚合平台信任体系研究》，硕士学位论文，广西大学，2015年，第45页。

4. 特征向量中心性分析。服务、创新、企业、信息化的特征向量中心性较高,表明以上4个高频词汇有联系的其他高频词汇中拥有较多的节点联系。由此说明,为了进一步推动产业平台的构建和发展,平台服务、企业创新以及信息化发展可以通过与之相关联的技术研发、互联网、建立基金等完善和实现。而吴绍波[①]则指出这种产业平台要素之间的紧密连接会增加共享行为的不确定性和未知风险,因此政府要制定完善的平台合作契约以及相关约束性制度加以规范。同时考虑到各要素之间的紧密联系,政府在制定和推行产业平台政策时,不能过于偏重普遍中心性较高的要素,也要完善诸如技术研发、产业基金等方面的制度扶持,从而制定出更加体系化、科学化的产业平台制度。多中心治理机制及构建创新生态系统是产业整合创新资源、打造创新优势、提升产业竞争力、打破发达国家技术壁垒的重要手段。[②]

第三节　激励性制度导向与产业平台构建

一　产业平台融资制度

产业平台在构建之初需要大量的资金,但相对于其他组织模式而言,产业平台的风险性更大,融资渠道也相对有限。因此,目前主要还是依靠政府的相关产业平台融资制度,通过政府设立产业平台基金对平台技术开发、公共平台建设以及重大合作项目等提供融资服务,在一定程度上丰富了产业平台的融资来源和融资结构,并鼓励社会担保机构为产业平台提供信贷担保。对于构建困难但市场前景好的产业平台,政府给予一定补贴,从而激励产业平台的构建。

二　产业平台风险投资制度

风险投资是专业金融机构向潜在高收益和高风险的产业平台提供股权融资的一种投资活动,它是一种科技与金融相结合的投资新机制。首先,借鉴美国风险投资经验,实行的"两合"组织模式(即由有限合伙人与

[①] 吴绍波、刘敦虎:《新兴产业平台创新生态系统冲突形成及其管理对策研究》,《科技进步与对策》2014年第5期。

[②] 傅春、王宫水、李雅蓉:《节能环保产业创新生态系统构建及多中心治理机制研究》,《科技管理研究》2019年第3期。

普通合伙人联合的组织结构）。其次，建立合理的风险投资运作机制，完善支撑风险投资运作的中介服务系统。对高科技创新成果的潜在价值进行评估应由具有独立性和专业性的会计事务所、律师事务所、资产评估事务所以及投资顾问公司等中介组织来完成。以合约的方式使产业平台在外部实现风险资本与高科技增值潜力的结合，在内部实现风险投资家与创新企业家的结合，并最终形成风险共担和利益共享的格局。政府支持系统主要是通过政策鼓励、法律保障和税收优惠以及环境塑造等方面体现出来。

最后，建立合理的风险投资退出机制的宗旨在于，当平台企业成长起来以后，风险投资就需要退出。风险投资的退出主要有两种方式：第一，有限合伙人只与普通合伙人签订合同，并视具体情况决定是否追加投资继续合作；第二，设计"无过错离婚"制度，也就是说即便普通合伙人没有什么重大过错，只要有限合伙人对产业平台失去信心，也可以停止追加投资风险资金，采取购并的方式退出原来的平台。这种风险投资制度能够有效避免产业平台参与企业以及投资者的后顾之忧，从而达到激励的效果。

三 产业平台人才激励制度

人才是现代产业平台构建和发展的重要资源，建立现代化的产业平台人才激励机制是平台构建的重要制度保障（如图6-5所示）。其中，多元化的激励手段是人才激励机制得以运行的关键，具体有以下几点：

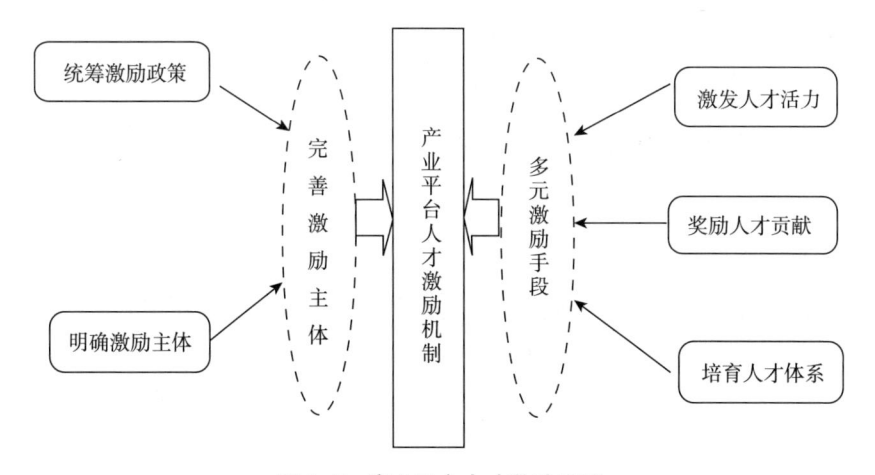

图6-5 产业平台人才激励机制

（一）激发人才活力

深化产业平台科技成果转化收益分配制度改革，进一步促进就地转化、加快转化，从而充分调动产业平台科技人才的研发积极性。同时人力资本的产权制度也是激发人才活力的一项重要政策，通过建立健全产业平台人力资本产权制度，重视对平台企业以及平台科技人才的剩余分配权的保护，健全人才法律法规，保护人才合法权益，完善分配、激励、保障制度，建立健全与工作业绩紧密联系、充分体现人才价值、有利于激发人才活力和维护人才合法权益的激励保障机制，从而激励平台人才的工作积极性，激发人才活力。

（二）奖励人才贡献

鼓励平台企业对人才实行股权期权激励，加大分红奖励力度，对于有突出贡献的产业平台人才或团队给予一定比例净收益的一次性分红奖励。国家也设置了各种产业平台人才奖励项目，对做出突出贡献的各类人才给予一定的物质奖励与精神奖励。

（三）培育人才体系

鼓励企业与国家实验室、大学科技园以及科研院所等研究机构联系合作，建设产业平台专业技术人才培训基地，定期开展有针对性的人才培训，政府为优秀技术人才培训基地提供资金奖励，并加大对人才继续教育的奖励支持，鼓励对高学历人才的学位奖励，实施协同创新平台人才成长激励机制，通过平台建设和运营培养人才、选拔人才、奖励人才，建立平台专家数据库，对顶尖级人才实行登记管理。

四 产业平台创新驱动制度

着"大众创业、万众创新"战略的提出，以及互联网产业发展、"机器换人"政策的落实，近期产业结构调整步伐加快，已经出现高新技术、高端装备制造增长高于工业平均行业，高技术服务业发展较快的局面。产业平台驱动传统产业转型升级的格局已经逐步形成。

在此背景下，各政府部门应当紧扣国家"一带一路"的产业发展机遇，通过相关制度引导注重创新要素的空间集聚和创新功能的培育，制定落实确保创新资源共享的管理制度，营造共享的环境氛围。制定科学数据、科技成果、产品及技术标准文献等创新资源有偿使用或公开使用等相关管理制度办法，形成全社会创新资源共享意识和氛围，以冲破限制共享的阻力。通过制度丰富创新资源共享的畅通渠道，激励区域产业平台之间、产业平台的企业和用户之间在资源共享、创新互动中逐渐形成完整开放的产业平台创新网络。[①]

第四节 约束性制度导向与产业平台构建

一 产业平台考核评估制度

产业平台的考核评估制度贯穿平台构建和发展的每一个阶段。产业平台在构建之初最好采用公开招标的形式选取技术水平比较高、资金较为雄厚的组织来承担平台的构建以及投资运营。一般会由产业平台相关委员会对具备平台条件的龙头企业、实验室、科技园以及科研院所等进行评估和认定，对平台的管理制度、服务质量以及科技研发成果等形成科学合理的评估指标体系，依据评估体系定期对平台构建和运营情况进行综合评价，根据平台综合评价结果，给予不同层次的经费补贴。对于发展水平较高的平台，可进行额外的资金奖励。特别是对于产业平台资金的管理和评估，建立分析、预测、监督和评估制度，确保平台的高效运行。其次是要强化平台监督体系，探索建立一套符合目前产业平台构建和运营状况的监督机制。通过对市场化平台的规划、建设与管理等多个环节进行监督，形成一种市场激励或淘汰的监督机制。对政府主导或扶持的公共平台，结合平台管理机构考评、平台运营机构自评与政府委托第三方开展平台用户满意度评价方法，对平台运行效果进行全面监督，并保证评价结果的公开透明。

二 平台运行管理制度

政府通过平台运行管理制度来界定产业平台企业与用户之间的关系，明确双方的权利和义务，规范平台公共资源的共享共用，保证产业平台在公开公平的同时保证构建和运营的规范性和严谨性。此外通过统一的技术标准和管理细则约束产业平台的企业行为，保证平台之间的资源交流和产业对接，从而进一步提高平台资源的共享和服务水平。同时在平台的构建

---

① 苏敬勤、许昕傲、李晓昂：《基于共词分析的我国技术创新政策结构关系研究》，《科技进步与对策》2013年第9期。

过程中需要不断完善相关技术标准和数据标准，逐步形成稳定的平台制定体系，并通过共享服务在相关领域和行业中加以应用和推广。

三 产业平台信任体系制度

信任是指对合作伙伴的诚实度和可靠性有足够的信心，但也需要通过制度化的程序建立起一定的信任体系网络。目前产业平台的信任体系网络主要由微观、中观和宏观三个层次构成，如图 6-6 中三层信任网络相互联结，共同作用，对产业平台保持竞争优势发挥着积极作用，一旦某个层次缺乏信任，特别是在平台构建初期目标不一致导致冲突难以管理时，长远来看必会影响到产业平台的正常发展。因此我国政府要通过建立完善产业平台的信任体系制度来保障平台成员间的信任程度。一是建立产业平台企业与用户信任评审体系，平台企业可以对配套企业的信用行为进行记录，并做出信用评级，对产业平台系统内成员的信用状况进行调查，将调查数据录入数据库，利用数据库跟踪系统成员间的信任变化情况。信任评审机制将把信誉良好和信誉一般的企业区别开来，并诉诸创新生态系统进行评判和选择。二是平台企业要提高长期合作的期望，减少短期机会主义行为的发生。信任的本质是对未来的一种期望，平台企业可以通过为配套企业提供技术帮助、人员培训等服务，既提高配套产品的技术水平，也向配套企业传达长期合作的愿望。企业长期合作的目的也就是创新生态系统的持续发展，在生态系统中取得共同的预期利益。因此，要想使企业在创新生态系统中相互信任就必须使得企业在创新生态系统中获得的长期利益远大于短期利益。提高企业预期收益就可以给合作伙伴一种利益激励，鼓励创新生态系统成员为了更大的预期利益而相互信任、相互合作。

四 产业平台合作契约制度

产业平台是基于一系列契约规范（包括系列正式合约、合作章程、日常运行规则等）而组建的一种新兴组织模式，在缺乏由深厚的文化历史沉淀而带来的凝聚力的情形下，契约成为产业平台生态系统构建和运行的核心纲领。产业平台合作契约是指为了规范平台企业行为、提高合作效率而共同签订的具有法律效力的协议。契约对平台创新生态系统成员行为产生两个方面的作用：一是通过制订系统成员的行为规范及参与生态系统的约束条件，保障创新生态系统运行的正常秩序；二是通过设立系统成员

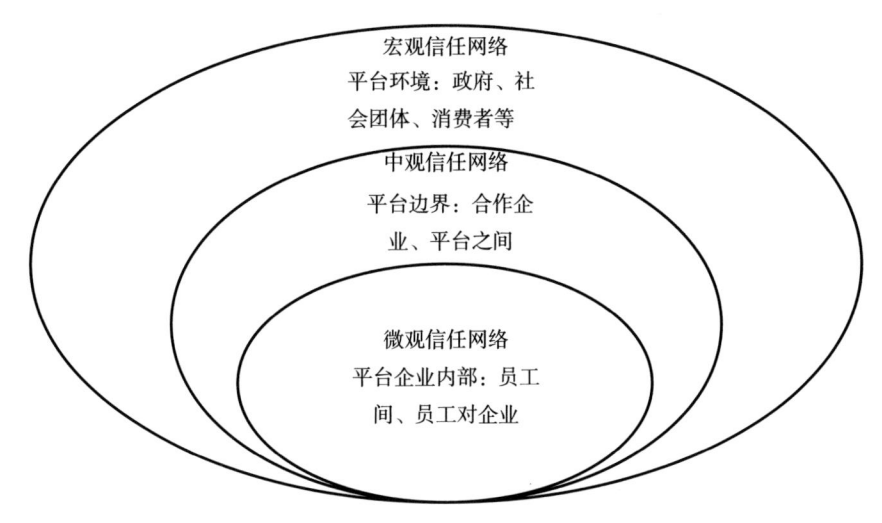

图 6-6　产业平台信任网络

的成本支付函数与收益函数，给出每项共享策略的效用函数，调整每个参与企业的偏好和预期，进而达成激励相容的均衡效果。

政府在建立健全产业平台合作契约制度的基础上，要进一步明确制度主体及契约双方的关系，并加强对产业平台合作的监管，有关行政部门指导合作双方签订有效的契约合同，并交由有关部门审批备案，同时将产业平台合作契约制度作为平台享受国家优惠政策的依据。

平台创新生态系统合作契约主要解决两个问题：一是合作契约的有效性问题，其主要目的是使所有系统成员积极签订适合产业平台的帕累托最优契约规则。主要包括：①构建产业平台系统成立的规范章程，如加入创新生态系统的约束条件、成员信息披露规则、创新生态系统运行规则等；②知识产权谈判涉及的具体合同条款，主要内容包括知识产权估价，知识产权使用规则，系统成员目标任务，知识产权权利归属，知识产权成果收益分成等。这些契约内容对产业平台企业起着事前激励作用。二是合作契约的违约惩罚问题，其目的是使各方积极履行合同。例如，对提供虚假产权信息、挪用知识产权、违背知识产权使用规则等违约行为进行处罚。对产业平台企业的违约进行惩罚，可以起到约束的效果。①

---

①　吴绍波、刘敦虎：《新兴产业平台创新生态系统冲突形成及其管理对策研究》，《科技进步与对策》2014 年第 5 期。

第七章　技术导向与产业平台构建

第一节　案例选取与数据收集

一　方法选择与案例选取

本章采用单向案例的研究方法，选取武汉北斗相关产业平台的建立与发展历程作为案例研究的对象，主要是基于以下几个因素的综合考虑：第一，当前对于技术导向的产业平台构建相关理论不足，难以对当下复杂现象进行描述。采用单案例的研究方法能通过丰富的实证性描述把"如何"构建技术导向产业平台构建的问题说清楚，且纵向设计有助于了解产业平台构建的各个阶段所发生关键变化；第二，中国北斗卫星导航系统是中国自行研制的高新技术产业代表，是继美国GPS（全球定位系统）和俄罗斯GLONASS（格洛纳斯卫星导航系统）之后的第三个成熟的卫星导航系统；第三，武汉是创新创业示范城市与重要的科教创新基地，教育资源、人才资源与技术资源富集，特别是武汉东湖高新开发区，在推进地球空间信息产业研发、开创北斗应用新模式等方面具有强大的竞争优势；第四，自中国北斗卫星导航系统建设发展以来，湖北省在全国率先建立起北斗地基增强系统，在国家地理信息系统、卫星导航系统、遥感系统软件等技术领域遥遥领先。目前武汉大学、华中科技大学等高校，以及以中国科学院武汉分院为代表的科研院所在北斗卫星导航系统及相关领域的研究成果丰富，且仅东湖高新区从事北斗导航技术领域的企业就有600余家，武汉市推进了与北斗相关的科教行业、高新技术企业的发展，搭建了北斗走出国门，走向全球的产业平台。因此选取武汉市北斗产业平台构建作为案例研究对象，对于厘清技术导向与产业平台构建的内在逻辑、技术创新程度与产业平台构建选择、技术创新路线演进与产业平台构建规律以及如何基于技术导向构建产业平台等问题具有借鉴意义。

二　数据收集与分析

针对要分析的问题，通过搜集文献资料以及相关信息，聚焦于武汉市北斗产业及相关产业的发展历程与阶段，包括产业发展、技术研发及突破、对外合作、产学研合作等，以及武汉市北斗产业平台的构建，并重点关注技术如何导向与支持北斗产业平台构建的问题。结合武汉市北斗产业平台的发展历程，充分了解其建设情况，并说明技术导向在产业平台中如何发挥作用，例如根据技术发展阶段构建创新网络、产业集群等。

第二节　武汉北斗产业平台构建的动态分析

一　武汉市北斗产业平台构建阶段划分

根据中国北斗卫星导航系统"三步走"的发展战略（第一步在2000年建成北斗卫星导航实验系统，使中国成为世界上第三个拥有自主卫星导航系统的国家；第二步在2012年，具备覆盖亚太部分地区的服务能力；第三步于2020年具备全球覆盖能力），以及武汉市北斗产业的发展情况，将武汉市北斗产业平台的构建划分为以下四个阶段：

1. 技术积累阶段（2011年及以前），武汉市依托以武汉大学为代表的高校，以及以中国科学院武汉分院为代表的科研院所对北斗相关技术已经进行了相当长时间的研究，且研究成果也相对丰富，从刘经南院士开始，经历了几代人的努力，在科学研究方面，无论是高精度数据处理还是系统软件方面，武汉都具有无法比拟的优势，为中国北斗产业发展以及武汉市建设北斗产业平台打下了坚实的基础。武汉市已有部分企业从事北斗相关产业，但还未形成产业规模，企业由于规模小、成本高、市场窄等因素，发展普遍不理想。

2. 产业平台构建阶段（2012—2015年），2012年是北斗卫星导航系统建设及产业化的关键一年，北斗卫星导航区域系统的建立也于2012年年底初步完成。

武汉市依托国家发展的整体趋势与方向，以技术优势为基础，大力发展北斗产业。以武汉大学为中心构建诸多研究院，进行北斗相关产业的技术研发；以光谷北斗控股集团有限公司为中心构建武汉市北斗产业集群与对外发展平台，高新区以地球空间信息导航为代表的信息网络呈现飞速发展的趋势，重点发展北斗芯片、数据处理系统、对地观测系统、导航数据库等北斗相关产业链；以北斗应用为导向，将北斗产业技术应用于农业、交通、公共安全等各个领域。

3. 产业平台完善阶段（2016—2019年），武汉市北斗产业市场推广平台、科技研发平台、对外合作平台等基本形成，在这一阶段，武汉市更加积极地寻求对外合作，进一步推进中国北斗走出国门，以国家战略为主导，相关技术为寄托，市场应用为宗旨，不断完善武汉市北斗产业平台，稳步推进武汉市北斗产业发展。

4. 产业平台高质量发展阶段（2020—2022年），随着北斗卫星导航系统的建设完善和5G通信、大数据、云计算、物联网等新一代信息技术的快速发展，"北斗+"应用细分市场正呈现新一轮快速增长的形势。在这一阶段，武汉市要持续推动北斗产业与实体经济、智慧城市建设深度融合，实现北斗与5G、人工智能、物联网、区块链等新一代高新技术深度融合，推动基于"北斗+"的智能化服务在关键领域和重要行业融合应用，使北斗产业成为武汉市高质量发展的重要引擎。

二 武汉市北斗卫星导航产业发展历程

表7-1　　　　　　　卫星导航产业发展大事一览

2012年	武汉大学卫星导航定位技术研究中心正式成为IGS分析中心的成员
2012年11月	第四届武汉国际地球空间信息技术及产业发展论坛暨2012中国北斗导航与地球空间信息产业高峰论坛在汉召开
2012年12月	国家地球空间信息武汉产业化基地新区在武汉未来科技城启动建设
2012年12月	湖北省率先启动省级北斗地基增强系统项目
2012年12月	武汉大学与武汉市人民政府签署了共建武汉导航与位置服务工业技术研究院协议
2013年1月	省气象保障中心与省测绘局将蔡甸区企业局GPS装上了北斗设备，标志着北斗卫星导航系统在武汉正式投入使用
2013年3月	武汉信息技术外包服务与研究中心、武汉大学测绘遥感信息工程国家重点实验室、泰国科技部三方签订《泰国地球空间灾害监测、评估与预测系统合作协议书》，支持泰国利用中国地球空间信息领域的技术与服务合作建立泰国空间灾害预测系统，同年4月，中泰地球空间灾害预测系统合作基地在武大科技园正式挂牌成立，6月，该项目的第一批地基增强站由武汉光谷北斗控股集团公司在泰国春武里府正式运行
2013年5月	以北斗应用为主题的第四届中国卫星导航学术年会在汉召开

续表

时间	内容
2013年6月	武汉光电工业技术研究院、武汉智能装备工业技术研究院、武汉导航与位置服务工业技术研究院相继落户东湖高新区
2013年7月	武汉光谷北斗地球空间信息产业股份有限公司挂牌成立
2013年10月	武汉市政府与华中科技大学共建的武汉光电工业技术研究院与武汉智能装备工业技术研究院同时在东湖高新区未来科技城成立
2013年12月	中马钦州产业园区与武汉光谷北斗公司在北京签约，共同建立中国北斗东盟产业园
2014年1月	武汉光谷北斗地球空间信息产业股份有限公司与黄石市政府签约，总投入20亿元人民币建设中国—东盟北斗示范城、科技城
2014年3月	武汉光谷北斗地球空间信息产业股份有限公司与武汉理工大学资源与环境工程学院联合建立智慧矿山与环境监测协同创新中心与地球空间信息人才培养基地和3S实践教学基地
2014年3月	武汉市出台了集成电路产业发展规划，在东湖高新区佛祖岭一带开始建设一个占地规划为5平方千米的产业园，打造汉版芯片全产业链
2014年4月	武汉大学卫星导航定位技术研究中心研制的海上北斗高精度增强服务系统可以在任何天气下向渤海区域的行船提供厘米级定位和米级导航服务，武汉市北斗卫星导航技术使得中国沿海行船不再完全依赖国外导航技术
2014年5月	武汉大学联合航天科技集团、508集团，和东方红公司、四维公司准备依托武汉光谷建设遥感工业研究院发射中国第一颗商业化的卫星
2014年7月	光谷北斗公司与湖北理工学院签订了产学研战略合作协议，联合建立"北斗地球空间产业国际学院""武汉光谷北斗集团—湖北理工学院实习基地"和"湖北省北斗智慧矿山与环境监测中心"等产学研平台，将北斗应用延伸到矿产等资源行业
2014年10月	黄冈师范学院与武汉光谷北斗控股集团有限公司举办光谷北斗黄冈师范学院国际学院、创办光谷北斗国际职业技术学院、培养高层次应用型人才、开展中外合作办学项目等多个方面合作
2014年11月	马来西亚在汉与光谷北斗准备合作设立"北斗东盟数据及服务中心"，服务于整个东盟的车辆导航、矿产安全、智能港口、智能交通等各个领域
2014年11月	由武汉大学和东莞市泰斗微电子科技有限公司联合研发的羲和芯片在武汉问世；"羲和导航与位置服务产业技术创新联盟"成立
2014年11月	武汉光谷北斗控股集团有限公司与九江市政府签署协议共建"长江北斗智慧城市"
2014年12月	"武汉·中国光谷北斗行业应用战略联盟"在东湖高新区管委会成立
2015年1月	泰国科技部、湖北省政府和武汉光谷北斗控股集团有限公司共建"鄂泰技术转移中心"，共同打造鄂泰技术转移和服务平台，促进北斗成果加速转移转化
2015年3月	武汉光谷北斗控股集团有限公司、泰中文化促进委员会、泰国湖北商会共同签署了战略合作框架协议，共建中国—东盟北斗科技城
2015年12月	武汉大学承建的广东省连续运行卫星定位系统（GDCORS）开始向广东用户提供高精度北斗定位导航在线服务，这是我国首个具有完全自主知识产权的北斗精准导航和精密定位服务系统

续表

2016 年 3 月	武汉导航与位置服务工业技术研究院与武汉大学及国内其他相关研究团队合作，开始联手制定北斗智能手机高精度定位导航芯片的相关标准
2016 年 11 月	第十三届"中国光谷"国际光电子博览会暨论坛在武汉召开
2017 年 3 月	武汉光谷北斗控股集团有限公司、武汉光谷北斗地球空间信息产业股份有限公司申报的"基于北斗卫星的桥梁三维变形监测关键技术研究及工程应用"的科技成果鉴定为整体达到国际先进水平，其中面向桥梁的北斗三维变形监测的时间序列数据综合处理技术处于国际领先
2017 年 6 月	《湖北省北斗地基增强系统》项目测试报告一致同意通过评审，具备组织验收条件
2017 年 11 月	全国首个智慧城市时空信息云平台在武汉建成
2017 年 12 月	武汉大学信息资源研究中心与四维图新旗下世纪高通共同组建的"时空大数据联合实验室"正式揭牌成立
2018 年 6 月	由武汉大学牵头，联合长光卫星技术有限公司研制的"武汉大学珞珈一号科学试验卫星"系列的第一颗卫星成功发射入轨
2018 年 11 月	中国移动通信集团有限公司与武汉大学签署合作协议，双方将开展全面的科技合作并成立"5G北斗精准定位联合创新实验室"，全国首家"5G+北斗"创新实验室落户武汉
2018 年 12 月	第二届卫星导航定位基准站网建设及应用研讨会在武汉召开
2019 年 4 月	武汉作为中国首批5G规模试验网试点城市，已经建成5G百站规模试验网，无人驾驶、无人机智能巡检、北斗精确定位等5G垂直行业示范应用将逐步展开
2019 年 11 月	第五届中国（国际）商业航天高峰论坛在武汉开幕
2019 年 11 月	第十四届中国卫星导航应用科技大会在武汉隆重召开
2020 年 2 月	在疫情防控战的自始至终，"北斗"快速响应，融入医院建设、物资运送、寻防管控等多项疫情防控工作。基于北斗卫星导航系统的首架"疫情区应急作业"无人机降落在武汉市金银潭医院，将急需的医疗和防疫物资送到一线医护人员手中
2020 年 6 月	武汉市知识产权保护（武昌区斗转科技园）工作站挂牌仪式暨珞珈北斗讲坛"武深政企直通车"知识产权专项讲座在武昌区斗转科技园举行
2020 年 9 月	以"推进北斗应用、壮大新兴产业"为主题的"中国北斗应用大会"暨"中国卫星导航与位置服务第九届年会"在武汉召开

第三节　案例讨论与结果

通过分析武汉市北斗产业的发展阶段与历程可以发现，技术导向的产业平台构建受到技术创新程度、技术创新路线、产业发展程度等诸多因素的影响。武汉市在发展北斗产业平台也具有较大优势，首先，武汉市科技及资源丰富，以武汉大学、华中科技大学为代表的众多高校，以及以中科院武汉分院为代表的众多研究所为武汉市建设北斗卫星导航产业平台提供了强大的技术支持；其次，武汉是重要的教育基地，高校毕业生人数居全国第一，人才云集，为北斗卫星导航产业平台的建设提供了人才保障；最后，武汉市是中国内陆最大的水陆空交通枢纽，这些交通设施的存在为北斗卫星导航产业平台的发展提供了重要的市场支持，北斗产业在武汉具有广阔的市场发展空间。在发展武汉市北斗产业的过程中，武汉市依托国家北斗产业发展战略，以武汉市卫星导航产业技术优势为基础，以国内外广阔的市场需求为导向，构建了以武大为中心的科技研发平台、以武汉光谷北斗地球空间信息产业股份有限公司为中心的市场推广平台和以各北斗相关产业联盟为中心的对外交流平台，共同构成了武汉市北斗产业平台。

一 武汉市北斗产业技术研发平台构建

（一）促进相关技术研发，打造产业技术优势

从科学研发的角度来看，武汉是卫星导航领域的重要研发基地和人才培育基地，武汉在建设北斗产业方面起到了重要的作用。在武汉市北斗产业平台构建的技术积累阶段，以武汉大学为代表的武汉团队在国内从事北斗相关产业研究较早，且研究成果也相对丰富。武汉大学卫星导航定位技术研究中心于2012年正式成为IGS分析中心的成员，也是亚太地区唯一加入该组织的机构，这也证明了国际上对武汉大学团队科研实力及综合水平的认可；中国科学院武汉分院地测所的地面系统装备及中科院数理所的原子频标，在全国首屈一指，这都是武汉科研人员奋斗了几十年的结果，且武汉拥有我国唯一的测绘遥感信息工程国家重点实验室，多个国家级和部级研究中心和重点实验室，无论是高精度数据处理还是系统软件方面，武汉都具有无法比拟的科研优势，这些研究成果为武汉市构建北斗产业技术研发平台打下了坚实的基础。

在武汉市北斗产业平台构建阶段，武汉市依旧致力于北斗产业技术的研发，保持技术优势。2014年3月，在第九届中国卫星导航运营商大会在深圳召开，武汉依迅电子研发生产的北斗定位一体机成为交通运输行业最受欢迎的互联网产品，公司研发的北斗卫星导航系统在国内的定位精度和实用性比GPS更强，这说明武汉市北斗产业开始尝试打破GPS在国内

的垄断地位。同年 4 月，武汉大学卫星导航定位技术研究中心研制的海上北斗高精度增强服务系统再一次获得技术突破，武汉市北斗卫星导航技术开始改变中国沿海行船完全依赖国外导航技术的现状。2015 年 12 月，由武汉大学承建的广东省连续运行卫星定位系统（GDCORS）开始向广东用户提供高精度北斗定位导航在线服务，成为我国首个具有完全自主知识产权的北斗精准导航和精密定位服务系统。2015 年，梦芯科技推出了我国首颗 40 纳米高精度消费类北斗导航定位芯片，填补了国内市场的空白。2016 年 9 月，第五届中国卫星导航与位置服务年会暨展览会在成都召开，武汉梦芯科技研发基于北斗的多模多频 SoC 芯片（简称启梦 TM 芯片），荣获 2016 卫星导航定位科技奖一等奖。近年来，梦芯科技研发的北斗高精度导航定位芯片，将关锁定位限制在"厘米级"，为解决共享单车乱停乱放的问题提供了方法。从武汉市北斗产业相关技术的研发历程来看，技术导向的产业平台构建需要以技术优势为基础，不断创新，才能保持产业平台的核心竞争力。

（二）构建各类科研机构，促进官产学研合作

产业技术的发展需要以高校、科研院所为载体。2012 年 12 月，武汉大学与武汉市人民政府签署了共建武汉导航与位置服务工业技术研究院协议，武汉大学投入了技术成果、专利、专业人才队伍和相关仪器设备与市政府共建研究院，着眼于提升武汉乃至湖北省导航与位置服务技术的创新能力和综合竞争力，打造北斗精密应用技术研发与产业化平台；同年，为推进北斗产业在汉发展，武汉市政府与华中科技大学共建的武汉光电工业技术研究院与武汉智能装备工业技术研究院同时在东湖高新区未来科技城成立；2013 年，武汉市政府与武汉大学共建的"武汉导航与位置服务工业技术研究院"挂牌；2014 年 7 月，光谷北斗公司与湖北理工学院签订了产学研战略合作协议，联合建立"北斗地球空间产业国际学院""武汉光谷北斗集团—湖北理工学院实习基地"和"湖北省北斗智慧矿山与环境监测中心"等产学研平台，将北斗应用延伸到矿产等资源行业。2017 年 10 月，武汉大学、中国矿业大学、河南理工大学等高校参与了西部测图、1∶5 万数据建设、海岛海礁测绘、现代测绘基准、数字城市和智慧城市建设、第一次全国地理国情普查等重大工程。各类产学研合作建立的研究院使武汉市成为国家级北斗应用试点示范城市和国家北斗战略的关键载体。

技术导向的产业平台发展需要以产业发展趋势以及现有的技术和市场为基础，只有以创新网络的形式进一步拓展产业平台，才能构成完整的产品开发体系、新技术开发和产业化体系、完善的技术服务体系与机制、产业创新企业培养与孵化机制。在此基础上整合现有行业科技资源，推动面向行业应用的工程（技术）研究中心、企业研发中心等创新平台建设，并鼓励企业与科研院所、高等院校建立产、学、研、用相结合的北斗应用技术创新体系，才能共同推进产业平台的发展。在国家大力扶持北斗卫星导航系统应用推广的背景下，武汉市各类产业研究机构方式按照"市场主导、股东投入、政府支持、依托院校"的思路与企业进行合作，从而促进了北斗技术的研发并培育了北斗卫星导航产业的优秀企业，推进了技术成果的产业化。

（三）启动产业基础设施建设，打造北斗产业技术标准

在武汉市北斗产业平台发展阶段，湖北省率先启动省级北斗地基增强系统项目，采用具有完全自主产权的软硬件产品，建立了较为先进的北斗产业设施资源，推动了北斗产业技术在汉创新与产业化发展，也推进了北斗卫星导航系统向其他行业提供精确导航、精密定位等空间位置信息服务，促进了以武汉大学为代表的武汉北斗产业科研机构成果转化。2013年12月，中泰地球空间项目建立的泰国北斗地基增强站，运行效果良好，说明北斗卫星导航系统在东南亚地区相比于全球另外三大系统，服务性能与精准度具有明显的优势。但随着中国北斗卫星导航系统的发展，其劣势也逐渐暴露。2014年我国卫星导航系统的芯片仍然受制于人，武汉市则借助国务院印发《国家集成电路产业发展推进纲要》的契机，抓住机会大力发展湖北芯片产业，弥补北斗产业链价值源头的缺失，截至2014年，湖北省已拥有50多家芯片企业，专业人才6000多人，产值27亿元，发展芯片产业也同样拥有了一定的技术与产业基础。

2014年10月，武汉市相关研究院与企业加速研发亚米级北斗芯片，武汉市集成电路厂商开始实现"从工厂到企业"的蜕变；同年11月，由武汉大学和东莞市泰斗微电子科技有限公司联合研发的羲和芯片在武汉问世，是武汉市高精度定位服务的核心芯片及精密定位关键技术实现的重大突破，也是武汉市北斗产业产学研合作的重大成果；截至2014年年底，仅光谷北斗公司就已申请国内外知识产权近180件，其中专利超过110件；2016年3月，在北斗相关技术应用方面，武汉导航与位置服务工业

技术研究院与武汉大学及国内其他相关研究团队合作，开始联手制定北斗智能手机高精度定位导航芯片的相关标准，并以技术优势与人才优势作为基础，以专利为驱动力，打造武汉北斗产业平台。

北斗全球组网后，意味着能服务全球。目前，武汉在导航产业技术上，走在全国前列，已经形成了从设计、封装到检验的全产业链，研究开发设计制造和应用服务的单位近30家。

从武汉市北斗产业核心技术的研发历程来看，构建技术导向的北斗产业平台不仅需要促进创新网络的建设与基础设施建设，更要提升产业平台行业标准制定的能力，关键技术的研发与进步使得产业市场更加广阔，也为产业发展提供重要的支撑。

（四）提高高校科研水平，培育北斗高素质人才

"十二五"时期是北斗产业发展的大好契机，武汉正是抓住了这一机遇，进一步完善了北斗产业平台，在拥有一批具有完全知识产权的先进软硬件设施的前提下，武汉又围绕这一项目不断引进高端人才，并从落户到资金支持，出台了大量相关政策留住人才，加速人才队伍的构建与科研成果的转化。2012年12月27日是国家北斗卫星导航系统发展的重要转折点，北斗完成了"三步走"中的第二部建设计划，虽然北斗产业刚刚起步，但已经出现了人才缺口的情况，2013年，北斗卫星导航产业的人才缺口超过万人，对于武汉来说，发展北斗产业的优势则逐渐凸显。2014年10月，黄冈师范学院与武汉光谷北斗控股集团有限公司签订校企友好合作框架性协议，在举办光谷北斗黄冈师范学院国际学院、创办光谷北斗国际职业技术学院、培养高层次应用型人才、开展中外合作办学项目等多个方面展开合作；2014年3月，武汉光谷北斗地球空间信息产业股份有限公司与武汉理工大学资源与环境工程学院签署了产学研战略合作框架协议，双方联合建立地球空间信息人才培养基地和3S实践教学基地，着力培养北斗产业高素质人才。2020年7月，武汉经开外国语学校新建及改扩项目正式开工，该校将建成湖北省首个"5G"学校，依托5G技术建立校园智能系统，实现远程教学和数字化平台应用。

因此在人才培育上可以采用校企合作的方式，根据产业发展需要建设人才培育基地，为产业发展培养高级技术人员以及管理人员，推进产业平台中人才培育模式的创新，不但有助于提升平台企业的核心竞争力，也可以提高高校的科研水平。

二　武汉市北斗产业市场推广平台构建

（一）以市场需求为导向，构建跨行业融合平台

在北斗产业发展及平台构建方面，武汉市一直以来都是以北斗技术应用为主题，从产业链上来看，北斗产业应用虽然处于产业链下游，但却是北斗产业发展空间较大的环节，几乎所有的行业都可以应用到北斗相关技术，在北斗卫星导航系统应用方面，武汉市北斗产业部分产业也逐步进入了消费者的视野，如个人手持机、北斗手表、北斗车载导航仪、基于北斗定位技术的驾校考试系统等，种种迹象表明，民用应用是北斗产业发展的主要方向，全国各地都存在广阔的市场需求，因此，在推进武汉市北斗产业技术研发的同时，武汉政府也积极将北斗卫星导航系统与其他领域资源相结合。2013年1月，省气象保障中心与省测绘局将蔡甸区企业局GPS装上了北斗设备，标志着北斗卫星导航系统在武汉正式投入使用，除此之外，武汉市还将北斗技术应用到了测绘、气象、交通运输、城市管理等各个行业中，通过打造北斗地基增强系统与各个行业资源相结合的平台，率先将北斗卫星导航系统进行社会化示范应用；2015年12月，武汉市智慧工地、智慧桥梁、智慧建筑等也引入了北斗技术，在多方面实现信息化管理功能；2016年4月，武汉市40座桥梁都采用了北斗定位系统，进行安全监测。2018年3月，湖北武汉市204家单位的6330台渣土车、搅拌车、沙石车都装上了北斗定位装置，纳入交通管理局24小时线上监督。2018年5月，云电科技推出的"微出行"共享电动汽车现身武汉，其采用GPS+北斗双定位，并且拥有24小时30天全天候、无间断后台监控和客服，导航定位更加精确。2019年8月，国内首批投入的320辆搭载有北斗高精度导航定位芯片的青桔共享单车，在武汉未来科技城投入应用使用，管理效果良好。

产业平台的构建需要以市场需求为导向，在构建技术导向产业平台的过程中，将及产业技术与其他领域相结合，并依据市场需求进行相关技术的研发及产品设计。北斗技术的产业化与应用也是武汉北斗产业发展的重要方向，根据市场导向来研发产品，筛选出优秀的企业发展为北斗产业的核心供应商，最终打造完整的北斗产业链及品牌。武汉北斗从市场到产品到产业的逆向发展路径，使得武汉北斗产业的市场更加广阔。

（二）以促进产业发展为宗旨，打造北斗产业园区

武汉市的科研优势决定了武汉市北斗产业平台的构建并不存在技术障碍，经历了 10 年的发展，东湖高新区的卫星导航与位置服务产业的整体规模在 2011 年超过了 100 亿元，约占全国卫星导航与位置服务产业的16%，光电子信息产业已经位于全国首列，在市场牵引和国家政策的推动下，武汉市北斗卫星导航产业化已经具备了一定条件，且其产业化进程也正迎来高速发展阶段。随着 2012 年中国北斗卫星导航系统的基本建成，并开始向亚太地区提供连续无源定位、导航等试运行服务，武汉市也紧跟国家的战略布局，依托技术优势建立了一批提供地球空间信息服务的企业，高新区以地球空间信息导航为代表的信息网络正呈现飞速发展的趋势，重点发展北斗芯片、数据处理系统、对地观测系统、导航数据库等北斗相关产业链。随着地球空间信息与服务应用的产业集群逐渐诞生，北斗产业市场推广平台在汉建立面临的则主要是商业模式以及市场运作的问题。

2012 年是中国北斗卫星导航系统发展的关键一年，也是武汉市北斗产业发展的新机遇。在《中国北斗导航产业地图白皮书》中，武汉被列为北斗导航产业发展的"潜力城市"，其拥有多家提供地理信息服务的企业。截至 2012 年年底，我国卫星导航产业规模达 1200 亿元，武汉市国家现代服务业地球空间信息产业化基地 3S 产业相关领域，有企业近 200 家，从业人员约 1.2 万人，是中国导航产业与地理信息产业发展的重点区域，已初步形成了产业集群；2012 年 12 月，总投资 40 亿元的国家地球空间信息武汉产业化基地新区在武汉未来科技城启动建设，多家北斗产业相关企业入驻，无人遥感测绘飞机等技术也在此进行研发。

技术导向的产业平台构建离不开产业园区这一平台载体，产业园区可以与将各个企业的价值创造活动集中在一起从而形成明显的区域优势。在政府的合理干预、市场对产业的正确引领下，引进一大批产业相关的上下游企业，为中小企业提供技术研发为孵化服务，是实现产业平台的独立自主、逐步成长的关键。

（三）弥补产业平台弱势环节，优化产业链

在技术积累阶段，武汉建设北斗卫星导航产业平台具有得天独厚的技术优势。在北斗产业平台构建阶段，武汉市形成了相对完整的产业链，全面覆盖上游 GNSS（全球卫星导航系统）芯片、定位导航测站及设备、电

子地图，中游定位导航基础设施、服务支撑及配套设施，下游卫星导航与位置服务应用。但还存在一些问题。数据处理和运营支撑处于产业链的中游，武汉拥有武大吉奥、中海达等高新技术企业，应用服务处于产业链的下游，武大卓越、光庭导航等优秀企业也都齐聚武汉，卫星导航产业链的上游即数据获取和芯片制造产业主要集中在北京和上海，芯片研发与制造相对于产业链其他环节较为薄弱，2012年湖北省参与生产的北斗车载终端、北斗地图、测绘、北斗手持设备、遥感等企业达120多家，而北斗芯片等高端产品的生产商几乎为零，由此也暴露出一些问题，武汉市北斗卫星导航产业平台中产业链的发展极为不均衡，在一定程度上也限制了下游企业的发展。虽然武汉地球空间信息产学研走在全国前列，但北斗芯片的研发与制造工艺相比于GPS仍然偏低。

为了克服这一技术劣势，中国工程院院士、武汉大学测绘学院院长李建成提出将武汉北斗产业技术方面的关键任务放在芯片和硬件研发上，并调整整个北斗产业链的价值构成，进一步优化武汉北斗产业平台。2014年11月，由武汉大学和东莞市泰斗微电子科技有限公司联合研发的羲和芯片在武汉问世，打破了武汉市芯片研发生产环节缺失的局面，并将产业链延伸到各个领域，做出武汉北斗产业的特色与优势。在武汉导航院的带领下，武汉"北斗大军"已涉及北斗基础构件、平台终端、应用服务等多个领域。

因此在构建产业平台的过程中，需要充分意识到产业自身的优势与劣势，进一步明确产业发展的战略方向，加强对薄弱环节的发展，优化产业链，并将产业链延伸到各个领域，推进产业平台的健康发展。

(四) 建立产业核心企业，推动产业平台发展

2013年，武汉市生产地理信息数据监控软件和终端的公司普遍表示由于企业规模小，产业链的整体配套以及工人素质整体不如广东和江浙，零部件往往需要从外地采购，有十余家中国企业参与中泰北斗项目的首批建设工作，但武汉企业仅有两家；2014年，武汉参与地球空间信息的产业近300家，但接触到北斗产业的企业却不足10%，从这一方面来看，武汉出现了"技术超前、配套落后"的问题，如何有意识地培育企业，聚合武汉市企业力量，成了武汉市构建北斗产业平台急需突破的问题。

2013年7月，在中泰就北斗卫星导航系统达成合作后，由武汉信息技术外包服务与研究中心、武汉大学测绘遥感信息工程国家重点实验室等

单位联合发起的武汉光谷北斗地球空间信息产业股份有限公司挂牌成立，该公司是中国首家国家级地球空间信息产业化基地对外开展科技输出和科技援助的外包平台企业，该公司也是中泰地球空间产业项目的合作平台，同时也是武汉北斗"走出去"的战略平台。在武汉北斗产业平台的建设过程中，以武汉光谷北斗控股集团有限公司为代表的产业集群也发挥出了相当大的作用，武汉光谷北斗有7位北斗技术相关的院士，占全国总量的一半；其申请专利数达140项，名列全国第一。武汉光谷北斗地球空间信息产业股份有限公司作为武汉北斗产业平台的核心企业，在武汉北斗走出国门的路途中也担任了引领者的角色。但武汉的大多数北斗产业相关企业都存在有技术，却没有规模与市场的问题，光谷北斗公司作为平台企业，将武汉市企业的技术与产品打包推向了市场，形成国际竞争力，也是武汉市北斗相关企业迎来发展的重要原因。

除了构建产业核心企业，在企业扶持问题，武汉市政府同样在努力建设培育性的本土环境，光谷北斗公司与市科技局、市国资委商议共同成立了北斗产业基金，专门用于并购或投入有技术潜力的本土相关公司，给予北斗产业创业公司在最困难前三年技术指导与相关订单，从而在武汉孵化、带动一批北斗产业企业，同时也出台了诸多优惠政策，帮助"北斗"产业平台的全面发展，例如给予北斗相关企业研发补助等。

技术导向的产业平台构建不仅仅要重视产业技术的巩固与发展，也需要市场与管理的力量相辅相成才能进一步推进产业平台的发展，有了技术优势作为基础，并以产业核心企业为推广平台，给予中小企业足够的支持，产业平台的市场化道路才能走得更加稳健。

三 武汉市北斗产业对外合作平台构建

（一）推进产业发展文化建设

在北斗对外合作与交流上，武汉市积极举办了各类活动。2013年5月，以北斗应用为主题的第四届中国卫星导航学术年会在武汉召开，国内外约2000名卫星导航领域专家学者与会，促进了武汉市卫星导航领域的科学普及与学术交流，该年会在武汉召开不仅是武汉信息产业发展崛起的标志，也是武汉市进一步打造北斗卫星导航产业平台的契机，武汉市正是抓住了这一机会，依托光电子信息产业、空间数据与服务产业的良好基础，进一步加强了北斗卫星导航系统的研发，努力将武汉建设成了北斗卫星导航产业应用平台；在此期间，武汉市还举办了"北斗杯"全国青少年科技创新大赛和北斗科普大讲堂活动，向大众以及学生推广地理空间信息知识等，鼓励青少年积极参与科技创新活动特别是卫星导航技术与应用的探索，培养和发掘青少年的求新态度和创造能力，为北斗产业平台的发展培育并储备人才；2014年9月，由光谷北斗举办了"中国—东盟北斗技术转移研讨会"，为中国的北斗技术走出国门搭建了一个交流和推广的平台，开拓国际和国内两个市场；2014年12月，中国武汉光谷北斗控股集团有限公司、泰国农业大学及泰国信息通信技术部联合举办了"关于政府使用遥感技术、地理信息系统和全球定位系统技术管理农业土地利用规范的科技论坛"，为北斗技术在农业领域的创新应用提供了国际化的交流平台。2019年11月，第十四届中国卫星导航应用科技大会在武汉隆重召开，会上，多位专家学者围绕北斗产业生态体系、北斗系统服务性能评估、北斗+5G等系统应用，以及卫星导航高精度星间状态测量、卫星导航复杂电磁环境测试、北斗高精度定位现状及改进等前沿应用技术展开研讨。在分组交流中，与会代表们畅所欲言，研究探讨了国内外各导航系统领域的新技术和新产品。2020年7月31日习总书记亲自宣布"北斗三号全球卫星导航系统"正式开通，为推进北斗在全国各行业广泛应用，中国北斗应用大会暨中国卫星导航与位置服务第九届年会于2020年9月22—24日在武汉中国光谷科技会展中心举行，这届大会促进了导航、遥感、通信等卫星系统的技术和应用领域进行深入交流，推动卫星数据的共享和综合利用，以及卫星应用产业结构升级、改造，拓展北斗融合应用新领域，培育了我国卫星导航与位置服务产业的北斗特色，营造了开放、自主、兼容、渐进的北斗应用发展环境。

产业相关学术交流等活动的举办，可以为产业相关企业之间提供合作交流的平台，为其相互促进提供了新渠道；拓宽产业技术转移的渠道，推动高科技产业领域之间的互联互通，加快产业平台走向国际的步伐；通过向大众以及其他国家展示产业取得的成果与发展前景也有助于产业获得更多的外界支持，提高产业在国内国际的影响力，为产业平台获取等多的合作机会；科技知识的普及也有助于构建产业发展文化，培养了产业相关人才。

（二）构建产业联盟及相关组织

武汉市北斗产业平台的构建离不开产业联盟的支持。2013年3月，武汉市组建了地球空间信息产业技术创新战略联盟；2013年5月，湖北省北斗产业技术创新战略联盟在光谷成立，会员单位达到80余家，希望通过集结北斗产业研究、高端技术研发、关键设备开发、终端产品生产单位，从而推广北斗卫星导航系统在市场上的份额；此后，电信、联通等运营商，华为、联想、百度、腾讯等互联网制造商，以及泰斗微电子、合众思壮等从事导航与位置服务的相关单位共同成立了"羲和导航与位置服务产业技术创新联盟"，致力我国高精度室内外位置服务产业发展；2014年12月，由国内的北斗相关企业、高校、科研院所、咨询机构等联合发起成立的非营利性社会团体——"武汉·中国光谷北斗行业应用战略联盟"在东湖高新区管委会成立，有近40家优秀企业成为首批联盟会员，聚力打造武汉市北斗"千亿"产业集群。

从武汉市北斗产业平台的构建过程来看，产生了诸多产业联盟及相关组织，武汉市政府也在积极推动产业联盟的构建。产业平台的构建离不开产业联盟，产业联盟能在某一领域想成较大的影响力，并形成产业知识产权与技术标准化；有助于整合各方优势，以较低的风险调度合理配置资源，进行科技创新；通常产业联盟会成为对外交流的平台，将技术优势与人才优势转化为产业优势，承接合作项目，将平台业务推向新的领域，从而推动平台与产业的发展；产业联盟成员也可以依托产业联盟进行市场拓展，提高在该产业领域的国内外市场占有率。

（三）加快产业发展国际化步伐

中国北斗卫星导航系统规模大、成本高，需要积极开拓国际市场以保证系统的稳步发展。武汉市北斗产业平台一直走的是国际化的发展路线，先国外后国内，内外并举的发展路径使得武汉市北斗产业能够更快地把技术转化为生产力，产生巨大的平台效益。2013年3月，武汉信息技术外包服务与研究中心、武汉大学测绘遥感信息工程国家重点实验室、泰国科技部三方签订了《泰国地球空间灾害监测、评估与预测系统合作协议书》，支持泰国利用中国地球空间信息领域的技术与服务合作建立泰国空间灾害预测系统。从2013年12月中国北斗卫星导航系统开始向亚太大部分地区正式提供服务以来，武汉市紧跟北斗产业发展的趋势，为中国北斗卫星导航系统搭建了推广平台与对外合作平台。中泰北斗项目是我国北斗系统首次为其他国家提供服务，也是中国北斗卫星导航系统走出国门的第一步；2013年7月，泰国、老挝、文莱、缅甸四国都已采用中国北斗系统；继中泰北斗项目合作后，武汉借助武汉光谷北斗公司这一平台，加快了武汉市北斗产业的对外合作，2014年11月，马来西亚在汉与光谷北斗就设立"北斗东盟数据及服务中心"等合作事宜达成了共识，双方在马来西亚建设服务中心，服务于整个东盟的车辆导航、矿产安全、智能港口、智能交通等各个领域，武汉北斗产业的国际认可度进一步加强，东盟国家对光谷北斗技术的应用需求进一步提升，光谷北斗市场继续扩大到了东盟十国、俄罗斯等区域；2015年1月，泰国科技部、湖北省政府和武汉光谷北斗控股集团有限公司就共建"鄂泰技术转移中心"达成共识，共同打造鄂泰技术转移和服务平台，促进北斗成果加速转移转化。

在发展北斗产业，构建北斗产业平台的过程中，武汉市不断寻求中国北斗卫星导航系统走出去的机会。在武汉市北斗产业平台完善阶段，平台已经形成了一定的产业基础，在人才引进、技术开发、产品应用和基础建设等方面都取得了较大进展，产业平台建设取得了良好的阶段性成果，发挥出了武汉市特有的技术优势与人才优势，并进一步落实创新体制、开放合作等政策，紧跟国家重点战略，整合各类创新要素不断形成新的竞争力。在构建产业平台的过程中，只有不断发挥产业优势，打造产业平台核心竞争力，提高产业在国际上的认可度，才能带领产业中企业集体走出国门。相反，产业平台的国际化发展有利于促进产业平台技术的研发能力与运用能力的提升，为产业平台中的中小企业搭建国际化发展平台与途径，将产品与服务推出国门，不但加强了国际技术合作与成果转化，提高了产业平台的综合竞争力，同样也能推动产业平台新的产业领域合作，不断提升平台产业链的价值。

（四）加强产业平台与国内其他区域合作

武汉市北斗产业以武汉光谷北斗地球空间信息产业股份有限公司为平台积极拓展国内市场。2014年1月，光谷北斗公司与黄石市政府签约，总投入20亿元人民币建设中国—东盟北斗示范城、科技城，基于北斗位置服务基础设施建设覆盖全城的服务体系，有效地改善了交通、电力、公共等各个领域传统产业的效率，该项目是"北斗国际化样板间"，为武汉市北斗走出中国、走向东盟、走向世界提供了一个创新示范模式；在该项目上，光谷北斗公司积极与其他省市的公司合作，分别与大唐联诚、广州中海达公司签订战略规划建设协议，加速推进"中国—东盟北斗示范城"项目；2014年11月，武汉光谷北斗控股集团有限公司与九江市政府签署协议，旨在共建"长江北斗智慧城市"，这是武汉市北斗产业的首个跨省战略合作项目；2015 年 1 月，"中国—东盟北斗示范城"将全面开启智慧黄石建设，标志着光谷北斗致力于在黄石市全面大规模实施北斗行业及民生应用的开始，以智慧黄石为代表的北斗示范城市将进一步复制到东盟各国乃至全球，这是武汉北斗产业应用的新突破。在 2019 年 9 月召开的第九届中国北斗应用大会上，多家北斗领域企业与武汉达成合作意向，共有十家企业进行了现场签约，不少签约企业来自外地，其中，与江苏北斗物联集团有限公司达成了"4G 北斗物联网终端项目"的签约。

加强产业平台与国内其他区域的合作是产业平台拓展国内市场的方式之一，产业平台在发展过程中，国内外市场的发展侧重也受到产业平台整体发展战略与产业平台发展程度的影响，只有稳步推进产业平台的与国内其他区域的合作，才能为产业平台的国际化发展提供创新示范的模式。

第八章 消费导向与产业平台构建

第一节 消费导向与产业平台体系构建的内在逻辑

一 体系构建的内在逻辑

从经济发展的角度而言,可将平台定义为广义的市场。[①] 产业平台的构建首先需要考虑用户能从平台得到什么,即平台能够为平台经营者和平台使用者提供什么,为达到目标,平台应该"做什么"。产业平台的用户并不单指企业如生产商、销售商以及其他平台利益相关者,还包括产品或服务的消费者。后者就涉及要从平台不同用户的角度解决如何吸引消费者的问题。因此在产业平台的构建和规划过程中,需要针对产业自身问题,寻找突破的方案,从而构建对用户的核心吸引机制。

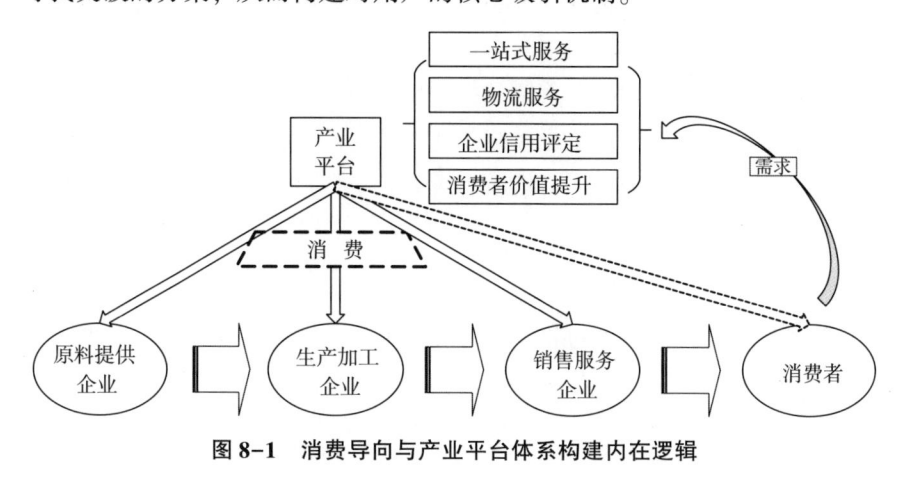

图 8-1 消费导向与产业平台体系构建内在逻辑

[①] Gawer A., Cusumano M. A., "Industry Platforms and Ecosystem Innovation", *Journal of Product Innovation Management*, 2014, 31 (3).

二 产业平台的价值特征

立足消费导向的产业平台存在多种形式，但不管何种形式的平台，都需要至少满足两个条件：（1）需要至少可以为使用者提供一种功能或者为使用者解决一个特别问题的功能需求；（2）可以比较容易地吸引新的使用者加入，以及扩展自己所提供服务的范围。[1] 当平台满足以上两个条件后，平台的构建可以选择两种方式：使用已存在的能力或架构；建立新的能力和架构。[2] 但最终来说，产业平台是否能有效形成取决于产业技术系统、活动系统和价值系统三个层面的价值特征，这三个层面是平台出现的限定条件。产业平台的开放性、可扩展性和模块化和质量控制将是影响其是否成功的重要因素。[3]

（一）一站式服务的需求

随着信息化时代的发展，消费者越来越看重企业产品或服务的水平和品质，一站式服务可更加快捷、超前、方便地满足消费者的需求，并且在发展过程中"想顾客所未想"，超前考虑顾客在未来发展消费中可能遇到的困难和问题，为消费者提供"一对一"、周到细致的服务。一个业务功能完善的产业平台组织体系是指一个从收集产品信息、开发产品、生产产品、销售产品直至开展售后服务的全过程业务实现平台化的组织体系。该组织体系的运行实质上是各个子功能平台组织的协调运行，该组织体系内的生产经营活动主体是组织中的企业，可借助信息平台系统收集产业内市场信息，借助产品开发平台系统完成产品开发，借助产品生产平台系统完成产品的生产，借助销售平台系统实现产品的销售交易，借助物流平台系统将产品送到用户，最后还可借助售后服务平台系统向用户提供完善的售后服务。

（二）物流服务需求

信息技术时代消费者对物流的服务水平的要求越来越高。产业平台中

---

[1] Gawer A., Cusumano M. A., "Cómo Se Convierten Las EmpresasEnLíderes De Plataforma", *Harvard Deusto Business Review*, 2008.

[2] Gawer A., Henderson R., "Platform Owner Entry and Innovation in Complementary Markets: Evidence from Intel", *Journal of Economics & Management Strategy*, 2007, 16 (1).

[3] Thomas R., Geoffrey P., Marshall W. V., *Platform Envelopment*, Harvard Business School Entrepreneurial Management Working Paper, 2007.

物流平台的建设着手打造集运输、仓储、报关等单一环节物流服务为一体的综合性服务。通过物流平台，消费者可以方便地利用信息技术与物流企业进行交流和沟通，使消费者和企业之间的合作和协调有可能在短时间内迅速完成。尤其是高新技术企业，其产品普遍具有"订单网络化、物流全球化、生产零库存"的特点，企业对货物的物流速度有很高的要求。平台建设应以最少的投入取得最佳的经济效益，这是提升企业核心竞争力的有效途径。

（三）企业信用评定

产业平台能有效为消费者提供多方位深入服务，通过整合平台资源，建立中小企业综合信息平台，通过多渠道采集、整合企业信息，建立完整的中小企业信用档案。发挥信用评级等信用中介机构的作用，构建产业平台中中小企业的信用评价体系，解决企业信息不对称的问题。产业平台信用评定体系的建设，不仅可以消费者提供制定交易决策的有效参考，有效减少交易欺诈行为，降低交易风险，保护消费者权益，提高交易的成交率，同时还可以规范市场，加强企业信用体系建设，促进交易市场更加繁荣。

（四）消费者价值提升

随着信息时代的到来，产品和服务对于消费者来说越来越对称。在需求不断多样化的趋势下，产品价格等信息也越来越透明化，产业平台的标准化经营模式可大大降低企业的运营成本和交易成本。由于平台化的经营模式是按标准化的方式处理业务，并且是在规模化的同时处理来自不同企业的业务，因此可以大大降低生产经营的业务成本。另外，由于产业平台是一个开放的、资源共享的系统，其交易条件和方式是公开的，极大地便利了企业的相关业务活动以及企业间的业务合作，这就大大降低了平台企业和加盟企业之间的交易成本，提高了整个产业内产品生产经营活动的效率。有关顾客需求的信息是平台内多个企业提供的，可以在最大限度上满足不同需求的客户群体，扩大整个业务的内容和规模，从而提高消费者满意度。当平台中的某种产品或服务使用者越来越多时，每一位用户所得到的消费价值都会呈跳跃式增加。比如电话、传真机、QQ、网上社区、微博等通过消费者之间关系网络的建立，达到价值激增的目的。这种商业模式就称为平台战略。

第二节　消费导向对产业平台构建的影响机理

产业平台作为一种市场，[1] 以消费者为核心，考虑消费者的需求，即平台经营者以及使用者的需求，并通过一系列行之有效的措施和服务满足消费者。产业平台的用户并不单指企业，如生产商、销售商以及其他与平台有关的利益相关体，还包括产品或服务的消费者。因此在产业平台的构建和规划过程中，需从消费者角度出发，构建以消费为导向的产业平台机制，吸引和保留客户资源。

然而，当前研究多偏重消费者行为的探讨，对产业平台的研究主要集中于产业平台的构成、组织体系和模式，[2][3][4][5][6] 以及产业平台的建设和运行问题的建议对策，[7][8][9][10] 但对二者联系的研究仍较欠缺。本章以消费者行为为切入点，探讨顾客满意度对于顾客行为的影响，并通过论证政府政策在消费者行为中起到的调节作用，提炼消费导向与产业平台构建的内在逻辑，对以消费者行为为导向构建产业平台提供理论依据和决策参考，具有一定的理论意义和现实意义。

---

[1] Gawer A., "Bridging Differing Perspectives on Technological Platforms: Toward an Integrative Framework", *Research Policy*, 2014, 43 (7).

[2] 吴绍波、刘敦虎：《新兴产业平台创新生态系统冲突形成及其管理对策研究》，《科技进步与对策》2014 年第 5 期。

[3] 李必强、郭岭：《产业平台组织体系及其运行模式研究》，《科技进步与对策》2005 年第 6 期。

[4] Gawer A., Cusumano M. A., "Industry Platforms and Ecosystem Innovation", *Journal of Product Innovation Management*, 2014, 31 (3).

[5] 孙耀吾、陈立勇、翟翌、漆萍、黄万艮：《平台产品价值实现研究——以移动互联网产业为例》，《信息与管理研究》2018 年第 Z1 期。

[6] 李斌、黄改：《产业立体网络平台体系：青年发展与乡村振兴的基础逻辑》，《中国青年研究》2019 年第 9 期。

[7] 唐润、关雪妍、于荣：《"互联网+农业"产业链协同平台建设》，《中国科技论坛》2018 年第 9 期。

[8] 王东：《基于产业链延伸视角的物流行业平台生态圈研究》，《商业经济研究》2019 年第 23 期。

[9] 于三三、杨中秋、赵嘉、王明艳：《面向产业的化工类跨专业综合实践教学平台的构建与实现》，《实验室研究与探索》2020 年第 2 期。

[10] 曹玉红、尤建新：《信息非对称环境下产业创新平台多方主体博弈分析》，《运筹与管理》2020 年第 4 期。

一 理论基础与研究假设

(一) 产业平台的顾客感知价值与购买意愿

产业平台的构建与消费导向紧密相连,顾客对产业平台所提供的产品或服务直接的感知价值,会影响其对消费过程及消费结果的满意程度,并由此间接影响其购买意愿。因此根据消费导向构建产业平台是必然趋势。首先,需要探究产业平台的顾客感知价值与消费者购买意愿之间的联系,顾客感知价值与消费者购买行为文献广泛,学术界有诸多较为成熟的关于顾客感知价值直接影响消费行为的研究。[1][2] 赵慧[3]研究发现顾客感知价值对于顾客忠诚和顾客认同存在显著正向影响,顾客认同对顾客忠诚存在显著正向影响,顾客认同在顾客感知价值与顾客忠诚关系中起到部分中介作用。在产品平台消费过程中重视产品感知、服务感知、购买体验和购买信任,这是消费者实现产品平台感知的前提。顾客在众多的产业平台进行选择的过程中,更加倾向于选择交易规模大、卖家数量多、商品品种多、商品信息公开、数据透明,同时又能满足消费者多样化、个性化需求的产业平台。[4] 顾客感知价值是影响顾客购买意愿的主要因素,顾客在购买产业平台的产品后有了主观的评价,影响其是否继续愿意购买产品或服务。顾客通过自己购买产业平台商品的使用感受以及相关的感知价值,会产生再次购买的意愿并推荐给他人购买。[5][6] 消费者购买产业平台产品或服务后,对该次购买满意,认为其价值越高,才会更加愿意再次购买产品或服务。相反,如果顾客购买产品后,没有获得相应的感知价值,则其不能够较好地评价商品,更不用提将产品推荐给他人,也不会再次购买产业平台的商

---

[1] 鱼文英、李京勋:《消费情感与服务质量、顾客满意和重复购买意愿关系的实证研究——以航空服务行业为例》,《经济与管理研究》2012年第7期。

[2] Petrick J. F., "Development of a Multi-dimensional Scale for Measuring the Perceived Value of a Service", *Journal of Leisure Research*, 2002, 34 (2).

[3] 赵慧:《顾客感知价值、顾客—企业认同与顾客忠诚的关系研究》,硕士学位论文,内蒙古大学,2019年,第68页。

[4] 李震、王新新:《平台内网络效应与跨平台网络效应作用机制研究》,《科技进步与对策》2016年第20期。

[5] Alshibly H. H., "Customer Perceived Value in Social Commerce: An Exploration of Its Antecedents and Consequences", *Journal of Management Research*, 2015, 7 (7).

[6] Heinonen K., "Reconceptualizing Customer Perceived Value: the Value of Time and Place", *Managing Service Quality*, 2013, 14 (14).

品。顾客对于产品的价值感知从不同的方面进行,如国外学者研究将顾客感知价值划分为功能价值、情感价值、认知价值、社会价值以及情境价值五个维度,[1] 或者没有考虑功能价值的"四维度学说";[2] 国内学者王永贵[3]将顾客感知价值划分为四个维度:功能价值、感知利失、情感价值和社会价值,在此基础上还衍生出五维度模型,增加了绿色价值这一维度。国内学者刘晓莉等[4]通过实证分析研究发现感知有用性、双向性、响应性、互助性和口碑推荐均对用户的感知功能价值和感知情感价值产生显著的正向影响。其中,产品质量是消费者购买意愿的重要影响因素,消费者购买产品后,认为产品的质量价值满足自身的消费需求,更容易激发再消费意愿。[5][6] 其次,消费者购买产品一般是以经济条件为基准有选择性购买,当购买产品的价值与消费支出相当,消费者感知产品的价格与价值相符时,更易于产生较高的购买意愿,反之如果产品的价值远远低于其购买价格,消费者再次购买的意愿则会降低。消费者购买一些产品时会考虑其对自己社会地位提升的推动力,如这一产品消费后,使自己受到他人的尊敬,提高了社会地位,使消费者获得尊重需求,购买意愿会更加强烈。结合已有研究,本书提出如下假设:

假设1:顾客感知价值的产业平台产品质量价值对于购买意愿具有正向影响。

假设2:顾客感知价值的产业平台产品经济价值对于购买意愿具有正向影响。

假设3:顾客感知价值的产业平台产品社会价值对于购买意愿具有正向影响。

---

[1] Sheth, Jagdish. N., Bruce I., New Man and Barbara L., Gross., "Why We Buy What We Buy: A Theory of Consumption Values", *Journal of Business Research*, 1991, 22 (3).

[2] Sweeney C., Soutar N., "Consumer Perceived Value: The Development of a Multiple Item Scale", *Journal of Retailing*, 2001 (2).

[3] 王永贵、沈金英、张华光:《品牌资产如何驱动顾客关系管理绩效—基于分解法视角的实证研究》,《管理学报》2005年第6期。

[4] 刘晓莉、张雷:《平台互动性对用户在线知识付费意愿的影响机制研究》,《新世纪图书馆》2020年第8期。

[5] 江明华、郭磊:《商店形象与自有品牌感知质量的实证研究》,《经济科学》2003年第4期。

[6] 何炼:《基于消费者感知的价格促销策略研究》,硕士学位论文,西南交通大学,2008年,第68页。

(二) 产业平台的顾客满意度、顾客感知价值与购买意愿

诸多对消费者行为研究中,将顾客满意度作为中介变量,验证其对顾客感知价值与购买意愿的影响。消费者购买产品后对产品的满意程度是影响其未来是否继续愿意购买产品的重要前因,但是是什么要素影响和决定了顾客购买产品的满意程度呢？当消费者在购买产业平台商品的过程中以及消费过程中,对产品经济价值、质量价值、社会价值等方面的感知,直接影响其对购买产品以及购买行为的满意程度,可见,顾客满意是连接产业平台顾客感知价值和购买意愿的桥梁,是顾客感知的结果,是购买意愿的前因。网络环境下的顾客忠诚不仅仅受以往购物经历中期望是否被满足所影响,更为重要的影响因素是在网站购物过程中是否得到了情感上的满足与快乐。[1] 顾客在体验产品或服务的过程中,如果在情感上与产品或服务所体现的价值产生共鸣,会极大地提升顾客的购买欲望,提高产品成交率。[2] 顾客感知价值对购买意愿产生影响,其中顾客满意起到中介作用,能够影响顾客感知价值,并间接影响消费者在产业平台中最终的购买意愿。[3] 在产业平台的消费过程中,顾客感知价值良好,可以从多个方面,全面总结产品的优异性,体现了顾客对产品的满意程度。[4] 当顾客认为自己消费是值得的,体验良好时,才会产生再次购买的意愿,甚至愿意将该产品或服务推荐给其他人。[5] 因此,本书提出:

假设4:顾客满意度对于产业平台的顾客感知价值与购买意愿的关系中具有中介作用。

---

[1] 刘丽、张宁:《顾客感知价值、满意度与忠诚度的关系研究——电子商务环境下的实证分析》,《信息资源管理学报》2016年第3期。

[2] 朱淼、王刚、刘亮坤、郭珊:《基于顾客感知价值的体验式营销策略研究》,《商讯》2019年第8期。

[3] Patterson P. G., Spreng R. A., "Modelling the relationship between perceived value, satisfaction and repurchase intentions in a business-to-business, services context: an empirical examination", *International Journal of Service Industry Management*, 1997 (5).

[4] 何建民、潘永涛:《顾客感知价值、顾客满意与行为意向关系实证研究》,《管理现代化》2015年第1期。

[5] Widmier S., Jackson D. W., "Examining the Effects of Service Failure, Customer Compensation, and Fault on Customer Satisfaction with Salespeople", *Journal of Marketing Theory & Practice*, 2015, 10 (1).

(三) 产业平台的政策支持、顾客感知价值与购买意愿

研究显示，政府在促进消费中起着主导作用，[①] 经济市场风险与利益并存，商家的目的是吸引消费者，占取市场份额，获取盈利；消费者则是希望购买与自己经济条件相当，满足自身需求的具有价值的商品。只有在卖家与买家利益诉求相符，供需互补的情况下，消费市场才能趋于稳定。尽管市场可以通过自我调控的方式消除部分不良现象，但是还需要依靠政府强制性的调控手段加以引导和控制，减少不正当交易现象。政府通过制定一系列政策，如消费者购买产业平台所售商品，给予一定的优惠补助、税收减免等，[②] 使得消费者购买产业平台的产品后，所感知的产品价值相当于或高于消费支出，消费者会产生更加强烈的购买产品的意愿。但是政策质量是建立在政策作用对象对于政策的长期信任之上的，当政府频繁出台政策，且政策经常做出重大调整时，政策作用对象将失去对相关政策的依赖与信任，即缺乏稳定性和持续性的政策，往往导致政策质量较低，这会引发对政策产生疑虑，政策实施效果不佳，即质量较低的政策实施有可能会导致政策无效甚至起到负面作用，最终致使市场、政府双失灵。[③④] 郑颖[⑤]进一步分析证明了政策信任在补贴政策感知质量与消费者购买意愿关系之间起部分中介作用。补贴政策感知质量既能直接影响消费者购买意愿，同时也能通过影响消费者对于政策的信任程度进而影响购买意愿。补贴政策所能够给消费者带来的经济、社会等方面的效益感知，在一定程度上帮助消费者对补贴政策树立信心，建立政策信任，从而影响消费者购买意愿。由此可见，政府政策的颁布会刺激消费需求。[⑥] 当消费者认为其购买的产业平台所售的产品满足其社会地位和利益需求，购买体验良好时，

[①] Ravn M.O., Schmitt-Grohé S., Uribe M., "Consumption, Government Spending, and the Real Exchange Rate", *Journal of Monetary Economics*, 2012, 59 (3).

[②] 陆杭高、张飞燕、蒋苏健、胡菁菁、任程程：《国家促进消费及减税降费政策背景下消费预期调研报告》，《财富时代》2019年第7期。

[③] 张永安、郄海拓：《金融政策组合对企业技术创新影响的量化评价——基于PMC指数模型》，《科技进步与对策》2017年第2期。

[④] 张永安、郄海拓、颜斌斌：《基于两阶段DEA模型的区域创新投入产出评价及科技创新政策绩效提升路径研究——基于科技创新政策情报的分析》，《情报杂志》2018年第1期。

[⑤] 郑颖：《补贴政策感知质量对消费者家用光伏购买意愿的影响机制研究》，硕士学位论文，中国矿业大学，2020年，第88页。

[⑥] Nick Ellison, Michael Hardey, "Social Media and Local Government: Citizenship, Consumption and Democracy", *Local Government Studies*, 2014, 40 (1).

在政策的推动下，如优惠补助、税收减免等政策的影响会使其更加愿意在产业平台所提供的商品和服务上消费。由此，提出：

假设 5：政策支持对于顾客感知价值的产业平台产品质量价值正向影响购买意愿具有调节作用。

假设 6：政策支持对于顾客感知价值的产业平台产品经济价值正向影响购买意愿具有调节作用。

假设 7：政策支持对于顾客感知价值的产业平台产品社会价值正向影响购买意愿具有调节作用。

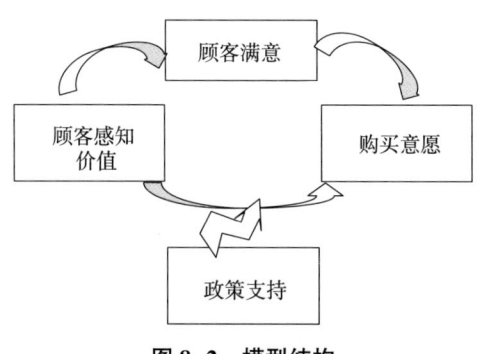

图 8-2　模型结构

二　数据来源与变量设计

（一）数据来源

本书以调查问卷的形式发放问卷，探讨消费者对产业平台所售商品的消费过程的满意度和顾客感知价值与消费者行为的关系。问卷结构主要分为五个部分：基本信息调查、顾客感知价值调查、政府政策调查、顾客满意度调查和购买意愿调查。量表采用 Likert 五点计分方式进行计分，其分值代表问卷填写者个人意见与题项所述内容的符合程度，1 代表非常不同意，5 代表非常同意。共设置 19 个题项。

考虑到问卷填写者文化程度的差异性，以及变量的专业名词不便于理解，容易造成问卷填写的误差，设计问卷的过程中措辞进行适当调整，使得问卷题项通俗易懂。如将顾客感知价值的题项设计为"您更愿意购买什么类型商品"。另外，对于产业平台的含义问卷填写者并不清晰，因此把"产业平台"替换成"联系产业与产业、企业与企业互帮互扶平台"。问卷发放时间为于 2019 年 11 月 1 日至 2019 年 11 月 21 日，历时 20 天。此次调查共发放 450 份调查问卷，回收 415 份，有效问卷 404 份，问卷回收率和有效率分别为 92.2% 和 89.8%。被调查对象特征分布情况如表 8-1 所示：

表 8-1　　　　　　　被调查对象特征　　　　　　单位：人,%

变量	分类	数量	比例
性别	男	172	42.57
	女	232	57.43
年龄	≤20 岁	32	7.92
	21—30 岁	167	41.34
	31—40 岁	144	35.64
	>40 岁	61	15.1
学历	高中以下	36	8.91
	大专	51	12.62
	<本科	158	39.11
	硕士及以上	159	39.36
月收入水平	≤2000 元	100	24.75
	2001—3500 元	53	13.12
	3501—6000 元	110	27.23
	>6001 元	141	34.9
月消费水平	≤1000 元	40	9.9
	1001—2000 元	141	34.9
	2001—5000 元	146	36.14
	>5001 元	77	19.06

（二）变量设计

顾客感知价值（Customer Perceived Value）一直以来都受到学者和企业经营者的高度关注，为顾客创造和提供良好的感知价值已成为企业获得竞争优势的新源泉。①②③④ 在诸多学者的研究中,都赋予顾客感知价值不同的维度分类,综合而言,大部分使用的是"多要素说"。即将顾客感知价值分为功能性价值、社会性价值、情感性价值、认知价值和情景价值五个维度。⑤⑥ 购买意愿是评价顾客在产业平台所售的商品中进行消费的可能性大小,通过购买过程以及商品使用后感受的综合评价,消费者对产业平台以及所购买的商品有了主观和客观的体验,所以其再次购买产业平台的产品的可能性也会发生变化,体现在购买意愿方面。⑦⑧⑨ 政策支持是国家和政府对推动某一制度或战略施行的重要手段,有效的扶持政策能够促进产业平台的发展,规范市场行为。⑩ 顾客满意度指的是顾客对所购买的产业平台出售的产品或服务过程进行评估,以判断是否能达到他们所期望的程度。⑪⑫ 本书以性别(gerder)、年龄(age)、受教育程度(edu)、⑬收入水平(income)、消费水平(consume)⑭ 为控制变量,其他变量设计见表8-2。

---

① Gale B. T. , "Outclassing the Competition", *Marketing Tools*, 1994 (7).

② Woodruff R. B. , "Customer Value: The Next Source for Competitive Advantage", *Journal of the Academy of Marketing Science*, 1997, 25 (2).

③ Slater S. F. , "Intelligence Generation and Superior Customer Value", *Journal of the Academy of Marketing Science*, 2000, 28 (1).

④ 李佳敏、张晓飞:《品牌感知价值对顾客重复购买意愿的影响:顾客情绪的中介作用》,《商业经济研究》2020年第18期。

⑤ Leary R. B, Vann R. J, Mittelstaedt J. D. , "Changing the Marketplace One Behavior at a Time: Perceived Marketplace Influence and Sustainable Consumption", J*ournal of Business Research*, 2014, 67 (9).

⑥ 张鹤冰、李春玲、魏胜:《在线顾客感知质量、感知价值对购买意愿的影响——基于消费者异质性视角》,《企业经济》2020年第5期。

⑦ Monroe, K. B. , *Pricing-making Profitable Decisions*, New York: McGraw-Hill, 1991.

⑧ 韩睿、田志龙:《消费者购买意愿浅析》,《管理学报》2005年第3期。

⑨ 焦勇兵、娄立国、杨健:《社会化媒体中顾客参与、价值共创和企业绩效的关系——感知匹配的调节作用》,《中国流通经济》2020年第6期。

⑩ 白佳:《组织学习与创新绩效关系的实证研究——以创新政策为调节变量》,硕士学位论文,中山大学,2010年,第61页。

⑪ Giese J. L. and Cote J. A. , "Defining Consumer Satisfaction", *Academy of Marketing Science Review*, 2000 (1).

⑫ Iannario M, Piccolo D. , "A New Statistical Model for the Analysis of Customer Satisfaction", *Quality Technology & Quantitative Management*, 2016, 7 (2).

⑬ 彭华涛:《创业企业成长瓶颈突破:政企互动的中介作用与政策感知的调节作用》,《科学学研究》2013年第7期。

⑭ 贺伟、龙立荣:《实际收入水平、收入内部比较与员工薪酬满意度的关系——传统性和部门规模的调节作用》,《管理世界》2011年第4期。

表 8-2　　　　　　　　　　　　变量设计

变量	可观测变量
顾客感知价值（X）	我更愿意购买质量较好，种类丰富的产品
	我更愿意购买有规范的售后服务体系的产品
	我更愿意购买服务态度良好的产品
	我更愿意购买口碑和信誉良好的产品
	我更愿意购买相比于其他产品性价比较高的产品
	我更愿意购买价格与服务质量相匹配的产品
	我更愿意购买我认为消费是值得的产品
	我更愿意购买很符合我自己品味和形象的产品
	我更愿意购买让我受到更多的尊重的产品
	我更愿意购买可以提高其他人消费意愿的产品
购买意愿（Y）	购买产品时我会参考自己的购买经历
	购买经历改变了购买产品时我的想法和态度
	购买经历对我的购买决策产生影响
政策支持（M）	政府政策推动联系产业与产业、企业与企业互帮互扶平台的建立
	政府政策对于建立联系产业与产业、企业与企业互帮互扶平台有较大力度的补贴和优惠
	政府支持联系产业与产业、企业与企业互帮互扶平台的建立会使我更加愿意消费
顾客满意度（A）	我对消费的认同表现在对此次购买经历表示满意
	我对消费的认同表现在对服务质量感到满意
	我对消费的认同表现在对自己购买决策感到满意

三　模型分析

（一）探索性因子分析

将问卷数据录入并使用SPSS19.0进行因子分析，采用主成分分析法，根据变量设计的结果，采用最大方差法，抽取6个因子，以因子载荷系数大于0.5为分类标准，得出最终结果，如表8-3所示。

表 8-3　　　　　　　　　　探索性因子分析结果

旋转成分矩阵[a]

	成分					
	1	2	3	4	5	6
X2	0.849	0.102	0.136	0.111	0.175	0.123
X3	0.806	0.095	0.110	0.210	0.152	0.167
X1	0.754	0.063	0.141	0.186	0.078	0.214
X4	0.718	0.099	0.157	0.080	0.178	0.314
M2	0.065	0.875	0.174	0.206	0.082	0.123
M1	0.140	0.862	0.148	0.194	0.046	0.111
M3	0.105	0.838	0.198	0.112	0.249	0.024
Y2	0.189	0.188	0.818	0.215	0.180	0.146
Y3	0.139	0.225	0.809	0.209	0.153	0.187
Y1	0.220	0.197	0.689	0.368	0.019	0.117
A2	0.223	0.277	0.161	0.758	0.161	0.137
A3	0.150	0.147	0.292	0.743	0.200	0.118
A1	0.182	0.175	0.284	0.700	0.146	0.128
X10	0.150	0.204	0.121	0.110	0.815	0.020
X9	0.249	0.110	0.111	0.206	0.761	0.242
X8	0.124	0.047	0.116	0.204	0.635	0.451
X7	0.216	0.035	0.172	0.226	0.222	0.747
X6	0.344	0.141	0.147	0.049	0.279	0.712
X5	0.463	0.169	0.150	0.102	−0.008	0.646

注：提取方法：主成分。

旋转法：具有 Kaiser 标准化的正交旋转法。a. 旋转在 7 次迭代后收敛。

由表 8-3 可发现，共有 6 个因子，且所有指标在所属因子上载荷系数基本大于 0.7。由此可得出结论，本研究样本数据的区分度与收敛度均较好，探索性因子分析的结构清晰度较好。

（二）信效度检验

进行探索性因子分析后，用 SPSS19.0 软件进一步分析数据的信度与效度。一般认为，当测量题项的内部一致性系数 Cronbach α 值大于 0.7

时，则其内在一致性具有良好的效果。[1] 本书信度系数如表 8-4 所示。

表 8-4　　　　　　　　　　　　信度系数

潜变量	可观测变量	Cronbach α
顾客质量感知价值（X11）	我更愿意购买质量较好，种类丰富的产品	0.875
	我更愿意购买有规范的售后服务体系的产品	
	我更愿意购买服务态度良好的产品	
	我更愿意购买口碑和信誉良好的产品	
顾客经济感知价值（X12）	我更愿意购买相比于其他产品性价比较高的产品	0.794
	我更愿意购买价格与服务质量相匹配的产品	
	我更愿意购买我认为消费是值得的产品	
顾客社会感知价值（X13）	我更愿意购买很符合我自己品味和形象的产品	0.768
	我更愿意购买让我受到更多的尊重的产品	
	我更愿意购买可以提高其他人消费意愿的产品	
购买意愿（Y）	购买产品时我会参考自己的购买经历	0.860
	购买经历改变了购买产品时我的想法和态度	
	购买经历对我的购买决策产生影响	
政策支持（M）	政府政策推动联系产业与产业、企业与企业互帮互扶平台的建立	0.899
	政府政策对于建立联系产业与产业、企业与企业互帮互扶平台有较大力度的补贴和优惠	
	政府支持联系产业与产业、企业与企业互帮互扶平台的建立会使我更加愿意消费	
顾客满意度（A）	我对消费的认同表现在对此次购买经历表示满意	0.812
	我对消费的认同表现在对服务质量感到满意	
	我对消费的认同表现在对自己购买决策感到满意	

由表 8-4 可见，所有潜变量的信度系数 Cronbach α 皆大于 0.7 且接近 0.8，数据总信度系数为 0.837，表明本研究的信度结构较好。

本研究 KMO 和 Bartlett 球形检验值为 0.911（在 $P<0.001$ 水平上显著），如表 8-5 所示，故样本数据效度较高，适合做因子分析。此外，本研究累计方差解释率为 75.814%，累计方差解释率相对较高。

---

[1] Nunnally, J. C., *Psychometric Theory*, New York：McGrawHill, 1978.

表 8-5　　　　　　　　　　KMO 和 Bartlett 的检验

取样足够度的 Kaiser-Meyer-Olkin 度量		0.911
Bartlett 的球形度检验	近似卡方	4497.837
	df	171
	Sig.	0.000

(三) 验证性因子分析

探索性因子分析验证本书的研究数据具有较好的信度和效度, 本研究进一步利用 Lisrel8.70 结构方程软件对探索性因子所得数据进行验证性因子分析。分析结果如表 8-6 所示。

表 8-6　　　　　　　　　　验证性因子分析结果

变量	测项		标准化系数	T 值
顾客价值感知 (X)	X11	X1	0.75	17.14
		X2	0.85	20.56
		X3	0.83	19.67
		X4	0.77	17.60
	X12	X5	0.72	15.76
		X6	0.81	18.32
		X7	0.72	15.67
	X13	X8	0.72	15.49
		X9	0.84	18.67
		X10	0.67	14.11
购买意愿 (Y)	Y	Y1	0.75	17.01
		Y2	0.86	20.67
		Y3	0.85	20.40
政策支持 (M)	M	M1	0.86	21.03
		M2	0.91	22.88
		M3	0.83	19.77
顾客满意度 (A)	A	A1	0.75	16.42
		A2	0.79	17.88
		A3	0.77	17.21

Chi-square=305.20, df=137, p-value=0.0000, RMSEA=0.055
NFI=0.97, NNFI=0.98, CFI=0.98, IFI=0.98, GFI=0.93

由表 8-6 可见，本研究数据各题项标准化数据大于 0.65，T 值均大于 14，同时 Chi-square/df<3，RMSEA=0.055<0.08，NFI=0.97，NNFI=0.98，CFI=0.98，IFI=0.98，GFI=0.93。各潜变量与题项间拟合效度较高，可进行下一步分析。

表 8-7　　　　　　　　　　　Pearson 相关性

		gender	age	edu	income	consume	X11	X12	X13	M	A	Y
gender	Pearson 相关性	1										
age	Pearson 相关性	-0.241**	1									
edu	Pearson 相关性	-0.036	-0.139**	1								
income	Pearson 相关性	-0.325**	0.484**	0.121*	1							
consume	Pearson 相关性	-0.146**	0.362**	0.206**	0.620**	1						
X11	Pearson 相关性	0.029	-0.070	-0.113*	-0.202**	-0.127*	0.801					
X12	Pearson 相关性	-0.060	0.044	-0.162**	-0.084	-0.084	0.664**	0.751				
X13	Pearson 相关性	-0.043	0.007	-0.138**	-0.058	-0.126*	0.471**	0.543**	0.747			
M	Pearson 相关性	-0.038	0.127*	0.010	0.042	-0.003	0.315**	0.336**	0.380**	0.867		
A	Pearson 相关性	0.091	0.047	-0.112*	-0.129*	-0.076	0.482**	0.471**	0.501**	0.497**	0.770	
Y	Pearson 相关性	0.053	0.106*	-0.172**	-0.114*	-0.133**	0.466**	0.487**	0.425**	0.495**	0.652**	0.822

注：** 在 0.01 水平（双侧）上显著相关；* 在 0.05 水平（双侧）上显著相关。

由表 8-7 Pearson 相关性表分析可得，除控制变量外，各变量的 AVE 平方根分别为 0.801、0.751、0.747、0.867、0.770、0.882，皆大于其对应列表内的变量间相关系数，说明所测量指标间具有较好的区分效度。

（四）中介效应模型

本研究验证产业平台中进行消费时顾客满意在顾客价值感知与购买意愿的关系中的中介作用主要分为三个步骤：第一步，验证自变量顾客价值感知与中介变量顾客满意之间的关系，首先引入控制变量（如表 8-8 模型一 M1），再引入自变量（如表 8-8 模型二 M2），以中介变量为因变量，做线性回归，如若关系显著，则进行第二步，否则停止验证。第二步，验证自变量和因变量之间的相关性，首先引入控制变量（如表 8-8 模型三 M3），再引入自变量（如表 8-8 模型四 M4），以因变量购买意愿为因变量做线性回归分析，结果显著则进行下一步的验证。第三步，首先引入控制变量（如表 8-8 模型五 M5），再引入自变量和中介变量（如表 8-8 模型六 M6），以购买意愿为因变量，验证自变量、中介变量与因变量之间的关系。

有效的中介需得出以下结论：（1）自变量与因变量存在相关性；（2）自变量与中介变量间具有相关关系；（3）自变量与中介变量同时代入回归方程解释因变量时，中介效应显著而自变量的效应消失时体现的是完全中介效应，而当自变量效应减弱，则呈现的是部分中介效应。[1][2]

表 8-8　　　　　　　　　　中介效应回归分析表

解释变量＼因变量	M1	M2	M3	M4	M5	M6
控制变量						
性别	0.067	0.109*	0.043	0.081	0.043	0.028
年龄	0.132*	0.113*	0.196**	0.178**	0.196**	0.123**
受教育程度	−0.072	0.005	−0.107*	−0.037	−0.107	−0.040*
收入水平	−0.163*	−0.087	−0.119	−0.050	−0.119	−0.007
消费水平	0.001	0.031	−0.102	−0.075	−0.102	−0.090
自变量						
顾客价值感知（X）		0.578**		0.526**		0.243**
中介变量						
顾客满意（A）						0.490**
模型统计量						
调整后 R^2	0.029	0.349	0.057	0.322	0.057	0.477
ΔR^2	0.041	0.317	0.069	0.263	0.069	0.417
F 值	3.420*	37.008**	5.868**	32.874**	5.868**	40.485**

注：** 在 0.01 水平（双侧）上显著相关；* 在 0.05 水平（双侧）上显著相关。

由表 8-8 线性回归分析结果得知，验证第一步自变量对中介变量的关系时，$\Delta R^2 = 0.317$ 且 $F = 37.008^{**}$ 在 0.01 水平上显著，因此自变量与中介变量间的关系显著，且呈正相关关系。因此可以进行下一步验证自变

---

[1] 温忠麟、张雷、侯杰泰：《中介效应检验程序及其应用》，《心理学报》2004 年第 5 期。
[2] Baron R. M., Kenny D. A., "The Moderator-mediator Variable Distinction in Social Psychological Research: Conceptual, Strategic and Statistical Considerations", *Journal of Personality and Social Psychology*, 1986 (51).

量与因变量相关性的验证，线性回归结果是 $\Delta R^2 = 0.263$ 且 $F = 32.874^{**}$ 在 0.01 水平上显著，由此可发现自变量对因变量是显著的正向影响关系。所以，可以继续验证中介效应。在引入中介变量后，从分析结果可见 $\Delta R^2 = 0.417$ 且 $F = 40.485^{**}$ 在 0.01 水平上显著，且引入中介变量后线性回归中自变量系数 0.243^{**} 小于原来的系数 0.526^{**}，因此中介效应显著。但是，中介变量标准系数为 0.490^{**}，也在 0.01 水平上显著，根据温忠麟中介效应验证步骤，可证明本书的研究，即顾客满意在顾客价值感知与购买意愿关系中起到完全中介作用，假设 4 得到验证。

（五）调节效应模型

本研究中由于自变量顾客感知价值（X）设置了三个维度，分别是顾客质量感知价值（X11）、顾客经济感知价值（X12）和顾客社会感知价值（X13），因此在做调节效应时分别从不同维度出发，引入调节变量政策支持（M），验证其在自变量不同维度对因变量影响中是否起到显著的调节作用。运用 SPSS19.0 软件进行分析，首先验证政策（M）在顾客质量感知价值（X11）影响购买意愿（Y）过程中是否具有调节作用，分析结果如表 8-9 所示：

表 8-9　　　　　　　　　调节效应回归分析（一）

变量	X11			
	模型 1	模型 2	模型 3	模型 4
性别 1	-0.037	-0.060	-0.059	-0.054
年龄 1	-0.266	-0.212	-0.112	-0.101
年龄 2	-0.163	-0.071	0.012	0.039
年龄 3	-0.082	0.001	0.072	0.077
受教育程度 1	0.133	0.061	0.086	0.105
受教育程度 2	0.029	0.031	0.046	0.071
受教育程度 3	0.043	0.009	-0.016	-0.010
收入水平 1	0.126	-0.006	0.031	0.022
收入水平 2	0.025	-0.037	-0.006	0.000
收入水平 3	-0.018	-0.026	-0.026	-0.016
消费水平 1	0.117	0.135	0.111	0.109
消费水平 2	0.089	0.100	0.084	0.075

续表

变量	X11			
	模型1	模型2	模型3	模型4
消费水平3	0.044	0.055	0.069	0.051
X11		0.457***	0.329***	0.275***
M			0.386***	0.398***
X11×M				0.144***
R^2	0.077	0.271	0.399	0.417
调整后R^2	0.047	0.245	0.376	0.393
F	2.517*	103.600***	82.558***	11.617***

注：*** 在0.001水平（双侧）上显著相关；* 在0.05水平（双侧）上显著相关。

如表8-9，验证了政策支持（M）在顾客质量感知价值（X11）对购买意愿（Y）产生影响过程中是否起调节作用。根据模型2，自变量与因变量之间的关系在0.001水平上显著，表明顾客质量感知价值（X11）对购买意愿（Y）是显著的正向影响，由此验证了假设1。结合模型3与模型4可以发现，加入调节变量政策支持（M）后，交互项显著（β=0.144***），同时$\triangle R^2=0.018$且在0.001水平上显著（F=11.617***）。假设5得到验证。

接下来，运用SPSS19.0软件对政策支持（M）在顾客经济感知价值（X12）影响购买意愿（Y）过程中的调节作用进行探索，分析结果如表8-10所示：

表8-10　　　　　　　调节效应回归分析（二）

变量	X12			
	模型1	模型2	模型3	模型4
性别1	-0.037	-0.079	-0.073	-0.068
年龄1	-0.266	-0.193	-0.101	-0.097
年龄2	-0.163	-0.084	0.001	0.012
年龄3	-0.082	0.000	0.069	0.068
受教育水平1	0.133	0.021	0.056	0.067
受教育水平2	0.029	-0.030	0.001	0.014
受教育水平3	0.043	0.016	-0.009	-0.005

(续表)

变量	X12			
	模型1	模型2	模型3	模型4
收入水平1	0.126	0.053	0.073	0.067
收入水平2	0.025	-0.013	0.011	0.009
收入水平3	-0.018	-0.028	-0.027	-0.031
消费水平1	0.117	0.097	0.085	0.080
消费水平2	0.089	0.049	0.048	0.047
消费水平3	0.044	-0.004	0.026	0.022
X12		0.468***	0.338***	0.304***
M			0.377***	0.388***
X12×M				0.077
R^2	0.077	0.285	0.406	0.410
调整后R^2	0.047	0.259	0.383	0.386
F	2.517*	112.878***	78.820***	3.107

注：*** 在0.001水平（双侧）上显著相关；* 在0.05水平（双侧）上显著相关。

根据表8-10中的模型2，$\beta=0.468^{***}$，验证了自变量对于因变量起到显著的正相关影响，验证了假设2。引入调节变量政策支持（M）后，根据模型3和模型4，可以发现，顾客经济感知价值（X12）与因变量购买意愿（Y）的交互项（$\beta=0.077$），并不显著，也因此假设6没有得到验证，即政策支持对顾客经济感知价值正向影响购买意愿不存在调节作用。

最后，对政策支持在顾客社会感知价值（X13）与购买意愿（Y）关系中起到的调节作用进行验证，结果如表8-11所示。

表8-11　　　　　　　　调节效应回归分析（三）

变量	X13			
	模型1	模型2	模型3	模型4
性别1	-0.037	-0.062	-0.058	-0.059
年龄1	-0.266	-0.246	-0.136	-0.137
年龄2	-0.163	-0.179	-0.062	-0.064
年龄3	-0.082	-0.050	0.034	0.034

(续表)

变量	X13			
	模型 1	模型 2	模型 3	模型 4
受教育程度 1	0.133	−0.011	0.046	0.044
受教育程度 2	0.029	−0.106	−0.042	−0.044
受教育程度 3	0.043	−0.087	−0.075	−0.076
收入水平 1	0.126	0.141	0.136	0.137
收入水平 2	0.025	0.039	0.048	0.047
收入水平 3	−0.018	−0.022	−0.022	−0.022
消费水平 1	0.117	0.043	0.051	0.051
消费水平 2	0.089	0.066	0.062	0.062
消费水平 3	0.044	0.015	0.043	0.044
X13		0.421***	0.269***	0.272***
M			0.391***	0.389***
X13×M				−0.016
R^2	0.077	0.241	0.367	0.367
调整后 R^2	0.047	0.213	0.342	0.341
F	2.517*	83.572***	77.190***	0.144

注：*** 在 0.001 水平（双侧）上显著相关；* 在 0.05 水平（双侧）上显著相关。

分析表 8-11，模型 2 得出自变量 X13 与因变量 Y 之间的关系，β=0.421***，因此可发现顾客社会感知价值（X13）正向影响购买意愿，假设 3 得到验证。而对政策支持（M）在二者之间起到的调节作用，根据模型 3 和模型 4，交互项（β=−0.016），调节变量政策支持（M）在顾客社会价值（X13）正向影响购买意愿的关系中没有起调节效应，假设 7 被否定。

四　结论与启示

（一）研究结论

本研究验证的假设 1、假设 2、假设 3 选取的产业平台的顾客质量感知价值、产业平台的顾客经济感知价值、产业平台的顾客社会感知价值正向影响购买意愿,验证了何建民、潘永涛[1],Razavi[2],朱淼、王刚[3]等学者的观点。消费者购买产业平台所售的商品或服务后享受到等同的价值,包括质量、经济、社会地位等多个方面,这些感知因素的良好程度直接影响消费者是否愿意再次在产业平台消费,即购买产品或者服务。如果顾客感知价值良好,那么其在消费后将会产生再次购买的意愿并推荐给其他人,如果感知价值差,购买意愿不再强烈。

本研究验证的假设4,验证了学者赵英男、兰春玉[4]的研究结论,同时本研究也丰富了已有的学术研究,虽然已有诸多学者以顾客满意作为中介变量,[5][6][7] 探讨不同变量之间的关系。但是验证顾客满意在顾客价值感知正向影响购买意愿中的中介效应的文献仍较少。消费者的价值感知直接影响其购买满意度,当满意度较高时,更容易引发消费者再次购买的倾向,相反,消费者对购买到产品不甚满意,那么购买意愿也将会降低。

假设5、假设6和假设7所验证的政策支持在产业平台的顾客感知价值正向影响购买意愿中起到的调节作用是对以往研究的补充,政策的制定会刺激消费者在产业平台所售产品或服务上的消费,[8][9] 但是将政策支持作为感知价值和购买意愿之间的调节变量比较少见。当消费者对产品或服务的质量感到满意时,在政策的推动下,消费者会有更强烈的购买意愿,而产品或服务的经济价值以及让消费者感受到的社会价值并没有因为政策

---

[1] 何建民、潘永涛:《顾客感知价值、顾客满意与行为意向关系实证研究》,《管理现代化》2015年第1期。

[2] Razavi S.M, Safari H., Shafie H., et al., "Relationships among Service Quality, Customer Satisfaction and Customer Perceived Value: Evidence from Iran's Software Industry", *Journal of Management & Strategy*, 2012, 3 (3).

[3] 朱淼、王刚、刘亮坤、郭珊:《基于顾客感知价值的体验式营销策略研究》,《商讯》2019年第8期。

[4] 赵英男、兰春玉:《外卖O2O服务质量与顾客忠诚度关系研究——以顾客满意为中介变量》,《中国物价》2015年第8期。

[5] 胡保玲、沈鹏熠:《回报计划感知价值对计划忠诚的影响分析——顾客满意的中介作用》,《技术经济与管理研究》2012年第4期。

[6] 韩旭:《消费情绪、感知价值对顾客忠诚影响的实证研究——以顾客满意为中介变量》,硕士学位论文,山东大学,2015年,第38页。

[7] 陈宪鹏、郜沁馨、葛红霞、周晓萱:《基于感知价值的顾客满意度评价研究——以网易云音乐为例》,《现代商业》2020年第13期。

[8] 陈洁:《顾客感知价值对新能源汽车购买意愿的影响研究》,硕士学位论文,东华大学,2015年,第44页。

[9] 陆杭高、张飞燕、蒋苏健、胡菁菁、任程程:《国家促进消费及减税降费政策背景下消费预期调研报告》,《财富时代》2019年第7期。

的支持激发消费者的购买欲望。

（二）管理启示

以质量为核心建设产业平台。顾客购买产品通过不同的维度对产品的性能、质量等获得感官体验，并对其购买产品的价值形成评价，直接影响其是否愿意再次购买该产品。因此，产业平台既需要在企业组织规模扩大的情况下，不断吸引和保留消费者、挖掘潜在消费者，还需关注到最关键的任务，即提高产品的质量。在材料选取、生产加工、包装销售、售后服务等环节注重产品的质量管理，保障和维护消费者安全，获得消费者信任，这样有利于提高消费者感知价值，增强购买意愿。

建立健全顾客反馈沟通机制。顾客在产业平台消费是一个长期的过程，既包括某一次的消费行为，还涉及顾客消费后的感知价值以及未来购买意愿。当消费者购买产品后获得优良的体验，对产品的价值以及消费行为感到满足，才可能再次消费。建立系统、科学的顾客反馈和沟通机制，确保消费者有利益诉求、信息反馈的有效渠道，有助于提高顾客满意度。将售后服务作为产业平台建设的重点，强化顾客与产业平台的互动和联系，助推产业平台发展。

积极落实优化惠民政策。顾客消费过程中不仅注重产品的质量，价格也是其考虑的重要因素。国家为了刺激消费势必颁布多项惠民利民的政策，如消费补贴、税收优惠政策等。但是政策全面落实需要一段时间，产业平台可抓住机遇，积极与主流媒体互动，利用政策优势，采取相应的价格策略，吸引消费者。另外，产业平台建设需以政策为引导方向，时刻关注政策的动态变化，实施调整发展战略。

第三节　基于感知差距模型的产业转型消费导向规律

一个完整的产业平台体系由具有多个不同功能用途的子平台系统所构成，多个子平台系统有机集成组成多功能系统。产业平台中各企业除了有共同的信息系统和行为规则来协调各自关系外，在功能上也有互补、耦合的关系和作用。众多不同企业进入产业平台，其开放式经营就需要良好的管理和运行规则，才能保障产业平台系统能有效地运行。另外，平台内的企业功能不同，产品和服务不同，面对的消费者不尽相同，顾客感知不同，同一用户对不同企业的感知也不同。基于 PZB 模型五个差距的基础上，考虑产业平台的开放性和特殊性，提出产业平台转型消费的顾客感知差距模型。模型构建如图 8-3 所示。

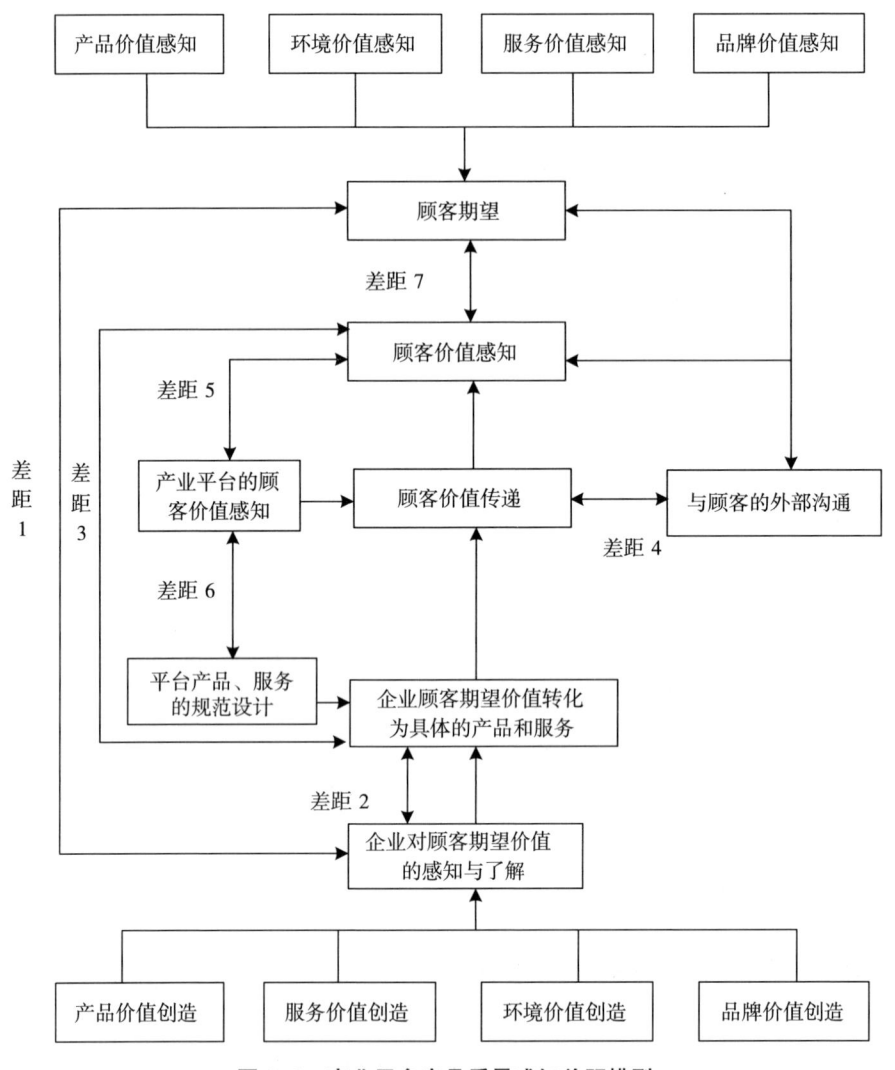

图 8-3　产业平台产品质量感知差距模型

具体分析如下：

差距一：企业对顾客价值期望的认知与顾客真实的期望之间的差距，其原因主要是平台内企业或者部分企业未能准确了解和把握顾客的期望。从企业的角度来看，正确理解顾客期望价值是改善产品和服务质量的基础，企业对顾客的理解不足可能导致产品定位误差或资源浪费等问题。产业平台建设要以消费者为中心，通过对市场消费的分析，确定目标消费群体的需求或期望，加强交流和沟通，以明确平台的定位。明确的定位有助于消费者认准平台信息，突出个性，满足消费者个性化，多样化需求。

差距二：企业实际创造价值与企业了解到的顾客真正的期望不符。在将顾客期望价值转化为具体产品和服务的过程中，由于相关操作人员对价值需求理解不到位或是技术限制等原因造成了该种差距。由于需求的多样化、个性化的特点，平台要重点与消费者之间建立起稳定的关系，以获取动态的、相关的消费者期望需求信息，在产品及服务的设计和提供中，注重与产业平台建立关联性，以加强消费者对产业平台的联系。

差距三：企业提供的价值与顾客感知价值之间的差距。由于企业对产品和服务的理解力的不同和顾客在价值感知过程中往往会有很强的主观性，以及受不同个体性格和情绪等不确定因素的影响，从而使顾客价值传递的有效性受到影响。顾客价值传递是影响顾客感知价值的重要因素，顾客对产业平台的感知也是其中一个影响价值传递的重要因素。产业平台在顾客感知过程中可以起到引导和协助的作用，在提供过程中加强服务技巧，注重个性化、情感化，充分针对产品和服务的文化、宗旨以及消费者的不同特性、消费观念、心理习惯、兴趣爱好等来提升顾客整体感知价值。

差距四：企业实际传递的顾客价值与其所宣传的顾客价值之间的差距。顾客会以平台中企业的广告、人员以及其他的方式宣传作为评判企业创造的顾客价值的标准。平台建设需要有效解决顾客价值的传递问题。传递过程受到提供价值人员综合素质的不同以及顾客主观感知的不确定性的影响，这就要求平台在构建和经营过程中注重价值提供和与顾客价值感知之间可能产生的差距的有效弥合。当消费者感知价值与企业宣传的价值存在差距时，消费者会感到失望和不满，这会严重影响产品在顾客心目中的形象。平台可以通过广告宣传、关系营销、服务人员引导、公关传播等整合传播方式，全方位加强与顾客的沟通。平台还应与顾客之间建立稳定的信任关系，加强顾客对平台的认知，增加感知服务价值，还可通过与媒体、政府、社区、学校等机构的互动与合作，借助事件营销、情感营销、公益营销等推广平台及平台产品和服务，这样才有利于顾客价值更好地传递。因此，实际提供的价值与外部宣传的价值之间的差距会影响顾客对企业及其产品的整体评价。

差距五：产业平台的顾客价值感知与顾客价值感知之间的差距。主要由于平台的顾客感知价值是与产品有关的所有企业感知的总体整合，其整合过程中存在误差。一方面平台自身应加强对顾客价值感知的认知；另一方面，应加强与企业之间，企业与企业之间的合作交流，以保证对顾客感知价值的同一和认可。

差距六：平台的产品和服务的规范设计与平台顾客价值感知之间的差距。其主要原因是平台企业未能准确了解和把握顾客和企业的期望。平台应加强对企业的了解，建立适应的规范、经营与理念，同时企业应加强对平台以及平台内其他企业的了解，以确保自身与平台及企业相符合。

差距七：顾客价值期望与顾客实际价值感知之间的差距。这是前六个差距的综合反映。如果以上的任何一个环节出现差距，则这个差距就是不可避免的。平台各个环节的宣传沟通都会影响到顾客的感知价值，宣传沟通中任何环节存在的问题，都会造成顾客感知与其期望价值的差距，产业平台对消费者的吸引力取决于其整体的综合竞争力。只有系统提升平台的创新力、服务水平，不断完善产业平台，才能吸引和满足越来越多的消费者。感知差距与产业平台建设导向之间的关系如表8-12所示：

表 8-12　　　　　消费者行为感知导向的产业平台建设

差距	内容	平台建设导向
差距一	企业—（价值期望）—顾客	明确定位，突出个性
差距二	企业—（价值创造）—顾客	建立与消费者的稳定关系
差距三	企业—（价值提供）—顾客	注重文化和情感建设、提升服务
差距四	企业—（价值宣传）—顾客	加强认知，整合营销
差距五	平台—（价值感知）—顾客	加强沟通与合作
差距六	平台—（规范设计）—顾客	适应与改善
差距七	企业—平台—顾客	整合竞争力提升

第四节　消费者风险感知与产业平台构建

产业平台中企业之间自身部分业务或者全部业务与其他企业协同合作，共同提供给消费者产品或服务，一方面可以降低经营风险，合作共赢，另一方面也潜藏着各种新的风险。Dan[①]的研究认为第三方认证能显著地降低感知风险。方艳杰[②]研究发现第三方认证和付费保障机制下的知觉担保效果，会对感知风险产生负向的影响效果。高健[③]的实证研究表明第三方支付平台抑制了风险感知的产生，并且削弱了影响风险感知因素的作用，降低了感知风险的维度。从以往研究文献中可以发现，学者认为第三方支付平台有效降低了感知风险。从产业平台的角度来看，为了更好地利用有限的资源促进交易，需要了解哪些因素对降低消费者的感知风险有重大作用，从而有效地利用资源更大限度地降低消费者的感知风险。

一 功能风险

产业平台无论是动态联盟组织还是产业供应链组织，产业内的活动都是一种企业间的合作。企业间交流合作需要合理分工，互相监督，在与顾客交付的终端避免产品或服务出现问题，造成顾客的财产损失。由于不同的企业对产品个性化需求的理解不同，在产品的设计与构建上就有所不同，因而对最终产品价值的转化也不同，再加上集成的经验、方法不同，集成的效果就不同。产品的内在质量、生产效率、经营成本就不同，顾客不仅需要花费一定的时间和精力去具体了解产品详细信息，还会由于某一业务环节未达到消费者的预期而使某一产品或服务被全盘否定。尤其当平台企业将自身的业务开放式地提供给产业内其他开展相关业务的企业时，自己不再直接从事相关业务的经营活动，这些业务相关的企业若是一些中小型企业，其能力和技术有限，提供内容和规模也是有限的，很可能不能很好地完成相关任务，从而存在达不到顾客预期满意水平的风险。由于产业平台中的企业在部分业务或者全部业务上是分工协作，企业对产品和服务的整体生产过程难以把控，当平台产品或服务出现问题时，各企业很可能存在互相推诿、扯皮的现象。同时，消费者也面临着对物流、售后服务无法信任的风险。此外，通过网络环境所购买的平台商品也存在不能使用

---

① Dan J. Kim., "Self-perception-based Versus Transference-based Trust Determinants in Computer-Mediated Transactions: A Cross-cultural Comparison Study", *Journal of Management Information Systems*, 2008, 24 (4).

② 方艳杰：《电子商务中第三方支付对消费者感知风险的影响研究》，硕士学位论文，中南林业科技大学，2012年，第53页。

③ 高健：《第三方支付应用下的消费者网上购物风险感知——基于山东大学学生的实证研究》，《山东行政学院．山东省经济管理干部学院学报》2010年第3期。

或者不能达到预期功能的问题。如购买到残次品或者假货，实际的产品和购物网站上所介绍的功能以及外观有差异，或者因描述问题以及不能实际接触到产品而导致买到不合适的产品。

二 经济风险

经济风险是指消费者购物的行为可能给其造成的经济损失，如银行卡信息被窃取，款付而货不到，运费过高以及当货品出现问题时进行退换货以及维修费用过高等。对于一些创新性产品，由于它的独特性使平台企业找到合适的合作者较为困难，在此过程总不仅存在合作带来的成本，也包括选择合作对象、培训、建立合作关系以及提供服务、监督等交易成本，因此消费者也面临着产品服务成本增加的风险。此外，平台交易不同于传统的交易，顾客的账户、资金、信息、网络的安全是客户必须考虑的一个因素。

三 安全风险

由于现代社会人们对健康的重视程度越来越强，保健观念的深入人心，这就使得产品在生产、加工、包装、材质等过程中发生较大改变。从消费者接受产品的价格和质量来看，很多消费者对大多数产品也越来越倾向于高质量、高档次。但是国内很多市场上产品繁多，鱼龙混杂，很多市场发展不成熟，由于市场缺乏统一标准定制和监督，市场定价随意，质量难以保证。

信息与风险息息相关，为买卖双方提供各种有用的信息是第三方的产业平台的一个主要功能。信息是企业提供的一种极为重要的商品，通过提供更广、更深的信息来满足买卖双方的信息需求。产业平台向卖方提供的信息主要包括买方交易记录、历史购物情况、买方的信用评价等，向买方提供的信息主要有卖方的信用评价、卖方交易历史记录、物品资料等信息。信息是否准确及时直接关系到买方购买决策，产业平台建设应注重降低由于信息的不完整、不准确、不及时给买方带来的损失。因此，影响产业平台客户感知的信息价值主要有以下三个指标：信息的完整性、信息的准确性、信息的时效性。

其一，信息的完整性是指信息在输入和传输的过程中，不被非法授权修改和破坏，保证数据的一致性，降低由于信息的不完整给买方带来损失。

其二，信息的准确性是信息价值的关键，不真实的信息不但毫无价值，还造成客户的购买决策的失误，所以信息的准确性是影响用户感知价值一个重要因素。

其三，信息的时效性是指信息交流的速度和数量，用户获取信息的速度和质量会直接影响用户决策，尤其在首次决策制定时，初次购物的体验会决定用户以后是否在该平台上继续进行交易。

四 其他风险

其他风险主要包括身体风险、时间风险、隐私风险和社会风险，这些在一定的产品和服务上属于共性风险。

身体风险是指在人们花费长时间的浏览、观察对消费者人体造成的辐射、视力下降等不利影响，以及可能因产品设计不良或者假货而对消费者造成身体上的伤害。

时间风险是指在决策过程中可能造成时间的浪费或者失败决策对消费者造成的时间浪费。比如选购时间过长，信息搜索的时间过长，送货以及等待的时间过长以及商品出现问题时退换货以及维修的时间过长等。

隐私风险是指私人信息被泄露或被不正当利用的风险。比如在购物时个人信息被盗用或者非法使用，购物习惯被人追踪，网购独有的送货上门使自己的购物行为变得不再是个人隐私的行为。

社会风险是指消费者的购买决策或者失败的购买行为会受到亲朋好友嘲弄的风险。比如网购行为不被家人所认同以及网购过程中发生经济损失可能会给自己带来他人给予的负面影响等。

产业平台构建应首先帮助企业转变观念，以降低顾客风险，提升顾客价值为导向，以向顾客提供高效、快捷的个性化服务为宗旨，加强企业的沟通，增进企业间对彼此的信任，建立企业信任评审和事后协商机制增强顾客对企业产品和服务的信心。通过信任评审体系，对合作中可能存在的薄弱和隐患等进行充分的斟酌和分析，并通过协商机制来处理消费者面临的问题以及其他意外事件，平衡合作企业之间的责、权、利关系，以弥补合作的缺陷。完善合作机制的同时建立良好的监督管理机制，最大限度地降低顾客对产品或服务的顾虑。

第九章 产业平台运行的保障机制

产业平台以商业生态系统的模式化运作为前提,这一平台系统中包含着各类企业、客户、服务商等核心群体,这些组成要素共同发挥作用,按照一个或多个中心指引的方向发展自身。在这个复杂的系统中,任何一环出现问题都会影响整体的效率。因此建立并完善产业平台的保障机制,对推动保障系统中每一要素的稳定发展,促进产业平台更有效率地运行具有重要意义。本章将从二次孵化、补贴政策、技术路线图及科技项目滚动扶持和专利池、专利联盟及专利运营机制四个方面对产业平台运行的保障机制进行系统的阐述。

第一节 二次孵化机制对产业平台的保障作用

随着市场竞争的日趋激烈,抢占技术的制高点,推动产业平台化发展成为提升产业竞争力优势的重要战略举措。针对这一经济发展趋势,我国政府提出了"创业—孵化—集群"的内生式增长模式,强调通过技术进步提高企业的收入,以提高企业的生存能力、增强企业创新能力。在此背景条件下,二次孵化机制从产业升级和企业二次生长的高度促进企业的联合、沟通与协调发展,推动产业平台的构建,保障产业平台的高效率运行。该机制不仅可为企业聚合提供共同生存的环境,且能够为企业科研成果产业化与产业平台中的商业网络接轨提供支持,对于完善和延长高新技术产业链、促进不同企业在某一特定领域的聚合,提升产业平台的竞争力、推动建设创新型国家起着至关重要的作用。

一 二次孵化的机理界定

产业平台中的企业进入孵化器,与高等院校、科研机构、风险投资公司等进行沟通，在孵化器得到资金等帮助。产业平台首先将理论转变为研发成果，经过一段时间，有部分企业可能因为抵抗风险能力差而失败。离开孵化器，只有少数孵化企业生存了下来。经历失败的企业或其他仍未发展成熟的企业，可以选择进行二次孵化。这类企业在产业平台中具有较大的发展潜力和较好的发展前景，对整个平台的发展有重要的促进作用，因此有继续孵化的必要。在二次孵化的过程中，该类企业依靠孵化器提供的条件继续生存和成长，孵化器对单一企业或整个平台提供持续的支持，为其提供完善的技术设施、全面的配套服务、广阔的融资渠道和集中的消费市场。同时二次孵化企业也可以继续与产业平台中的其他系统进行能量交换，能够继续从平台中获得信息、优惠政策、客户、平台发展助推群体等的支持。很多情况下，整个孵化器内并不是只有一个企业，而是由一个产业平台中的众多企业构成，组成一个企业群落。企业群落吸收外界能量，中游企业可以消化吸收上游企业的技术成果，形成具有自身企业特色的产品；下游产业消化吸收中游产业的技术，形成产品投放市场。二次孵化过程中，产业平台中的各个企业之间就这样相互影响、相互作用，最终形成产业化。二次孵化机制进一步促进了产业平台内资金、技术、人才、信息的聚集，提升了产业平台中企业之间的聚合力，有助于发挥规模效应，提高产业平台在特定领域中的竞争力。

二　二次孵化的保障作用

产业平台组织体系的运行离不开由供求信息与交易平台、产品开发平台、产品生产平台、物流平台、售后服务平台组成的产业基础平台系统。而二次孵化为企业研发成果产业化提供了现实条件，这一机制为孵化企业带来了良好的科技基础条件，完备的产、学、研相结合的创新系统和广阔的技术市场和资本市场，为产业平台良好运行打下了基础。同时，一个产业平台，可能由一个企业将其一部分业务通过平台化改造而成，也可以是由多个企业将其某个业务通过平台化改造而建立。高技术初创企业，作为产业平台中的一部分，其生产和经营能力一定程度上影响产业平台的整体发展。而二次孵化机制提高了高技术初创企业的生存率和企业化生产能力，满足企业高成长的需求，使之有能力为产业平台中服务商或市场提供大量个性化的产品，为产业平台这一系统的运行提供保障。

(一) 二次孵化机制促进了产业平台上资源的二次聚合

首先，企业的一次孵化是单个孵化器、众创空间的一对一孵化，而二次孵化是可能是产业平台对于待孵企业的联合孵化，因此整个产业平台上的待孵企业之间可以进行技术的交流、生产上的互补与协作，在这一能量交换过程中不断发展完善。其次，二次孵化体系实现了资金、设备、技术、人才、信息等资源的二次聚合，使二次孵化中的企业仍能继续享有完善的基础设施、强大的技术支持、优越的企业协作等便利条件。因此，以产业平台为基础的二次孵化体系实现了资源的再次聚集，为整个平台上的待孵企业的交流、协作提供了保障；为企业营造了良好的创新环境，提高了企业科技创新的能力；促进了平台中产业形成聚合，产生规模效应，提高了单一企业的生存率、研发能力和生产能力，进而提升了产业平台整体竞争力。

(二) 二次孵化机制促进了产业平台的二次创新

二次孵化中的待孵企业大多经历过破产或经营失败，通常研发能力差，单靠企业自身无法完成技术创新活动。而平台技术是产业平台中基础性技术，能够产生一定的网络效应和溢出效应，在产业平台发展过程中起到基础性作用。二次孵化机制能够引进新型技术，供待孵企业消化吸收积累，在此基础上技术集成、转移和创新，以此"后发优势"来缩小与其他成熟企业之间的差距。二次孵化机制促进了企业的二次创新，对企业提高自身技术创新能力、提升平台技术创新水平有着重要作用。

(三) 二次孵化机制促进了产业平台中企业的二次创业

产业平台中的企业在经历过一次孵化后，已初步具备一定的物质与资源积累，在发展遇到瓶颈后，二次孵化机制为其提供的管理经验和技术支持，在已有的基础上，进行科学化管理，推陈出新，重新构建一个依靠企业整体素质来实现稳定运行的管理体系，在此过程中不断发掘企业发展潜力，实现产业平台中待孵企业的跨越式发展。

(四) 二次孵化机制为产业平台提供了良好的发展环境

二次孵化机制通过引导具有号召力和示范作用的大型企业入驻，吸引产业平台中高成长企业围绕特定产业链聚集，使平台中的众多企业形成在技术上既替代又配套，在市场中既竞争又协作的关系，创造不同企业共同发展、协调运作的良好环境。二次孵化机制通过与各专业产业园的沟通与合作，对孵化产业的发展方向进行规划和调整。与国际孵化器结成战略联盟，吸引国外企业与国内产业平台接轨，降低了我国高技术企业开拓海外市场的成本与风险。

第二节 产业平台运行的事前与事后补贴机制

产业平台是能为产业生产经营活动提供一定功能服务的开放共用系统，它的有效运行离不开政府对其提供的资金支持。目前，我国产业聚合发展的步伐加快，平台化正成为产业发展的重要模式，政府除了予以高度重视外，还应出台补贴扶持政策，为产业平台的运作提供资金保障，推动产业平台又好又快的发展。

一 产业平台的两种补贴方式作用机制比较

由于创新活动具有外部性，企业对科研的投入缺乏自主性，需要政府制定政策进行补贴，以增强产业平台整体的创新能力，提高企业研发成果的转化率。补贴方式大致分为两种：事前补贴和事后奖励。

（一）对产业平台采取事前一次性补助方式

对产业平台的事前补贴，即产业平台在接到项目，但产品还未完全研发成功之前便申请补贴资金为项目提供支持，政府首先确定对产业平台的补贴率，产业平台再决定自身的发展战略。

这一政策有以下优点：一是可以使发展时间不长、经济实力较弱的产业平台得到经费支持，减少运行过程中资金短缺和流动性的困难；二是风险共担，一旦平台中企业研发或经营失败，这一风险可以由企业和政府共同承担，而不是大量转嫁到企业；最后可以鼓励平台中的企业钻研风险高、研发时间长、投入大的项目，提高其项目承担能力，使其在产业平台中项目选择方面有更大空间，使产业平台这一整体能够更好满足客户多样化的需求。

事前补贴机制也具有显著的缺点。根据张兴龙在《R&D 补助方式如何影响企业——来自 A 股医药制造业上市公司的证据补贴及其实施策略研究》一文中提出的观点，政府采用事前补贴政策，对促进企业增加科研投入没有任何作用，并不能提高平台中企业的研发能力，反而会对产业平台研发投入产生完全挤出效应。一方面，由于此类补助是在产品研发成功之前直接拨付的，可能并不需要产业平台提供相应的资金与之配套，不能对产业平台增加研发投入产生激励作用，而仅仅是替代了部分企业自身的研发投入；另一方面，由于此类补助方式事后监督机制欠缺，不能保证产业平台将该补贴完全用在产品研发上。因此事前补贴存在机制设计的缺陷，并不会影响到产业平台总的研发投入。因为程序设计不当，使得国家的资金投入不合理，不仅浪费资源还产生了负面作用，这便偏离了刺激创新、鼓励研发的宗旨，形成了鼓励公关、钻营和投机取巧的不良风气。因此对产业平台的事前技术补贴政策要慎重制定和使用。

(二) 对产业平台采取事后奖励方式

对产业平台的事后奖励，是由产业平台中的企业以其自有资金承担研发启动费用，进行成果转化、考察、示范和产业化阶段，估算该产业平台可以取得的经营利润，经过科技立项，探索可以取得经济效益的项目。在该项目研发成功后，经审批、核准、备案，按一定政策进行补贴的财政资助方式。

其具体操作流程大致如下：

第一，了解当今科技发展趋势。根据科技发展规划纲要和国家科技创新规划等纲领性文件，了解科技和市场的发展趋势，判断该产业平台的研发项目是否在补贴政策内。

第二，企业提交事后奖励申请。对产学研相结合的优秀项目给予优先补助。

第三，委托评估机构进行论证和评估。按照公平、公正、公开的原则，委托专业机构对事后补助申请进行论证，确定其补助资格、补助方式及补助金额。

第四，申请备案。政府财政部门根据评估结果，提出事后奖励预算建议，与申请企业达成共识后后，报财政部备案。

第五，企业开展对该项目的研发活动。申请企业按照项目任务书中的承诺自行筹集经费和设备，组织实施研发活动。

第六，完成项目验收。申请企业在完成研发项目或实施期满后，向科技部提出验收申请，科技部以项目任务书约定的程序和方法为准则组织开展项目验收工作。

第七，事后奖励经费发放。对通过验收的项目一次性下达拨付经费，事后奖励资金可以全额核销企业该项目的研发费用，或用于该项目的后续研发工作。

事后奖励政策能够更好地发挥补贴的激励作用，激励产业平台对科研的重视与投入，加快科研成果产业化；有助于产业平台的发展目标与国家发展规划相结合，充分发挥企业在科研投入中的主体作用；评审环节中包括了顾客体验、第三方检测和用户评价。因此产业平台在这一补贴政策的资助下，项目可以更好地面向客户需求，可以快速准确地判断研发成果的价值。

二　产业平台运行的事前补贴与事后奖励协调机制

事前补贴和事后奖励这两种补贴均有自身的优势和不足，如何在经济发展不确定因素增多、市场环境快速变化的今天，协调运用两种手段，制定出适合产业平台发展，符合我国经济发展状况驱动创新的财政补贴政策，促进资源的合理配置显得格外重要。

在建立对产业平台的事前补贴和事后补贴协调机制时，首先，政府应该从整体出发，根据产业平台发展的具体情况和当地经济发展状况，综合协调各个地区的事前补贴和事后奖励政策，合理规范各地创新驱动激励行为模式，达到整体效益最大化。其次，要考虑 R&D 溢出效应，即在市场竞争中，企业投入大量资金的研发成果被国外企业免费获得，产业平台无法独占技术研发带来的全部收益，挫伤了产业平台创新的积极性。柳建平等[①]提出，在国际竞争中，溢出参数 β 在 (0.2, 1) 范围内时，对 R&D 活动的补贴率 S 指为正数，政府应对企业的 R&D 活动采取事前补贴；当溢出参数 β 在 (0, 0.2) 时，技术溢出少，政府应对企业采取事后奖励制度。再次，加强对事前补贴事后奖励协调机制的规制与监管，在企业聚合发展的模式下，单个企业的资金监管模式难以继续发挥作用，一些资金滥用、粉饰业绩的现象在产业平台上时有发生。因此，需要加强对于补贴机制的监管，保障补贴资金能够用在"刀刃"上，使资金能够在技改扩能、研究创新、转型升级、市场扩张和品牌树立等方面发挥作用。最后，具体情况具体分析，对于资金实力薄弱的初创企业和研发风险大、耗资较大、周期长的项目的企业，应适当给予事前补贴，保证其能顺利地启动项目并完成研发。对于拥有一定资金实力的企业和研发风险小、需要较少投

---

① 柳建平、张永丽：《政府与市场关系视角的和谐社会建设问题探讨》，《科学经济社会》2007 年第 2 期。

资、周期短的项目的企业,应采取事前立项事后补贴政策,促使企业能够合理利用资金,更有效率地完成项目研发,激励企业自身加大对研发和创新的投入。

第三节 产业平台运行的技术路线图及滚动扶持机制

一 产业平台运行的技术路线图作用机制

技术路线图是一种应用型辅助工具,其定义是在多种实践经验中总结得出的。技术路线图的开创者 Robert Galvin 认为,技术路线图是对某一技术未来发展趋势的判断,集合了众人智慧和引导技术变革的驱动者的看法。美国海军研究办公室对技术路线图的定义是:技术路线图是一种辅助性的可视化工具,可用来规划技术资源,帮助使用者明确研究规划、发展规划、能力目标以及要求之间的关系。根据各种学者的实践经验,可以总结出,研究和制定技术路线图,就是着眼于市场经济的需求,从时间维度上用简单的线和表格探索科技发展的微观机制。

产业技术路线图的制定对产业平台的有效运行起着以下作用:其一,在产业平台中资源配置方面,管理者可以根据产业技术路线图明确技术的发展方向,对产业平台中有巨大发展潜力、广阔市场前景的企业给予资源倾斜,使该类企业获得更多的资源,以最快的速度研发出符合技术发展趋势和市场需求的产品。其二,在产业平台决策制定方面,技术路线图可以连接市场、产品与技术,最终以线与表格的形式概括复杂的模型和大量演算内容,明确地显示出达到特定目标的行动步骤与完成时间,为产业平台中各利益相关者达成协定以及做出决策提供数据支持与参考。其三,在产业平台的市场竞争方面,技术路线图作为一种辅助决策工具能够为产业平台制定市场营销规划提供依据,可以帮助企业、产业平台甚至国家抢占研发新产品的先机,在市场中能够比竞争者更快地满足客户需求。

为了理清技术与产品、产业之间的关系,首先需要搜集资料,分析目标技术的发展现状及未来发展趋势,明确本国发展该技术的优势与不足以及未来该项技术的发展前景。在确定技术路线图的研究内容后,需要争取政府支持并建立领导技术路线图制作的核心团队,我国产业平台对产业技术路线图的制作,一般都是由产业平台组织、政府相关人员、专业人员(包括相关技术的工程师和市场营销专家等)和该学科的专家(研究院研究人员或大学教授）共同参与。利用德尔菲专家法，组织多次讨论，发挥群体智慧，从策略层面探讨目标技术的发展趋势。根据产业现状分析图、技术路线图资料和技术资料进行产业问卷调查和学术研究问卷调查，并根据调查结果进行最终座谈讨论。最后绘制出技术路线图和技术表，并整理研究报告。一般技术路线图绘制流程如图9-1所示。

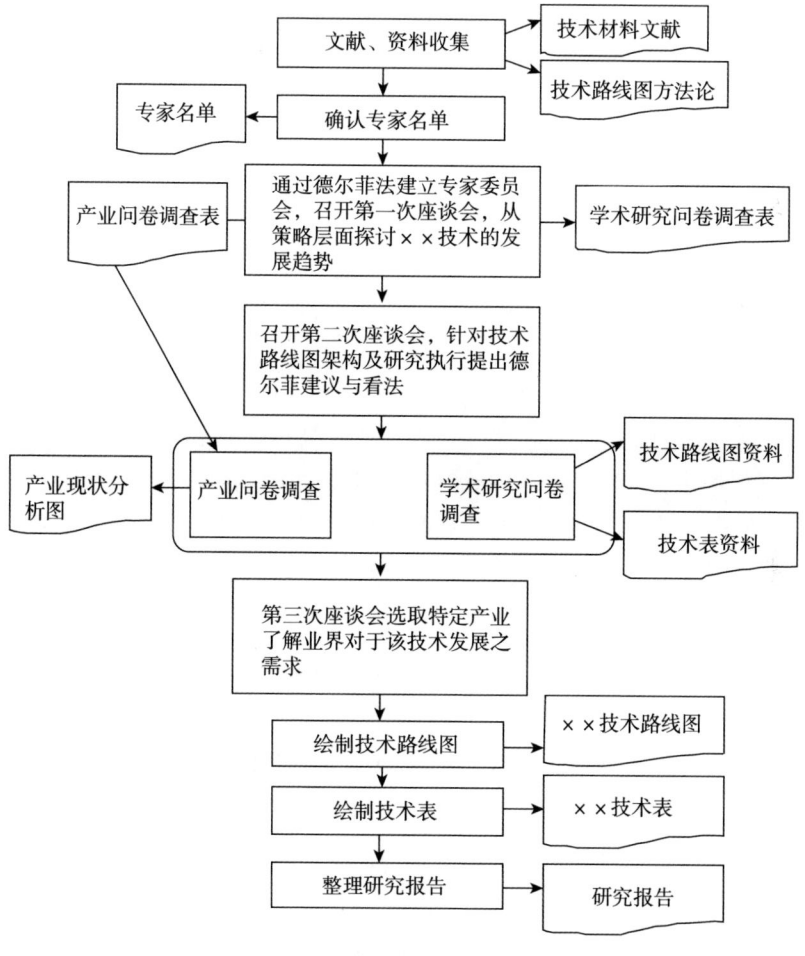

图 9-1 技术路线图绘制流程

二 产业平台运行的滚动扶持机制

鼓励和支持高新技术产业平台的发展是我国提升企业竞争力的重要举措，它是我国着眼经济社会稳定持续发展、促进产业转型升级、在经济全球化的大背景下占领科技制高点的必然选择。因此，确定合理的政府对产业平台的扶持机制，能够帮助企业改变"单打独斗"的传统发展模式以及解决推动产业平台发展过程中遇到的问题。一直以来，行政分配是政府财政资金对产业平台进行扶持的主要手段，给予企业直接的财政补助。然而产业平台中有一部分企业的研发周期较长，在短时间内无法体现其价值，政府的传统补贴政策难以满足这类企业需求，政策未能达到预期效果。政府补贴资金对此类研发周期长的、具有广阔发展前景的高新技术产业平台的扶持应当摆脱传统模式的桎梏，采用滚动式扶持方式，通过产业基金、众筹资金等，形成对产业平台扶持的持续性。

（一）产业平台运营资金来源

资金是一个企业生存发展的基础，通过企业与政府共同参与的产业基金或互联网众筹融资模式可以募集产业平台持续发展所需要的资金。

产业基金是产业平台运营资金的外部来源之一。在各级政府引导和帮助的条件下通过向社会个人及机构募集资金，设立产业基金公司，由产业基金管理人管理和分配其资产，对平台中未上市的企业提供资金上的持续支持，从而达到获取投资收益并促进产业升级和经济结构调整的目的。

在产业基金、社会资本和政府共同组建公司后，产业平台中的企业通过自身资产、特许经营权下的未来收益权质押等途径向产业基金公司进行融资，获得资金进行技术研发与运营管理，向市场提供产品或服务，获得项目的服务购买收入，政府的运营补贴等。[①]

（二）我国产业基金对产业平台中企业的投资过程

1. 寻找投资项目

产业基金投资公司成立后，需要寻找并筛选正确的投资项目，此环节对于投资公司和产业平台来说为一个双向选择的过程，投资公司通过公布投资标准和项目要求等信息，由平台中的企业递交项目投资申请，再由投资公司进行筛选与确认。

2. 项目分析与评估

产业平台中的企业所申请项目通过了筛选之后，产业基金投资公司会委托该领域的专家对项目进行进一步的研究与评估，综合分析该项目的发展前景、设备配置、资金供给、技术水平、管理方式等要素，对项目进行

---

① 傅连康：《我国产业基金发展状况分析》，《国际商务研究》2005年第5期。

投资风险评估。

3. 协商并确认投资

经评估后，认为投资项目是可行的，投资公司和产业平台中的企业便会在投资数额、期限与形式等方面进行协商，确定投资的具体事项，确立协同运作机制，追求投资方和产业平台双方利益的最大化。

4. 建立对投资资金的监管机制

投资公司与产业平台达成一致之后，投资公司便拥有合作者的职责，可以对产业平台中接受投资的企业的日常运营进行监督与管理，同时还可以参与该企业的政策制定、发展规划等重大战略决策。投资公司对创业平台的监管在一定程度上能够提高平台中企业的经营绩效。

产业的平台化满足了市场发展的需求，平台中的企业在具有高收益特征的同时，也伴随着高风险，面临市场、技术、管理等多方面的挑战。同时其产品回报周期长，一些具有发展前景的中小企业价值难以在短时间内显现出来，对社会资本的吸引力较差，需要在后期得到更大力度的、持续的、滚动的扶持。

(三) 政府引导产业基金扶持高新技术产业平台的意义

1. 产业基金保障产业平台能得到持续的资金投入

具体来说，产业基金会在第一次投资后继续对项目进行评估，如果企业项目发展前景广阔，预期回报高，产业基金将不但会继续对其进行投资，而且会在后期加大对其的扶持力度为技术的后续开发提供资金支持，使企业能够顺利完成整个项目，保障了平台中前期表现好的、具有发展前景的小型企业能够得到持续的、滚动的支持。

2. 产业基金的设立有利于提高资本的利用效率

产业基金是基金的一种形式，是由专家进行理财，专家通常具备扎实的理论基础、丰富的专业知识和实践经验，能够清晰判断一个企业是否具有较大的潜力和广阔的发展前景，通过了解企业的经营战略、财务状况、竞争优势，判断其是否值得去投资，因此产业基金投资者的目光不再仅仅聚焦于那些具有较强的盈利能力的成熟企业，也将眼光放在了具有发展潜力、但当下盈利能力不强的某些产业平台上；同时，拥有实际操作能力的基金经理对产业基金运作进行实时控制，有利于提高产业基金资金的运作效率，并且，股权投资是产业基金投资的主要方式，它能够对所投资企业的经营管理制造一定的压力，促使其建立和完善企业治理制度，监督其将资金用在研发和创新上，避免资金的不合理利用。

(四) 产业平台众筹活动的流程

产业平台运营资金的另一个来源为众筹资金。产业平台中的企业向众筹平台提出一个可行性高并且有回报的项目方案，经过评估后，该项目会通过众筹平台吸引目标群体投资。产业平台众筹活动流程主要分为：

第一，产业平台中的企业就某一创意或项目向众筹平台提出众筹申请；

第二，众筹平台通过评估发起单位的背景以及项目发展前景，判断该项目是否值得投资。通过审核后，项目计划便会在众筹平台上向目标群体公示；

第三，投资者根据众筹平台提供的项目信息选择出自己感兴趣的项目，通过众筹平台与产业平台中的企业进行沟通，进一步了解企业发展状况，通过面对面的沟通方式规避项目伪造的风险；

第四，如若筹资项目在完成过程中遇到困难，需要后续的资金支持，投资者可以选择继续投资，众筹平台亦会帮助企业继续发布信息，吸引更多的投资者对项目进行投资，达到对企业的持续帮扶。我国一般众筹活动流程大致如图 9-2 所示。

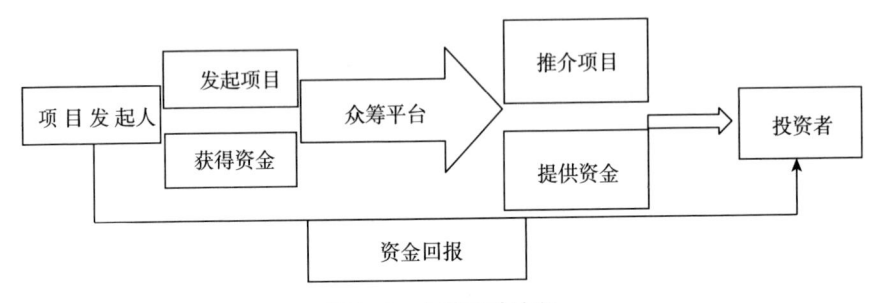

图 9-2 众筹活动流程

(五) 众筹融资的优势

众筹对于产业平台中中小企业的发展起到了保障作用，能够帮助企业迅速融资，缓解在发展初期以及后续发展阶段资金紧缺的问题。众筹方式相较于传统融资有以下几个方面的优势：

1. 众筹融资方式达到了对企业的滚动扶持

股权众筹的门槛低，使产业平台中的很多企业在不同发展阶段均可能获得满足企业自身发展的资金。具体来说，当产业平台中的企业处于初创期时，有了新项目、好创意，可以向众筹平台提出众筹申请，以获得项目的启动资金。当企业过渡到发展期、成熟期时，在项目完成中遇到瓶颈时，需要更多的资金支持，只要项目优秀、富有创意、前期表现好，具有发展前景，亦可以申请众筹，吸引目标群体进行投资，在企业发展中进行持续的、滚动的支持。

2. 众筹平台吸引力广泛

众筹平台吸引了更多投资者的参与，对产业平台中的企业起到良好的宣传作用。企业提出的新方案、新创意通过众筹平台向目标群体进行推广，吸引感兴趣的投资者，这是对企业和产业平台的一个宣传过程。这一宣传作用得益于互联网广泛的覆盖面和人们对其频繁地使用，使得富有创意的、有发展潜力的项目能够迅速被投资者所发现，产业平台中的企业不仅获得了资金，同时使其品牌或产品能够被更多的人所知晓，获得更多用户。

三 产业平台的资金运营机制

产业平台根据自身战略发展需要，基于核心业务或特色业务选择产业平台资金运营方式，通过采用有针对性的资金支持方式，对产业平台中前期表现好的、具有良好的发展前景的企业，后期加大力度对其进行持续的、滚动的支持，对产业平台中的资金进行优化配置，发挥产业平台核心业务与特色业务的优势，鼓励企业创新的目的，为产业平台的持续稳定运行提供保障。

产业平台根据环境的变化，对平台内可利用的资金与资源进行核算，对每个业务单元的不同资金运用方式所取得的收益和资金占用进行比较与分析，综合考虑投入产出比率、项目发展状况与发展前景以及对产业平台竞争力的影响，基于科学的方法对资金运作方式进行设计，实现资金运作结构的优化。产业平台资金运作时要在兼顾每一个企业发展，对一些产品回报周期长，具有发展前景的中小企业进行支持。这类企业价值难以在短时间内显现出来，对社会资本的吸引力较差，需要在后期得到大力度、持续的、滚动的扶持，将资金集中投放于前期表现好，具有广阔发展前景的特色业务与核心业务上，以发挥产业平台竞争优势，增强平台内企业的创新能力与研发能力，加快优秀项目的研发进程，加快新产品的市场开发。以产业平台中某一企业为例，对其进行资金运作模型分评价，如表9-3

所示。

表9-3　　　　　　　　产业平台资金投入评估模型

基本业务	具体业务单元	产出投入比	优势	发展前景	综合排序	投资金额
研发	研发单元1	A11	A12	A13		
	研发单元2	A21	A22	A23		
	……	……	……	……		
	研发单元n	An1	An2	An3		
生产	生产单元1	B11	B12	B13		
	生产单元2	B21	B22	B23		
	……	……	……	……		
	生产单元n	Bn1	Bn2	Bn3		
销售	销售单元1	C11	C12	C13		
	销售单元2	C21	C22	C23		
	……	……	……	……		
	销售单元n	Cn1	Cn2	Cn3		

首先对每个具体业务单位的投入产出比进行测算，再对产业平台中企业的优势以及发展前景进行分析，进行综合打分并对其排序，对评分高的企业加大扶持力度，进行持续的、滚动的扶持。

产业平台中，资金主要投入于以下三个业务单元：

其一，产业平台研发资金投入。在产业平台中，对不同行业、规模、发展阶段的企业应选择不同的投资方案。对于中小型高技术企业，受自身研发水平、人力资源素质和资金等因素的制约，在研发资金投入方面处于劣势。对一些具有发展潜力的中小企业应加大研发资金的投入，这一投入不能仅局限在企业的初创期，更应贯彻于此类中小企业发展壮大的各个阶段，使扶持具有稳定性与持续性。一方面使其拥有充足的资金更新技术与设备，进行持续地产品改进、技术开发和创新活动；另一方面，对产业平台中的中小企业所拥有资金对人力资本的获取进行投资，提高产业平台中高技术的中小企业对优质人才的吸引力，加强企业人才队伍建设。

其二，产业平台生产资金投入。企业的生产过程包括采购过程、制造过程和产品存货过程。通过对企业生产环节的持续资金投入，提高研发成果转化为产品的效率，促进优质产品产业化的进程，使之能够满足市场需求。提高产品质量，使之成为产业平台中的特色产品或核心产品，在激烈的市场竞争中占据优势地位，提升整个产业平台的竞争力。

其三，产业平台市场营销资金投入。对产业平台中具有发展潜力的中小企业的持续投入，使其拥有一支专业的营销团队和良好的售后服务体系，能够对产业平台中的新技术与新产品进行解释，使消费者更加了解企业的产品与服务。同时，为产业平台提供足够资金开拓新市场，加大对媒体宣传与公关的投入，树立企业品牌，吸引更多目标群体的关注。

第四节 专利池、专利联盟及专利运营机制

拥有异质性资源是产业平台竞争获取优势的内生来源，无形资产中的专利既是科技创新的产出又是企业生产经营的主要投入，是企业的核心竞争力，能够为企业在市场竞争中带来独特的竞争优势，是一个产业平台不断发展壮大的保障。如今，经济全球化的趋势进一步增强，世界各国、各个企业都开始重视并争夺专利资源，提高自身在市场中的竞争力，以期获得持续稳定的发展。

一 专利池对产业平台的保障作用

Robert P. Merges 认为，专利池是众多专利所有者聚合其各自持有的专利为目的达成的协议，专利池中每一个成员都有使用池中专利的权利，非专利池中成员在使用时则需要获得许可，典型专利池依据既定条款，通过协定将许可费分配给每个专利池成员。[①]

有关专利池的表述还有很多，但是大体含义趋同。本书将产业平台与专利池结合起来，对其概念归纳如下：专利池是以提高产业平台整体的科技与研发水平为目的而形成的专利的集合体，产业平台中的企业可以使用池中的全部专利从事研究和商业活动，而不需要就每个专利征求单独的许可，产业平台中的专利持有者，有权参与专利池中许可费的分配，而专利池提供的专利许可必须遵循公平原则、专利许可模式简易可行的原则及有竞争力的许可费用原则。

"专利池"并不是一个新兴词汇，早在1998年，美国制药公司联合

---

① 转引自郭丽峰、高志前《专利池的形成机理及对我国的启示》，《中国科技产业》2006年第4期。

投资识别 SNP 签订条约，以减少交易成本，并将与之有关的科技成果聚合起来形成集合体，供签约方使用集合体中的一切成果。在知识爆炸的今天，科技成果的作用不言而喻，产业平台化发展也成为众多企业的选择，一个企业可以通过专利池，将研发出的成果分享给平台上的成员企业使用，弥补其他企业在生产、技术或服务上的缺陷，其可以突破产业边界，吸引与自身提供产品相关或配套的企业加入该平台，推动产业的聚合发展。而专利池机制度便为产业平台这一特性提供了保障和支撑作用：

一是保障产业平台上处于创新阶段的企业整合资源，减少发展阻碍，推动集成创新。以我国电视产业平台为例，该行业自主创新能力较差，专利问题成为其走向国际市场的和扩大国内市场份额的主要制约因素。2005年5月，九家中国彩电企业参与了彩电骨干企业高峰会，商讨我国彩电行业面临的专利问题，建立中国彩电产业研发技术专利池，互利共赢、集成创新。同时，为便利产业界对信息技术先进音视频编码（以下简称 ASV）系列标准采用，ASV 管理委员会建立了 ASV 专利池，并在池中企业之间达成共识，采取"一站式"许可方式，通过专家组评估，将产业平台所需的专利加入该专利池，参与分配专利许可费。这一集合体遵循着公平原则、自愿参与原则和诚信原则，因此这一产业平台中所有企业都不会遭到歧视，平等享受专利带来的利润，同时专利池中的企业可以无须申请许可或交付费用便可任意使用专利，减少了产业平台上各个企业聚合发展的阻碍，降低了企业经营成本，提高了生产效率。

二是由掌握着大量专利的高技术企业组成的产业平台，利用专业池这一手段使整个平台达到某一领域的技术垄断。专利池的一个重要的作用即是专利池可以达成技术垄断，这是单独一个专利所达不到的目的。一个产品不可能只涉及一项专利，它可能是由基础专利和若干个核心专利组成，因此，当少数大型企业组成的产业平台掌握了某一生产流程的全部核心专利，就很容易占据市场的垄断地位。以微软公司为例，该企业在自创立开始的几十年中并不注重专利意识，很少进行专利申请，但是进入到 21 世纪，微软发生了很大的转变，力求将有关软件制造的业务均放入企业的专利池，开展了专利的"圈地运动"，行业中任何一个软件制造企业在研发过程中都可能侵犯微软专利池中的专利权，如此微软便可完全垄断市场。因此，专利池制度可以保障产业平台中的大型企业能够优势，持续稳定地发展，确立在市场上的主导地位。

二 专利联盟对产业平台的保障作用

美国学者 Klein 在美国知识产权法协会的发言中对专利联盟进行了界定，其认为专利联盟即为知识产权的集合，联盟内的知识产权是共享的对象，将直接由专利持有人或专门管理机构对其进行许可。哈佛商学院教授 Lerner 认为，专利联盟是正式或者非正式的组织，在这种组织中，各成员企业可以分享专利权。[1] 我国学者对专业联盟的研究仍处于初始阶段，对这一概念的解释大多是沿用国外文献定义。

结合国内外学者对专利联盟的研究，本书认为，产业平台中组建的专利联盟，是指平台中专利持有者，为达到能够无条件互相分享专利技术或统一对平台外部进行专利许可目的而形成的正式或非正式的战略联盟。产业平台中的专利联盟是以联盟成员之间的协定为纽带，联盟协定有两种形式：一是平台中两个或两个以上的专利持有者之间的交叉许可，二是平台内部企业与外部众多拥有完全不同的专利成果的大型企业协商制定专利授权联盟协定与许可的联盟协议。在实践中，专利联盟的形式多种多样，相互之间具有很强的差异性，然而纵使形式千差万别，产业平台中的专利联盟均具有以下三个共同特点：（1）专利联盟是一个集权的独立实体，能够整合产业平台中的专利并对专利集合进行相关许可。（2）专利联盟需要对准入者进行评估，即使是在统一产业平台中，也需要判断其持有专利是否满足联盟需要。（3）有权根据联盟成员对联盟专利资产贡献的大小及份额进行专利许可费收益的分配。[2]

随着经济全球化的不断发展，世界范围内开始了新一轮产业调整，发达国家跨国企业由于掌握着大量专利，越来越集中于技术研发领域，取得专利后制定技术许可协定垄断市场利润，而发展中国家的企业则被迫更多地向一般制造行业聚集。近年来，越来越多的国外专利联盟对我国企业发动专利战，试图通过收取高额的专利许可费遏制中国创业型企业的发展及海外市场的拓展，使我国企业对国外企业品牌和技术的依赖加深，逐步退

---

[1] Lerner J., Tirole J., "Efficient Patent pools", *National Bureau of Economic Research*, 2002.
[2] 游训策：《专利联盟的运作机理与模式研究》，博士学位论文，武汉理工大学，2008 年，第 7 页。

化为廉价制造商。①

因此建立产业平台,形成专利联盟是提升我国企业竞争力,保护我国贸易安全,提升整体创新能力的重要手段。专利联盟对产业平台的保障作用主要有以下几点:

(一) 降低产业平台运行中的交易成本

按照本书对专利联盟的定义,专利联盟将相关领域的专利集合起来,许可给第三方或联盟内部分享。从内部分享的角度看,联盟内部企业可以通过达成共识形成交叉许可。在产业平台中,提供产业平台系统的企业将自己的业务系统向产业内开展相关业务的其他企业开放,资源共享,平台上的其他企业利用产业平台提供的资源开展自己所需要完成的业务。因此,形成专利联盟能够更有效地整合资源,节省专利许可费。

(二) 清除已开发的专利技术对技术商品化的障碍

在科研成果转化为商品的过程中,技术的商品化一般以一种或多种现有专利为基础,当其他技术已为他人的专利成果时,那么该项专利便会成为技术商品化的阻碍。专利联盟作为一种联盟协定,将阻碍技术商品化的专利进行整合,在产业平台上使已开发的专利技术得到充分利用。

(三) 为产业平台新进入者降低进入成本

如果没有专利联盟提供保障,平台的新进入者需要进行反复的谈判和支付高昂的专利许可费,形成专利技术壁垒,阻碍新进入者融入产业平台。而专利联盟的形成,使新进入者通过无歧视性价格甚至免费获取所需专利的使用权,平台中的所有成员平等使用联盟内的专利。

在产业平台形成专利联盟的过程中,存在着一系列风险,如知识产权运作中的契约风险、专利联盟的反竞争性导致反垄断规制风险、专利联盟的专利准入风险等,因此产业平台应制定相应措施对风险进行防范。

其一,产业平台应建立健全必要专利的选择评估机制。对准入专利的评估工作是保障产业平台中专利联盟正常运作的关键步骤。产业平台需要对准入专利的含金量及其对专利联盟和产业平台的作用进行评估,一方面确保该专利具有法律效力,避免违反反垄断规定中关于滥用市场支配地位

---

① 陈欣:《专利联盟理论研究与实证分析》,博士学位论文,华中科技大学,2006年,第2页。

的相关法律；另一方面确保准入专利不会与专利联盟中的既有专利形成竞争关系，保证产业平台中企业之间的优势互补、共同发展，促进平台内部的团结与稳定。

其二，产业平台应建立合理的许可费分配制度。专利联盟内的成员应以契约的方式约定专利许可费分配的具体方法，并保证分配制度的公平、公正、公开，杜绝核心成员的特殊待遇和权力滥用以及对实力弱小企业的歧视对待现象。

其三，产业平台应建立反竞争过滤制度。专利联盟内部应设立专家委员会，对集中许可过程中存在的风险进行预测，并对可能产生的反竞争效果进行评估，所有方案经过滤后方可使用。过滤制度主要包括以下三个方面的内容：一是对集中许可协定中的歧视性条款进行过滤；二是对专利联盟中失去法律效力的专利进行过滤；三是合理制定许可费的标准。

三　专利运营机制对产业平台的保障作用

产业平台进行专利运营，即产业平台中的企业，以专利制度和专利相关法律法规为基础，利用经济规律和市场机制对专利申请权、专利权、专利技术进行商业化的运用，实现专利市场经济价值最大化，帮助企业获取更多利益。根据国家知识产权局公布的最新数据显示，我国2015年发明专利申请量达到110.2万件，连续5年居于世界首位，在专利数量上已远远超过许多西方发达国家，正在向着专利大国和品牌强国这一目标不断靠拢。然而，在鼓励研发的过程中，如果一味追求专利数量上的增长，仅仅关心对专利的保护，难以有效地将产业平台中的科学技术研究变为生产力，将无法适应我国建设创新型国家的需要。

专利运营作为专利商业化的运用，是专利在经济发展中的价值表现。因此，产业平台在对专利进行管理时，需要抛弃传统的知识产权发展模式，从"创造、保护、管理"知识产权这一模式转变为"运营"模式，使之成为产业平台不断创新与发展的保护伞和核心动力。通过专利运营将我国在专利数量上的优势转化为生产发展中的实际经济效益，是激发产业平台中企业自主创新能力、释放商业资产活力、提高企业整体竞争能力的重要举措。具体来说，专利运营机制对产业平台的保障作用体现为以下三点：

（一）专利运营有利于将专利技术转化为产业平台的竞争优势

首先，专利运营通过商业化运作，为专利持有者、高技术企业和投资方提供科研成果与资本的对接渠道,促进技术快速转化为企业效益;其次,专利运营能够推动产业平台上成长性好的、发展潜力大的企业的创新成果转化和二次开发,为其在现有科研成果基础上的创新提供条件;最后,专利运营可以唤醒沉睡专利,使沉睡专利重新发挥其作用,让知识在生产中得到充分利用,促进产业升级与发展。

(二)促进产业平台中的信息交流,解决市场信息不对称的问题

在市场经济活动中,各类人员对有关信息的了解是有差异的,信息缺乏的企业在市场中处于不利地位。在快速变化的市场中,只有促进信息交流,加强信息公开,才能保证产业平台中的每个成员公平参与竞争。同时,企业研发人员通过查询当前专利与知识产权相关信息,了解科技发展方向,提高研发效率,防止重复开发而浪费资金。

(三)提高产业平台中买卖双方交易的成功率,缩减交易成本

专利运营机制能够提供相应的金融融资服务和专利的鉴定与评估服务,可以为专利所有者和投资方提供专利展示推荐、资产评估和质押融资服务。建立健全的专利运营机制,可以保障产业平台中专利持有者与投资方之间对购买或出售的专利进行一个合理的评估,增强判断的准确性,提高买卖双方交易的成功率,缩减交易成本。

我国从专利保护到专利运营,是对专利属性认识不断提高的结果,是将注意力从专利的技术属性转向专利的财产属性的一个过程。当今社会,全球市场竞争已经逐渐演变为知识的竞争,专利的竞争,产业平台应该从专利保护政策转变为专利运营,改变传统上以打击竞争对手为目的的过度保护,转变为通过各种方式对专利综合运用,只有这样才能最大限度地发挥专利的价值

在产业平台化的过程中,不仅需要平台运营商自身具有强大的吸引力和资源聚集力,也需要政府制定优惠政策和扶持制度保障产业平台的有效运行,吸引潜在的平台互补产品、服务商以及客户积极参与、互利共赢。上述五个方面的政策建议,主要是从二次孵化机制、补贴政策、技术路线图及科技项目滚动扶持和专利池、专利联盟及专利运营机制这四个方面入手,涵盖了提高初创企业的生存能力、提供资金保障、提高技术成果的实用性、促进资金融通等内容,以达到对产业平台全面、持续地扶持,保障产业平台更有效地运行。

参考文献

一 中文期刊论文

安琳：《工业云互联网+时代的制造业创新——工业互联和智能制造的信息中枢》，《中国工业评论》2016年第2期。

安同良、周绍东、皮建才：《R&D补贴对中国企业自主创新的激励效应》，《经济研究》2009年第10期。

蔡袁强、戴海东：《培养设计研发型创新创业人才为地方产业平台形成与发展升级服务的实践与探索——以温州大学为例》，《中国高教研究》2010年第4期。

曹根基：《互联网+智能制造深度融合的产业生态链分析》，《无线互联科技》2015年第24期。

曹玉红、尤建新：《信息非对称环境下产业创新平台多方主体博弈分析》，《运筹与管理》2020年第4期。

常利民：《我国专利运营对策研究》，《电子知识产权》2014年第8期。

陈浩：《服装大规模定制的产品生命周期管理应用探索》，《艺术科技》2016年第9期。

陈虹君、高伟：《大规模定制生产模式的研究现状及发展方向》，《现代商业》2016年第26期。

陈立枢：《中国大数据产业发展态势及政策体系构建》，《改革与战略》2015年第6期。

陈宪鹏、郜沁馨、葛红霞、周晓萱：《基于感知价值的顾客满意度评价研究——以网易云音乐为例》，《现代商业》2020年第13期。

陈旭升、岳文俊:《产业组织对装备制造业产业创新能力的影响》,《技术经济》2013年第3期。

程德通、李登峰、余高锋:《大规模定制模式下基于三角直觉模糊信息的生产指派问题研究》,《运筹与管理》2016年第1期。

程龙、于海波:《供给侧视角下高校科技人才流动政策研究》,《中国高校科技》2018年第12期。

崔世娟、刘珺、王庆:《基于多案例比较的软件企业集成创新模式研究》,《管理案例研究与评论》2013年第1期。

董婷、王唯:《创新创业训练项目成果的推广与孵化》,《创新创业》2015年第12期。

樊文静、肖文:《企业异质性、所有制结构与生产性服务需求——基于中国工业企业微观数据的实证研究》,《经济问题探索》2016年第1期。

范家琛:《众筹:创意者与消费者的无缝对接》,《企业管理》2013年第10期。

房建奇、沈颂东、亢秀秋:《大数据背景下制造业转型升级的思路与对策研究》,《福建师范大学学报》(哲学社会科学版)2019年第1期。

冯泰文、陶静祎、王辰:《绿色创业导向对绿色创新和企业绩效的影响——基于行业的调节作用》,《中国流通经济》2020年第10期。

冯伟:《构建"平台+"产业生态体系加速制造业数字化转型》,《软件和集成电路》2020年第9期。

冯晓丽:《创新人才培养的实践教育感知平台内涵建设浅议》,《创新与创业教育》2013年第2期。

傅春、王宫水、李雅蓉:《节能环保产业创新生态系统构建及多中心治理机制研究》,《科技管理研究》2019年第3期。

傅连康:《我国产业基金发展状况分析》,《国际商务研究》2005年第5期。

高健:《第三方支付应用下的消费者网上购物风险感知——基于山东大学学生的实证研究》,《山东行政学院山东省经济管理干部学院学报》2010年第3期。

龚放:《"顶层设计"、"基层创新"与"中层担纲"——试论高等教育现代化的责任担当》,《中国高教研究》2013年第12期。

谷梦瑶、陈友玲、赵鹏:《大规模定制环境下基于客户协同程度的设计时间估计方法》,《计算机集成制造系统》2016年第9期。

郭丽峰、高志前:《专利池的形成机理及对我国的启示》,《中国科技产业》2006年第4期。

韩睿、田志龙:《消费者购买意愿浅析》,《管理学报》2005年第3期。

韩玉灵、徐浩天:《基于平台策略的旅游大规模定制实现研究》,《北京第二外国语学院学报》2014年第11期。

何大安:《流通产业组织理论的构建思路及框架设计》,《财贸经济》2014年第2期。

何建民、潘永涛:《顾客感知价值、顾客满意与行为意向关系实证研究》,《管理现代化》2015年第1期。

何伟:《我国大学科技园孵化支持政策导向思路》,《兰州学刊》2008年第6期。

贺伟、龙立荣:《实际收入水平、收入内部比较与员工薪酬满意度的关系——传统性和部门规模的调节作用》,《管理世界》2011年第4期。

胡保玲、沈鹏熠:《回报计划感知价值对计划忠诚的影响分析——顾客满意的中介作用》,《技术经济与管理研究》2012年第4期。

胡惟璇:《基于集成创新的企业成长路径探析》,《中国市场》2016年第20期。

黄先海、谢璐:《战略性贸易产业R&D补贴的实施策略研究——事前补贴与事后补贴之比较》,《国际贸易问题》2007年第11期。

黄旋、王秀卓:《产业组织理论发展综述》,《中国证券期货》2011年第4期。

季凯文、龙强:《江西发展平台经济的战略思考与对策建议》,《价格月刊》2018年第1期。

江静、巫强:《工业化进程中的中国产业组织结构优化调整路径研究》,《南京社会科学》2012年第8期。

江明华、郭磊:《商店形象与自有品牌感知质量的实证研究》,《经济科学》2003年第4期。

蒋向利:《开启转型发展之门创新创业再塑辉煌——实创公司开启垂直生态链产业园区发展新模式》,《中国科技产业》2015年第11期。

焦勇兵、娄立国、杨健:《社会化媒体中顾客参与、价值共创和企业绩效的关系——感知匹配的调节作用》,《中国流通经济》2020 年第 6 期。

李必强、郭岭:《产业平台组织体系及其运行模式研究》,《科技进步与对策》2005 年第 6 期。

李斌、黄改:《产业立体网络平台体系:青年发展与乡村振兴的基础逻辑》,《中国青年研究》2019 年第 9 期。

李昌浩、徐琪:《基于平台经济的服务创新模式研究——上海"四新"产业平台经济发展的国际比较》,《上海经济研究》2014 年第 12 期。

李佳敏、张晓飞:《品牌感知价值对顾客重复购买意愿的影响:顾客情绪的中介作用》,《商业经济研究》2020 年第 18 期。

李栎、张志强、安培浚:《技术路线图的发展与应用分析》,《图书与情报》2009 年第 3 期。

李玥、王宏起、王雪:《区域科技资源共享平台服务需求识别与集成研究》,《科技管理研究》2015 年第 14 期。

李震、王新新:《平台内网络效应与跨平台网络效应作用机制研究》,《科技进步与对策》2016 年第 20 期。

刘冰洁:《基于系统集成创新与知识的集成和生成研究》,《时代教育》2016 年第 8 期。

刘光富、鲁圣鹏、李雪芹:《中国再生资源产业发展顶层设计框架体系研究》,《华东经济管理》2012 年第 10 期。

刘家明:《高校人才培养平台模式及其向多边平台转型的思考》,《国家教育行政学院学报》2019 年第 6 期。

刘京鹏、饶磊:《产业组织生态经济型发展的影响因素及模式调整》,《商业时代》2012 年第 13 期。

刘丽、张宁:《顾客感知价值、满意度与忠诚度的关系研究——电子商务环境下的实证分析》,《信息资源管理学报》2016 年第 3 期。

刘良灿、李文、张同建:《面向新产品开发的集成创新中知识转化动力机制实证研究——基于国有企业的数据检验》,《科技管理研究》2016 年第 1 期。

刘深、黄毅菲:《投资结构优化对产业升级促进作用的实证分析》,《金融经济》2020 年第 5 期。

刘帅:《大规模定制产品定价方法研究》,《经营管理者》2016 年第 27 期。

刘涛、赵君、陈巧云：《郑州市文化产业公共服务平台建设状况与政策建议》，《中共郑州市委党校学报》2012年第3期。

刘晓莉、张雷：《平台互动性对用户在线知识付费意愿的影响机制研究》，《新世纪图书馆》2020年第8期。

刘禹、李忠富：《建筑工业化产业组织体系构建研究——基于现代制造理论》，《建筑经济》2014年第5期。

柳建平、张永丽：《政府与市场关系视角的和谐社会建设问题探讨》，《科学经济社会》2007年第2期。

柳玉祥：《对公安信息化建设顶层设计的思考》，《公安教育》2010年第3期。

陆杭高、张飞燕、蒋苏健、胡菁菁、任程程：《国家促进消费及减税降费政策背景下消费预期调研报告》，《财富时代》2019年第7期。

骆品亮：《政府对R&D进行补贴的一种激励机制之设计》，《研究与发展管理》1996年第1期。

马兰、杨绍利：《攀枝花钒钛资源综合利用人才开发及科技成果转化机制创新的思考》，《攀枝花学院学报》2009年第3期。

毛才盛：《基于共生理论的大学科技园集群创新能力研究》，《科技进步与对策》2013年第11期。

牛浩：《模块化制造、顾客亲密度与企业大规模定制》，《商》2016年第10期。

牛立新、吕克林、曲宏山：《煤炭电子商务协同平台实施策略及集成创新》，《河南科技》2015年第9期。

牛丽贤、张寿庭：《产业组织理论研究综述》，《技术经济与管理研究》2010年第6期。

欧阳丹丹、张琪：《中国网络购物的产业组织分析》，《经济与管理》2011年第4期。

欧阳进良、陈华雄、李志勇：《关于政府采用后补助支持科技项目的探讨》，《科技管理研究》2012年第21期。

潘韬、刘玉洁、张九天：《适应气候变化技术体系的集成创新机制》，《中国人口·资源与环境》2012年第11期。

彭华涛：《创业企业成长瓶颈突破：政企互动的中介作用与政策感知的调节作用》，《科学学研究》2013年第7期。

彭艳君、蔡璐：《顾客参与产品大规模定制：从快乐到满意》，《企业经济》2016 年第 3 期。

彭颖：《产业组织理论演进及其对我国产业组织的启示》，《资源与产业》2010 年第 5 期。

戚聿东、刘健：《第三次工业革命趋势下产业组织转型》，《财经问题研究》2014 年第 1 期。

钱平凡：《产业平台是产业竞争新利器》，《纺织科学研究》2014 年第 6 期。

钱霞：《创业投资引导基金扶持战略性新兴产业浅析》，《经济体制改革》2011 年第 5 期。

乔为国、周娟：《正确认识产业高端形态促进产业平台形成与发展升级》，《中国经贸导刊》2009 年第 19 期。

秦健：《企业应用创新方法的国际经验及启示》，《网络财富》2010 年第 9 期。

时强：《以集成创新管理方法打造施工企业核心竞争力》，《现代国企研究》2015 年第 24 期。

史振乐：《银行业产业组织理论综述》，《经济研究导刊》2014 年第 16 期。

苏敬勤、许昕傲、李晓昂：《基于共词分析的我国技术创新政策结构关系研究》，《科技进步与对策》2013 年第 9 期。

苏斯彬、周世锋、张旭亮：《产业平台空间重构：从整合走向融合》，《浙江经济》2016 年第 5 期。

孙秋高：《基于顶层设计的高职院校经管类专业毕业综合实践环节的改革探索》，《中国高教研究》2011 年第 4 期。

孙耀吾、陈立勇、翟翌、漆萍、黄万艮：《平台产品价值实现研究——以移动互联网产业为例》，《信息与管理研究》2018 年第 Z1 期。

唐润、关雪妍、于荣：《"互联网+农业"产业链协同平台建设》，《中国科技论坛》2018 年第 9 期。

田洪刚：《产业平台、销售平台和产业链环节的重塑——一个服务主导的逻辑》，《现代经济探讨》2015 年第 10 期。

万兴、杨晶：《从多边市场到产业平台——基于中国视频网站演化升级的研究》，《经济与管理研究》2015 年第 11 期。

汪爱娥、包玉泽：《农业产业组织与绩效综述》，《华中农业大学学报（社会科学版）》2014年第4期。

王保辉：《我国零售业产业组织合理化分析》，《商业经济研究》2016年第10期。

王东：《基于产业链延伸视角的物流行业平台生态圈研究》，《商业经济研究》2019年第23期。

王凤彬、王骁鹏、张驰：《超模块平台组织结构与客制化创业支持——基于海尔向平台组织转型的嵌入式案例研究》，《管理世界》2019年第2期。

王国红、陈中源、唐丽艳：《二次孵化——科技企业孵化器未来发展的必由之路》，《科学学与科学技术管理》2008年第12期。

王国红、邢蕊、唐丽艳：《基于知识场的产业集成创新研究》，《中国软科学》2010年第9期。

王宏起、于澎田、李玥：《大学科技园集成创新能力形成与演化机理研究》，《科技进步与对策》2015年第24期。

王建民、狄增如：《"顶层设计"的内涵、逻辑与方法》，《改革》2013年第8期。

王剑芳：《园区集成创新绩效分析——知识转移视角》，《改革与开放》2016年第12期。

王磊、种墨天、谭清美：《"互联网+"驱动产业创新机制及商业模式研究》，《科技管理研究》2020年第16期。

王林秀、李志兰、余慕溪：《基于集成创新的大型煤炭企业集团资源系统开发研究》，《资源开发与市场》2016年第6期。

王世明、杜超：《面向装备装备制造业的开放式技术集成创新模式——以大连机床集团为例》，《辽宁工程技术大学学报》2014年第4期。

王伟：《浅议中小企业的创新机制建设和完善》，《价值工程》2013年第27期。

王伟廉、马凤岐、陈小红：《人才培养模式的顶层设计和目标平台建设》，《教育研究》2011年第2期。

王贤梅、胡汉辉、周海波：《交通运输设备制造业的效率差异——基于时间，空间及所有制形式的动态异质性分析》，《软科学》2016年第2期。

王永贵、沈金英、张华光：《品牌资产如何驱动顾客关系管理绩效—基于分解法视角的实证研究》，《管理学报》2005 年第 6 期。

王运良：《供给侧改革背景下产业平台形成与发展必由之路：绿色金融》，《商》2015 年第 41 期。

王梓：《基于集成创新的黑龙江省区域创新系统研究》，《现代经济信息》2015 年第 9 期。

魏帅：《政府在推进众创空间建设发展中的作用探析》，《管理观察》2016 年第 8 期。

温忠麟、张雷、侯杰泰：《中介效应检验程序及其应用》，《心理学报》2004 年第 5 期。

文建东、宋斌：《供给侧结构性改革：经济发展的必然选择》，《新疆师范大学学报》（哲学社会科学版）2016 年第 2 期。

吴绍波、刘敦虎：《新兴产业平台创新生态系统冲突形成及其管理对策研究》，《科技进步与对策》2014 年第 5 期。

吴兴杰：《阿里巴巴的第二次春天在哪里？——2020 年后工业 4.0 时代的"智能制造"将会颠覆电商平台》，《商业文化月刊》2014 年第 31 期。

吴义爽、张传根：《平台市场的产业组织研究：一个跨学科文献述评》，《科技进步与对策》2015 年第 6 期。

吴永志、曹俊强、李乃川、国思茗：《TRIZ 技术创新方法在企业中推广模式研究》，《黑龙江科学》2012 年第 1 期。

夏群：《以集成创新促进勘察设计行业改革发展》，《工程经济》2016 年第 2 期。

肖建勇、郑向敏：《旅游产业融合：动因、机理与效应》，《商业研究》2012 年第 1 期。

熊先青、钱文婷、方露：《大规模定制家具销售过程中的信息采集与处理》，《林业科技开发》2016 年第 1 期。

熊先青、魏亚娜、方露：《大规模定制家具快速响应机制及关键技术的研究》，《林产工业》2016 年第 1 期。

徐斌：《溢出效应、R&D 合作及政府补贴》，《科技进步与对策》2010 年第 5 期。

徐洪海：《加快完善上海智能制造平台建设》，《上海经济》2015 年第 9 期。

徐杰：《供给侧改革下大连工业转型升级的研究与思考》，《辽宁经济统计》2016 年第 1 期。

许庆瑞、李杨、吴画斌：《全面创新如何驱动组织平台化转型——基于海尔集团三大平台的案例分析》，《浙江大学学报》（人文社会科学版）2019 年第 6 期。

闫逢柱、苏李、乔娟：《产业集聚发展与环境污染关系的考察——来自中国制造业的证据》，《科学学研究》2011 年第 1 期。

严金明、夏方舟、李强：《中国土地综合整治战略顶层设计》，《农业工程学报》2012 年第 14 期。

阎光才：《高等教育改革顶层设计的逻辑》，《中国高教研究》2014 年第 1 期。

杨帆、周沂、贺灿飞：《产业组织、产业集聚与中国制造业产业污染》，《北京大学学报》（自然科学版）2016 年第 3 期。

姚春梅、刘春花、朱强：《基于培养创新创业人才的科技创新转型研究与实践》，《中国高校科技与产业化》2010 年第 8 期。

姚建明：《服务大规模定制模式下的供应链调度优化》，《运筹与管理》2015 年第 1 期。

于乐：《ZARA 公司基于大规模定制的生产运作管理分析》，《商》2016 年第 14 期。

于三三、杨中秋、赵嘉、王明艳：《面向产业的化工类跨专业综合实践教学平台的构建与实现》，《实验室研究与探索》2020 年第 2 期。

鱼文英、李京勋：《消费情感与服务质量、顾客满意和重复购买意愿关系的实证研究——以航空服务行业为例》，《经济与管理研究》2012 年第 7 期。

曾巩：《闭环供应链框架下大规模定制产品环境可持续性曾巩》，《现代商贸工业》2015 年第 5 期。

曾华、张同建、陈浩：《农业龙头企业集成创新对出口竞争力促进机制实证研究》，《科技管理研究》2016 年第 2 期。

张鹤冰、李春玲、魏胜：《在线顾客感知质量、感知价值对购买意愿的影响——基于消费者异质性视角》，《企业经济》2020 年第 5 期。

张萌：《代工企业发展路径选择研究——基于大规模定制视角》，《经营管理者》2016 年第 23 期。

张兴龙、沈坤荣、李萌：《政府 R&D 补助方式如何影响企业 R&D 投入？——来自 A 股医药制造业上市公司的证据》，《产业经济研究》2014 年第 5 期。

张兴旺、李晨晖：《"互联网+图书馆"顶层设计相关问题研究》，《图书与情报》2015 年第 5 期。

张银平：《"供给侧改革"是面向全局的战略性部署》，《北方经济》2015 年第 12 期。

张永安、郄海拓、颜斌斌：《基于两阶段 DEA 模型的区域创新投入产出评价及科技创新政策绩效提升路径研究——基于科技创新政策情报的分析》，《情报杂志》2018 年第 1 期。

张永安、郄海拓：《金融政策组合对企业技术创新影响的量化评价——基于 PMC 指数模型》，《科技进步与对策》2017 年第 2 期。

张赞、凌超：《基于 SCP 范式的中国网络零售产业组织现状分析》，《经济问题探索》2012 年第 2 期。

张振刚、景诗龙：《我国产业集群共性技术创新平台模式比较研究——基于政府作用的视角》，《科技进步与对策》2008 年第 7 期。

赵立昌、史忠良、彭少华：《中国互联网产业组织分析》，《企业经济》2012 年第 1 期。

赵英男、兰春玉：《外卖 O2O 服务质量与顾客忠诚度关系研究——以顾客满意为中介变量》，《中国物价》2015 年第 8 期。

郑永彪：《以供给侧改革促进钧瓷文化创意产业平台形成与发展升级》，《人民论坛》2016 年第 8 期。

周彬、柳天恩：《不同市场结构下激励研发创新的产业政策和政府平台》，《中国科技论坛》2017 年第 10 期。

周宏虹、伍诗瑜：《我国科技信息资源共享平台建设现状》，《科技管理研究》2019 年第 5 期。

周文辉、王鹏程、陈晓红：《价值共创视角下的互联网+大规模定制演化——基于尚品宅配的纵向案例研究》，《管理案例研究与评论》2016 年第 4 期。

朱国军、徐永其、张宏远：《企业专利运营管理内涵及职能模块研究》，《中国科技论坛》2010 年第 8 期。

朱健、谢雨珊、王辉:《地方高校协同创新平台的组织结构与运行机制——基于湖南省行业产业类协同创新中心的案例分析》,《中国高校科技》2018 年第 9 期。

朱孔来:《关于集成创新内涵特点及推进模式的思考》,《现代经济探讨》2008 年第 6 期。

朱淼、王刚、刘亮坤、郭珊:《基于顾客感知价值的体验式营销策略研究》,《商讯》2019 年第 8 期。

庄立新:《后转型期长三角地区高职服装创新创业人才培养研究》,《辽宁丝绸》2014 年第 2 期。

左莉、武春友:《基于二次孵化的高技术产业政策》,《大连海事大学学报》(社会科学版) 2009 年第 3 期。

二 学位论文

白佳:《组织学习与创新绩效关系的实证研究——以创新政策为调节变量》,硕士学位论文,中山大学,2010 年。

常卫东:《基层警卫信息平台顶层设计研究》,硕士学位论文,大连海事大学,2011 年。

陈成天:《支持中小企业融资的财政政策研究》,博士学位论文,财政部财政科学研究所,2015 年。

陈洁:《顾客感知价值对新能源汽车购买意愿的影响研究》,硕士学位论文,东华大学,2015 年。

陈青祥:《众创的概念模型构建及众创竞赛的博弈分析》,硕士学位论文,中国科学技术大学,2015 年。

陈青祥:《众创的概念模型构建及众创竞赛的博弈分析》,硕士学位论文,中国科学技术大学,2015 年。

陈欣:《专利联盟理论研究与实证分析》,博士学位论文,华中科技大学,2006 年。

方艳杰:《电子商务中第三方支付对消费者感知风险的影响研究》,硕士学位论文,中南林业科技大学,2012 年。

葛彦:《"新常态"下我国文化产业发展的转型路径研究》,硕士学位论文,上海交通大学,2016 年。

韩旭:《消费情绪、感知价值对顾客忠诚影响的实证研究——以顾客满意为中介变量》，硕士学位论文，山东大学，2015年。

何炼：《基于消费者感知的价格促销策略研究》，硕士学位论文，西南交通大学，2008年。

金铄：《中源协和资本运作的效果研究》，硕士学位论文，黑龙江八一农垦大学，2018年。

李淑：《我国大学科技园区技术创新的制度结构分析》，博士学位论文，湖南大学，2011年。

李玉光：《大规模定制供应链运作机制研究》，硕士学位论文，河北工业大学，2014年。

李玉光：《大规模定制供应链运作机制研究》，硕士学位论文，河北工业大学，2014年。

孟琳：《改革顶层设计的战略作用及其实现路径》，硕士学位论文，辽宁大学，2015年。

明铭：《区域创新体系中的大学行为研究》，博士学位论文，华中科技大学，2012年。

史小龙：《我国自然垄断产业规制改革中的利益集团研究》，博士学位论文，复旦大学，2005年。

覃日柳：《基于制度的GH服务聚合平台信任体系研究》，硕士学位论文，广西大学，2015。

王姝：《网商平台众包模式的协同创新研究》，博士学位论文，浙江大学，2012年。

吴瑛：《蛋鸭产业组织行为分析与组织创新研究》，博士学位论文，华中农业大学，2013年。

徐岸峰：《基于网络平台的智慧旅游服务模式研究》，博士学位论文，哈尔滨理工大学，2019年。

杨怀珍：《大学与企业的合作创新研究》，硕士学位论文，东南大学，2003年。

杨丽丽：《我国体育产业结构现状与优化对策研究》，硕士学位论文，上海体育学院，2013年。

杨帅：《创意产业平台信息表达设计研究》，硕士学位论文，东华大学，2014年。

游训策：《专利联盟的运作机理与模式研究》，博士学位论文，武汉理工大学，2008 年。

张聪：《基于交互创新的高校知识服务模式及其外部资源研究》，博士学位论文，大连理工大学，2019 年。

张贵红：《我国科技创新体系中科技资源服务平台建设研究》，博士学位论文，复旦大学，2013 年。

张静：《二次孵化网络对高技术产业集成的影响研究》，硕士学位论文，大连理工大学，2009 年。

张新：《基于平台生态的网络众包驱动行为与激励策略研究》，硕士学位论文，东南大学，2017 年。

张新：《基于平台生态的网络众包驱动行为与激励策略研究》，硕士学位论文，东南大学，2017 年。

赵慧：《顾客感知价值、顾客—企业认同与顾客忠诚的关系研究》，硕士学位论文，内蒙古大学，2019 年。

郑颖：《补贴政策感知质量对消费者家用光伏购买意愿的影响机制研究》，硕士学位论文，中国矿业大学，2020 年。

三 外文著作

Marshall A., Marshall M. P., *The Economics of Industry*, Macmillan and Company, 1920.

Monroe, K. B., *Pricing-making Profitable Decisions*, New York: McGraw-Hill, 1991.

Nunnally, J. C., *Psychometric Theory*, New York: McGrawHill, 1978.

四 外文期刊论文

Alshibly H. H., "Customer Perceived Value in Social Commerce: An Exploration of Its Antecedents and Consequences", *Journal of Management Research*, 2015, 7 (7).

Baron R. M., Kenny D. A., "The Moderator-mediator Variable Distinction in Social Psychological Research: Conceptual, Strategic and Statistical Considerations", *Journal of Personality and Social Psychology*, 1986 (51).

Corsten H., "Problems with Cooperation between Universities and Enterprises—A comparative Study on Size of Enterprise", *Technovation*, 1987, 6 (4).

Dan J. Kim., "Self-perception-based Versus Transference-based Trust Determinants in Computer-mediated Transactions: A Cross-cultural Comparison Study", *Journal of Management Information Systems*, 2008, 24 (4).

Eisenmann T. R., "Jain A. Mochi Media", *Social Science Electronic Publishing*, 2011 (1).

Ellison G., Glaeser E. L, Kerr W. R., "What Causes Industry Agglomeration? Evidence from Coagglomeration Patterns", *The American Economic Review*, 2010, 100 (3).

Ford G. S., Koutsky T., Spiwak L. J., "Competition after Unbundling: Entry, Industry Structure and Convergence", *Phoenix Center Policy Paper*, 2005 (21).

Gale B. T., "Outclassing the competition", *Marketing Tools*, 1994 (7).

Gawer A., "Bridging Differing Perspectives on Technological Platforms: Toward an Integrative Framework", *Research Policy*, 2014, 43 (7).

Gawer A., Cusumano M. A., "Cómo Se Convierten Las EmpresasEnLíderes De Plataforma", *Harvard Deusto Business Review*, 2008.

Gawer A., Cusumano M. A., "Industry Platforms and Ecosystem Innovation", *Journal of Product Innovation Management*, 2014, 31 (3).

Gawer A., Henderson R., "Platform Owner Entry and Innovation in Complementary Markets: Evidence from Intel", *Journal of Economics & Management Strategy*, 2007, 16 (1).

Giese J. L. and Cote J. A., "Defining Consumer Satisfaction", *Academy of Marketing Science Review*, 2000 (1).

Hairong Li, Terry Daugherty, Frank Biocca, "Impact of 3-D Advertising on Product Knowledge, Brand Attitude, and Purchase Intention: The Mediating Role of Presence", *Journal of Advertising*, 2013, 31 (3).

Heinonen K., "Reconceptualizing Customer Perceived Value: the Value of Time and Place", *Managing Service Quality*, 2013, 14 (14).

Iannario M, Piccolo D., "A New Statistical Model for the Analysis of Customer Satisfaction", *Quality Technology & Quantitative Management*, 2016, 7 (2).

KUPPER C., "Service Innovation-A Review of the State of the Art", *In-*

stitute for Innovation Research and Technology Management, 2001.

Leary R. B, Vann R. J, Mittelstaedt J. D., "Changing the Marketplace one Behavior at a Time: Perceived Marketplace Influence and Sustainable Consumption", *Journal of Business Research*, 2014, 67 (9).

Lerner J., Tirole J., "Efficient Patent pools", *National Bureau of Economic Research*, 2002.

Liedtke C., Baedeker C., Hasselkuß M., et al., "User-integrated Innovation in Sustainable LivingLabs: An Experimental Infrastructure for Researching and Developing Sustainable Product Service Systems", *Journal of Cleaner Production*, 2015 (97).

Nick Ellison, MichaelHardey, "Social Media and Local Government: Citizenship, Consumption and Democracy", *Local Government Studies*, 2014, 40 (1).

Patterson P. G., Spreng R. A., "Modelling the Relationship between Perceived Value, Satisfaction and Repurchase Intentions in a Business - to - business, Services Context: An Empirical Examination", *International Journal of Service Industry Management*, 1997 (5).

Petrick J. F., "Development of a Multi -dimensional Scale for Measuring the Perceived Value of a Service", *Journal of Leisure Research*, 2002, 34 (2).

Picard P. M., Zeng D. Z, "Agricultural Sector and Industrial Agglomeration", *Journal of Development Economics*, 2005, 77 (1).

Ravn M. O., Schmitt-Grohé S., Uribe M., "Consumption, Government Spending, and the Real Exchange Rate", *Journal of Monetary Economics*, 2012, 59 (3).

Razavi S. M, Safari H., Shafie H., et al., "Relationships among Service Quality, Customer Satisfaction and Customer Perceived Value: Evidence from Iran's Software Industry", *Journal of Management & Strategy*, 2012, 3 (3).

Richardson G. L., Jackson B. M., Dickson G. W., "A Principles-based Enterprise Architecture: Lessons from Texaco and Star Enterprise", *Enterprise Architecture*, 1990, 14 (4).

Salvador F, Rungtusanatham M. J., Montañez J. P. M., "Antecedents of Mass Customization Capability: Direct and Interaction Effects", *IEEE Transactions on Engineering Management*, 2015, 62 (4).

Schneider S., Spieth P., "Business Model Innovation: Towards an Integrated Future Research Agenda", *International Journal of Innovation Management*, 2013, 17 (1).

Sheth, Jagdish. N., Bruce I., New Man and Barbara L., Gross., "Why We Buy What We Buy: A Theory of Consumption Values", *Journal of Business Research*, 1991, 22 (3).

Slater S. F., "Intelligence Generation and Superior Customer Value", *Journal of the Academy of Marketing Science*, 2000, 28 (1).

Stump B., Badurdeen F., "Integrating Lean and Other Strategies for Mass Customization Manufacturing: A Case Study", *Journal of Intelligent Manufacturing*, 2012, 23 (1).

Sweeney C., Soutar N., "Consumer Perceived Value: The Development of a Multiple Item Scale", *Journal of Retailing*, 2001 (2).

Thomas R., Geoffrey P., Marshall W. V., "Platform Envelopment", *Harvard Business School Entrepreneurial Management Working Paper*, 2007.

Tianren Guo, "The Features and Tasks of the Cooperation between Industry and University in China Focus on the University-managed Enterprises", *Bulletin of the Graduate School of Education*, 2006.

Virkanen J., "Effect of Urbanization on Metal Deposition in the Bay of Töölönlahti, Southern Finland", *Marine Pollution Bulletin*, 1998, 36 (9).

West J., Bogers M., "Leveraging External Sources of Innovation: A Review of Research on Open Innovation", *Journal of Product Innovation Management*, 2014, 31 (4).

Widmier S., Jackson D. W., "Examining the Effects of Service Failure, Customer Compensation, and Fault on Customer Satisfaction with Salespeople", *Journal of Marketing Theory & Practice*, 2015, 10 (1).

Woodruff R. B., "Customer Value: The Next Source for Competitive Advantage", *Journal of the Academy of Marketing Science*, 1997, 25 (2).

Zhang M., Zhao X., Lyles M. A., et al., "Absorptive Capacity and Mass Customization Capability", *International Journal of Operations & Production Management*, 2015, 35 (9).

附件　顾客感知与购买行为调查问卷

顾客感知与购买行为问卷调查

尊敬的女士/先生：

您好！我是来自湖北大学商学院的研究人员，目前正从事基于感知差距模型的产业转型消费导向规律方面的研究。非常感谢您能参加本次"顾客感知与购买行为问卷调查"，本次问卷调查的目的是了解消费者感知对产业转型导向规律的影响。本次问卷调查的内容将严格保密，且所收集到的内容与数据仅用于学术研究用途，感谢您的理解与配合！

祝您身体健康，工作顺利！

第一部分（基本信息）

请在符合您个人信息的方框中打"√"

1. 性别：男□　　女□
2. 年龄：20 岁以下□　　21—30 岁□　　31 到 40 岁□　　40 岁以上□
3. 教育程度：高中及以下□　大专□　本科□　研究生及以上□
4. 收入水平：2000 元及以下□　2000—3500 元□　3500—6000 元□　6000 元以上□
5. 月消费水平：1000 元以下□　1000—2000 元□　2000—5000 元□　5000 元以上□

第二部分（顾客价值感知调查）

请根据您的实际情况和判断在响应的选项中打"√"，本问卷采用里克特 5 点量表法，其中 5 代表非常同意、4 代表同意、3 代表不确定、2 代表不同意、1 代表非常不同意。

顾客价值感知调查题项	1	2	3	4	5
我更愿意购买质量较好，种类丰富的产品					
我更愿意购买有规范的售后服务体系的产品					
我更愿意购买服务态度良好的产品					
我更愿意购买口碑和信誉良好的产品					
我更愿意购买相比于其他产品性价比较高的产品					
我更愿意购买价格与服务质量相匹配的产品					
我更愿意购买我认为消费是值得的产品					
我更愿意购买很符合我自己品味和形象的产品					
我更愿意购买让我受到更多的尊重的产品					
我更愿意购买可以提高其他人消费意愿的产品					

第三部分（政策支持调查）

请根据您的实际情况和判断在响应的选项中打"√"，本问卷采用里克特 5 点量表法，其中 5 代表非常同意、4 代表同意、3 代表不确定、2 代表不同意、1 代表非常不同意。

政策支持调查题项	1	2	3	4	5
政策支持推动产业平台的建立					
政府支持产业平台建立会使我更加愿意消费					

第四部分（顾客满意度调查）

请根据您的实际情况和判断在响应的选项中打"√"，本问卷采用里克特 5 点量表法，其中 5 代表非常同意、4 代表同意、3 代表不确定、2 代表不同意、1 代表非常不同意。

顾客满意度调查题项	1	2	3	4	5
我对消费的认同表现在对此次购买经历表示满意					
我对消费的认同表现在对服务质量感到满意					
我对消费的认同表现在对自己购买决策感到满意					

第五部分（购买意愿调查）

请根据您的实际情况和判断在响应的选项中打"√"，本问卷采用里克特 5 点量表法，其中 5 代表非常同意、4 代表同意、3 代表不确定、2 代表不同意、1 代表非常不同意。

购买意愿调查题项	1	2	3	4	5
购买产品时我会参考自己的购买经历					
购买经历改变了购买产品时我的想法和态度					
购买经历对我的购买决策产生影响					